행정이론과 정부 역할

-인간 본성, 거래, 협력-

김 태 은

도서출판 대영문화사

머리말

인간은 기계도, 신도 아니다. 행정이론의 시작은 인간이다.

학문의 세계에서 이론은 중요하다. 이론이 법칙이 아님에도 불구하고 중요한 이유는 무엇보다 현상을 바라보고 이해하는 유용한 렌즈를 제공하기 때문일 것이다. 그러나 자연과학의 이론과 달리, 사회과학의 이론은 본질적으로 제한적일 수밖에 없다. 이는 분석 대상이 '인간'이기 때문이다. 인간을 분석한다는 것은 통제하기 어렵다는 것을 의미하고 또한 일반화시키기 어렵다는 것을 의미한다. 즉, 인간을 분석 대상으로 한 이론은 그 자체로 설명의 한계를 지닐 수밖에 없다.

더욱이, 사회과학의 많은 이론은 자연과학의 그것과 달리, 이론 자체에 대한 다양한 해석이 가능하다. 즉, 이론 개발자의 의도와 부합된 해석이 이루어질 수도 있지만 불행하게도 언제나 그러한 것은 아니다. 심지어 이론을 접하는 수많은 인간은 자신의 해석틀에 맞추어 이론을 해석하고 또한 자신의 주장을 합리화하는 데 활용하기도 한다. 다시 말해, 사회과학의 많은 이론은 본질적으로 불완전함에도 불구하고 해석조차 일치되지 않을 가능성이 높다.

행정학은 이러한 사회과학의 이론들을 가장 많이 활용하는 학문 중 하나이다. 이는 행정학이 현상에 대한 이해와 설명뿐만 아니라 현실에서의 다양한 문제를 해결하는 데 그 무엇인가가, 즉 이론이 필요하기 때문이다.

행정학의 다양한 이론들은 인간부터 광의의 제도에 이르기까지, 질적인 것부터 양적인 것까지 그 범위와 스펙트럼이 매우 넓다. 사실, 행정학자에게 정치학, 사회학, 심리학, 경제학에 토대를 둔 이론들을 접하는 것은 사실 어려운 일이 아니다. 특히, 경제학 이론의 영향은 지대하다. 주요 경제이론들은 경제이론으로 머무르지 않고 행정학 및 정부 역할 설정에 많은 부분 영향을 미쳐왔다.

행정학이 현상에 대한 이해뿐만 아니라 현실의 문제들을 해결하는 데 기여해야 한다는 당위성이 타당하다면, 경제이론들은 행정학적으로 유용하고 또한 적극적으로 활용될 필요가 있다. 물론 경제이론뿐만 아니라 다양한 학문 분파에서 만들어진 이론들도 마찬가지이다.

그러나 이론이 만들어진 장은 서로 다르다. 또한 각각의 학문이 추구하는 가치, 분석하고자 하는 주된 현상과 대상이 서로 다를 수 있다. 따라서 행정학이 다른 학문에서 만들어진 이론을 이해하고 활용하려면 조심스러운 접근이 필요하다. 특히, 특정 이론이 특정 관점에 기초하고 있을 때 더욱 그러하다. 만약 다른 학문에서 기초하고 특정 관점에 있는 이론을 행정학적 고찰 없이 수용할 때 학문적 위기를 경험하게 될 것이다. 행정학의 학문적 위기는 학문 수준에서 그치지 않는다. 효율성, 형평성, 민주성, 공정성 등 행정학이 추구하는 다양한 가치들을 고려할 때, 이는 사회의 위기로, 국가의 위기로 이어질 가능성이 크다.

이에 이 책에서는 첫째, 기존의 대표적 이론들을 인간 본성, 행위자 간 거래, 그리고 행위자 간 충돌과 해결 차원에서 기존의 대표적인 이론들을 소개하고 해석하였다. 다양한 관점에서 이론을 바라볼 수 있으나 연구자는 가능한 객관적이고 중립적으로 이해하고자 하였다. 특히, 이론 개발자 중심에서 이론을 이해하고자 노력하였다.

둘째, 행태경제학(behavioral economics) 혹은 실험경제학(experimental economics) 연구와 최근 이론들을 많은 부분 소개하고 있다. 이는 현실에서 존재할 수 없는 인간에 기초하고 있는 주류경제학보다는 좀 더 현실적인 인간을 가정하는 행태경제학적 연구들이 행정학적 주장과 사실 일치하는 부분이 많기 때문이다.

셋째, 다양한 이론과 그에 대한 함의를 도출하고자 하였다. 단순한 이론 소개에 그치는 것이 아니라 행정학적으로, 특히 정부 정책적으로 어떤 함의를 도출하고자 하였다. 이는 어떤 질문에 대한 실천적 해답으로서 조그마한 역할을 수행할 수 있을 것이다.

이 책은 인간 본성, 행위자 간 거래, 그리고 행위자 간 충돌과 해결이라는 거시적 주제를 담고 있다.

첫째, 제1부 '인간 본성' 부분에서는 인간 본성에 대한 가정, 그리고 이러한 가정이 행정학과 공공정책 일반에 왜 중요한지를 기술하고 있다.

구체적으로 제1장 '인간 본성에 대한 가정, 그리고 중요성'에서는 인간 본성에 대한 설정이 왜 중요하고, 행정학에서 인간 본성에 대한 경제학적 가정의 위치를 살펴보고 있다. 제2장 '인간 본성과 주요 이론의 영향'에서는 행정학에 가장 큰 영향을 미친 이론 중 하나인 공공선택이론과 성과관리(신관리주의)를 통하여 인간 가정과 이들의 영향을 제시하였다. 즉, 행정학이라는 학문적 수준을 넘어 공공 부문에 막대한 영향을 미친 공공선택이론와 성과관리를 실례로 제시하여 본성에 대한 가정의 중요성을 고찰할 기회를 제공하였다.

둘째, 제2부 '이기심, 합리성, 행태경제학'에서는 인간의 다양한 본성 중에서 행정학으로 가장 중요하게 논의되어 온 이기심과 합리성에 대하여 살펴보고 있다. 특히 이기심과 합리성에 대한 기존의 신고전경제학적 관점에서 벗어나 행정학적으로 유용하게 활용될 수 있는 행태경제학적 관점에서 이론과 실험 결과들을 소개하였다.

인간의 핵심적 특성으로 이기심과 합리성에 대한 논의는 사회과학의 뿌리에 해당된다. 즉, 사회과학의 많은 부분은 실상 많은 가정과 전제에 기초한다. 따라서 그러한 가정이 올바르다면 문제되지 않겠지만, 그러한 가정이 잘못되었다면 잘못된 가정에 기초한 이론은 결국 이론 자체에 많은 한계를 지닐 수밖에 없으며, 심지어는 무용지물이 될 수 있다. 따라서 인간 본성에 대한 고찰은 사회과학이 과학으로서 존재하기 위한 시작이며 또한 끝이다. 저자의 부족한 역량에도 불구하고 이 책에서 다루는 이유이다. 그 논의 과정에서 행태경제학적 다양한 연구물, 다양한 실험 결과들, 특히 우리나라 현직 공직자를 대상으로 한 행태실험 결과들이 제시될 것이다. 특히, 이 실험을 통하여 밝혀진 이기심과 관련한 새로운 발견을 제시하였다.

구체적으로, 제1장 '인간 본성, 이기심: 행태경제학적 연구를 통한 이론적 논의'는 인간 본성 중 이기심에 대한 경제학적인 가정을 최근 행태경제학적 연구를 통하여 이론적으로 검증하고 있다. 특히, 최후통첩 게임(ultimatum game), 독재자 게임(dictator game), 공공재 게임(public good game)과 같은 대표적인 실험 결과들을 토대로 이론적 검증과 함의를 도출하고 있다.

제2장 '공직자의 이기심, 행태실험의 결과' 부분은 이론적 논의를 실제 공직자를 대상으로 한 실험 결과를 제시하고 있다. 즉, 이 연구는 공무원이 이기심만을 지니고 있는지, 그리고 공무원의 이기심은 상호성 규범에 따르는지, 이기심이 안정적이

고 일관적인지, 그리고 공무원의 이기심의 정도는 절대적인 것이 아니라 어떤 영향요인에 의하여 변화될 수 있는가를 실험적인 방법을 통하여 찾고 있다.

기존의 연구를 기초로 한 실험설계를 통하여, 현직 공무원을 대상으로 최후통첩 게임 4회, 독재자 게임 4회, 공공재 게임 10회 등 총 18회의 반복실험을 수행하여 공무원의 이기심을 체계적으로 분석하였다. 분석 결과, 첫째, 공무원이 오직 이기적이라는 가정을 지지하지 않으며, 둘째, 상호성 규범에 따르고, 셋째, 이기심의 안정성과 일관성이 낮으며, 넷째, 공무원의 이기심은 고정된 것이 아니라 이기심의 수준과 정도는 특정 변수에 따라 영향을 받을 수 있음을 보여준다. 이러한 점은 이론뿐만 아니라 정책 및 제도 설계에도 유용한 함의를 제공하고 있다.

제3장 '합리성과 제한된 합리성, 절차적 합리성' 부분에서는 합리성과 제한된 합리성, 그리고 절차적 합리성에 대한 이론적 고찰을 제시하였다. 특히, 인간이 본질적으로 합리성이 제약받을 수밖에 없다는 점과 더불어, 최근 행태경제학적 관점에서 제한된 합리성을 소개 제시하였다.

제4장 '제한된 합리성, 전망이론의 새로운 가치' 부분은 카너먼과 트버스키(Kahneman & Tversky, 1979)의 전망이론과 보유 효과와 관련된 이론적 논의와 더불어 다양한 실험연구 결과를 소개하고 있다. 특히, 이러한 전망이론을 통하여 행정학, 정책학적으로 고려될 수 있는 점을 크게 다섯 가지, 즉 공리주의와 칼도-힉스의 보상 기준(Kaldor-Hicks criterion), 비시장재화의 측정과 WTP와 WTA, 상이한 기준점과 서로 다른 비용과 편익 인식, 코즈 정리(Coase theorem)와 자발적 협상, 무차별곡선의 비가역성과 재화와 서비스의 선택으로 구분하여 제시하였다.

셋째, 제3부 '행위자 간 거래, 그리고 거래비용이론'은 행위자 간 '거래'에 초점을 두고 대표적인 이론인 거래비용이론을 소개 및 행정학적 관점에서 해석하고 있다. 특히, 코즈(Ronald H. Coase)와 윌리엄슨(O. W. Williamson)의 연구물을 주로 활용하여, 이론 자체에 기초하여 이해하고 해석하고자 하였다. 사회과학의 대표적인 이론이며 기념비적인 연구이기에 이 이론의 가치는 표현하기 어려울 정도이다. 특히, 강력한 처방성을 내포하고 있는 이 이론은 공공 부문의 역할, 방향을 설정하는 데 막대한 영향력을 행사해 왔다. 이론적 영향력만큼 역설적으로 고찰의 중요성 역시 크다. 특히 이론의 소개와 보급이 주로 경제학의 렌즈에서 이루어져 왔다는 점에서 행정학적 관점에서 고찰하고자 한다.

구체적으로, 제1장 '연구 개관'에서는 연구를 개관하고, 제2장 '이론적 배경'에서는 거래비용이론이 정부 역할 설정에 미친 영향을 기존의 거래비용이론과 더불어 거래비용이론이 중심적인 위치를 차지하고 있는 신제도경제학(new institutional economics)과 신공공관리(new public management)의 예를 들어 제시하였다. 또한 주요 선행 연구와 더불어 새로운 연구의 필요성을 제시하였다.

제3장 '정부 역할에 대한 거래비용이론의 본질과 해석' 부분에서는 거래비용이론과 관련된 세 가지 연구 질문을 제시하고, 각각의 연구 질문에 대한 정부 역할의 함의(거래비용의 개념과 정부 역할의 함의, 코즈 정리의 본질과 정부 역할의 함의, 윌리엄슨의 거래비용이론과 정부 역할의 함의)를 도출하였다. 또한 부가적으로 거래비용과 관련된 질문, 그리고 그 질문과 관련한 정부 역할의 함의 역시 제시하였다. 제4장 '결론'에서는 자유시장주의적 접근에서 해석되고 활용되어 온 것과 달리 거래비용이론은 정부 역할과 관련한 유용한 함의가 내포되어 있음을 강조하였다.

넷째, 제4부 '행위자 간 충돌과 해결, 협력: 이론과 과제' 부분에서는 행위자 충돌과 그에 따른 해결 방안들을 이론적 관점에서 고찰하고 있다. 정부 부처 간 협력(협업)에 초점을 두고 협업 행정의 이론적 논의과 협업행정을 촉진하기 위한 과제를 제시하고 있다. 주로, 집단행동 딜레마 이론 관점에서 신고전경제학(neoclassical economics) 관점, 신제도경제학(new institutional economics) 관점, 그리고 협력 거버넌스(collaborative governance) 차원에서 논의되었다.

구체적으로 제4부는 5장으로 구성되어 있다. 1장에서는 연구를 개관하고, 2장에서 협업행정의 개념과 유형, 그리고 협업행정의 필요성을 고찰하였다. 특히, 협업의 필요성을 근원적 필요성과 기능성 필요성으로 구분 제시하였고, 이 중 근원적 필요성은 집단행동 딜레마에 찾고 있다.

3장에서는 협업 행정을 위한 기존의 해결 방안과 한계를 제시하고 있다. 첫째, 사회적 딜레마 관점은 기본적으로 인간의 합리성과 이기심을 전제로 하고 있다. 이에, 이런 전제 하에서 해결 방안으로 제시된 권위를 갖는 상위 단위 개입(예: 국가 개입)과 신제도경제학의 오스트롬(E. Ostrom) 연구를 소개하였다. 둘째, 하나는 거래비용이론을 활용한 페오이크(R. C. Feoick) 연구를 소개하였다. 거래비용이론은 기본적으로 이기심과 제한된 합리성을 전제하고 있다. 셋째, 협업 거버넌스 개념을 소개하고 있다. 협업 거버넌스는 다양한 학문과 이론이 결합된 종합적인 모형으로 인간 본성에 대한 가정을 고정시키기 어렵다. 따라서 종합적 관점에서 소개하였다.

4장에서는 정부 부처 간 협업의 영향 요인을 고찰하고 있다. 크게 협업행정을 전제 조건과 제도, 행태, 상호성 요인으로 제시하고 있으며, 이에 더하여 변수 간 관계를 제시하였다. 5장에서는 이전 장에서의 논의를 토대로 협업행정을 새로운 모형과 과제, 해결 방안을 제시하였다.

이 책의 내용은 저자가 2008년부터 2013년 최근까지 수행한 연구물들을 정리한 것이다. 다수의 학술대회 발표문과 한 편의 논문, 그리고 경제인문사회연구회 연구과제를 주제별로 재구성하고 수정 보완하였다.

이 연구에서 저자의 부분은 매우 적다. 무엇보다 이 연구에서 논의된 기념비적인 이론 개발자와 인용된 수많은 학자에게 고마움을 전하고 싶다. 이론에 대한 잘못된 이해와 기술은 순전히 저자의 지적 부족과 게으름에 따른 책임이다.

배움을 알게 해주신 은사님들과 한국교통대학교 행정학과 교수님들의 가르침이 있었기에 연구를 할 수 있었다. 특히, 어려운 환경에서도 공공성을 지키고자 노력해 온 선배 교수님들께 감사드린다.

배울 수 있게 해주신 부모님과 형제들, 그리고 묵묵하게 밤을 지켜준 아내와 가연이, 태원이에게 고마운 마음을 전하고 싶다. 순수 이론서적임에도 불구하고 흔쾌히 출판해 주신 대영문화사 임춘환 사장님과 임직원분들께 진심으로 감사드린다.

2014년 5월

저자 김태은

차 례

제 2 부 이기심, 합리성, 행태경제학

인간 본성

제 1 부

제 1 장 인간 본성에 대한 가정, 그리고 중요성*

제 1 절 인간 본성과 상이한 제도의 양태

인간 본성에 대한 탐구는 일찍이 동양에서 꽃피웠다 할 수 있다. 일찍이 기원전 4세기 맹자(孟子)는 인간이 선한 본성을 타고난다는 성선설을 주장하였고, 이에 대해 순자(荀子)는 인간의 성(性)은 본래 악하며, 이익만을 좋아하고 손해를 싫어한다며 성악설을 주장하였다. 이후 송·명, 조선에서의 성리학은 인간 본성에 대한 논의가 동양사상을 지배하였음을 잘 보여준다. 특히, 조선 시대 장기간에 걸친 이황(李滉)과 기대승(奇大升)의 4단 칠정(四端七情) 논쟁과 이후 주리론(主理論)과 주기론(主氣論)의 등장은 조선의 역사 역시 곧 인간 본성에 대한 논의가 그 중심에 있었음을 잘 보여준다.

그러나 인간 본성에 대한 논의가 철학의 중심 과제로 오랜 기간 논의되어 왔음에도 불구하고 우리는 정확히 알지 못한다. 즉, 인간 본성에 대하여 어떤 일반화된 믿음을 찾기는 쉽지 않다. 인간은 매우 이기적이기도 하며, 어떤 측면에서는 상대방을 배려하는 마음과 행동이 주변에서 쉽게 발견된다. 또한 인간이 매우 합리적인 것으

* 이 장은 김태은(2012a). 공공선택이론의 공공 영역 적용에 대한 타당성 연구: 실험경제학적 연구를 통한 이론적 논의. 「2012년 한국정책학회 춘계학술대회 발표 논문집」, 311-337 중 1장과 2장의 내용을 기초로 보완한 것이다.

로 보이지만, 예측되지 못한 결과에 당황하기도 한다. 게다가 우리 사회에서 공정성에 대한 논의가 지속적으로 다루어지고 있는 데에서도 알 수 있듯이, 인간은 어떤 판단 기준으로서 공정성을 매우 중요하게 생각하고 있는 것 같다.

무엇이 사실인지 정확히 알기 어렵다. 그러나 개념 혹은 용어가 존재하다는 점은 이와 관련하여 의미있는 이해의 기회를 제공한다. 즉, 현상에 대한 '어떤 생각'을 '개념(concept)'이라 하고, 이러한 '어떤 생각'을 부르는 이름이 '용어(term)'라고 한다. 즉, 개념을 말로 표현(지칭)한 것이 '용어'이고, 용어로 표현된 생각이 '개념'이므로, 양자는 서로 교환되어 사용되는 경우가 많다(강신택, 2002: 20).

이러한 차원에서 인간이 어떠한 본성을 지니고 있는가는 다양한 개념 혹은 용어를 통하여 개략적으로 살펴볼 수 있다. 예를 들어, 공포, 만족, 슬픔, 사랑, 욕심, 이기심, 이타심, 정의감, 측은지심 등 인간의 본성을 직·간접적으로 나타내는 용어는 매우 많다.

이러한 용어가 본질적으로 현상에 대한 어떤 생각을 담고 있는 것이라면, 우리는 인간 본성에 대한 어떤 실마리를 찾을 수 있을 것이다. 왜냐하면, 어떤 현상이 존재하지 않았다면 그러한 개념과 용어가 존재하지 않았기 때문이다. 예를 들어, 이타심이라는 개념 혹은 용어는 이타심이라고 이름붙일 수 있는 현상이 발견되었기 때문에 그러한 이름붙이기가 가능했을 것이기 때문이다.

그뿐만 아니라 우리는 '성격'이라는 용어를 지나치게 자주 사용한다. 성격이 사전적으로 개인이 가지고 있는 고유의 성질이나 품성 혹은 어떤 사물이나 현상의 본질이나 본성을 의미한다고 할 때, 성격이라는 용어는 인간의 본성이 인간에 따라 서로 다를 가능성을 보여준다. 즉, 우리는 주위 사람들을 논할 때, 성격이 어떠하다 식의 표현을 많이 한다. 인간의 본성이 일반적이고 획일적이라면 '성격'이라는 용어는 존재하지 않을 것이다.

이러한 맥락에서 인간의 본성은 다양하고, 또한 사람에 따라 다를 가능성이 매우 높다. 문제는 인간 본성을 어떻게 정의하고 바라보며, 가정하는가에 따라 거시에서 미시 수준에 이르기까지 사회제도의 양태(樣態)가 상이해진다는 것이다.

예를 들어, 인간의 본성이 이타적이라고 가정하였을 때와 오직 이기적이라고 가정할 때 인간을 통제하는 제도의 설계 방향은 달라질 수밖에 없다. 혹은 인간은 본시 악한 존재(성악설)로 가정할 때, 아니면 착한 존재(성선설)로 가정할 때, 그러한 인간이 생활하는 현실 세계에서 인간들은 서로 간에 서로 다른 인식의 틀로 바라볼 것이며, 동시에 서로 다른 형태의 제도가 등장할 것이다.

인간의 본성을 어떻게 가정하고 설정하는가는 곧 인간이 형성한 공식·비공식적 제도 전반에 영향을 미친다.

인간의 다양한 본성 중 이 장에서 다루고자 하는 핵심은 이기심과 합리성에 관한 것이다. 이는 가장 대표적이면서도 일반적 논의가 가능하며, 또한 가장 과학적인 연구가 진행된 영역이기 때문이다. 그 외 살펴보아야 할 수많은 본성에 대한 고찰은 여기에서 다루지 못하고 있다.

제 2 절 인간 본성과 경제학, 그리고 행정학

인간 본성은 다양한 학문에서 연구되어 왔다. 특히, 심리학으로 대표되는 본성에 대한 탐구는 행정학뿐만 아니라 사회과학이 과학이 되기 위한 토대이며 전제이다.

심리학뿐만 아니라 다양한 학문에서 본성에 대한 탐구가 이루어져 왔으나, 무엇보다 행정학과 깊은 연계를 갖고, 공공정책 전반에 걸쳐 영향을 미쳐온 학문은 경제학이라 할 것이다.

경제학에서 인간에 대한 핵심 가정은 이기심과 합리성에 대한 가정이다. 경제학은 기본적으로 일반화(generalization)를 추구한다. 즉, 시간과 공간적 제약 없이 보편적으로 받아들여질 수 있는 이론(궁극적으로 이들이 추구하는 것은 '법칙'일 것이다)을 개발하고자 해 왔으며, 이러한 일반화된 이론을 개발하기 위해서는 인간에 대한 가정이 전제되어야 한다. 즉, 흔들리지 않는 강건한 가정이 필요한데, 이에 이들은 인간의 이기심과 합리성을 핵심 가정으로 채택하고 있다.

인간이 이기적이고 합리적이라는 가정은 일반화를 추구하는 이론 연구 성향의 경제학에서 필수적인 가정이다. 만약, 이기적이지 않거나 혹은 합리적이지 않을 수 있다는 가정이 세워지거나, 어떠한 사람은 이기적이지만 어떠한 사람은 이기적이지 않다는 가정을 지니고 있다면 일반화된 이론 구축은 사실상 불가능하기 때문이다.

경제학의 학문적 명료함과 계량화는 기본적으로 단순한 인간 가정에 기초한다.

인간을 분석 대상으로 하는 데에 단순한 인간 가정이 전제되지 않는다면, 여타 사회과학이 그러하듯이 학문적 명료함과 계량화는 사실상 매우 제한적일 수밖에 없다. 경제학의 이러한 특성으로 인하여 이 학문은 사회과학의 핵심 학문으로 자리잡는 데 기여하였다. 또한 분석 대상이 인간, 그리고 이들 간 교환이 이루어지는 시장임에 따라 경제학은 공공정책 전반에 걸쳐서 지속적이고 강한 영향력을 행사해 왔다.

학문적으로도, 경제학은 사회과학의 여타 학문 분야로 급속히 세력을 확장시켜 왔다. 경제학의 렌즈로 정치학의 영역을 살펴봄으로써 그 유명한 '공공선택이론'을 만들어 냈고, 심지어는 경제학의 렌즈로 심리학의 영역에 진출함으로써 '행태경제학'을 창조하였다.

공공 부문에 가장 핵심적인 행정학은 종합 학문의 특성상 다양한 학문들과 연계되어 있다. 즉, 행정학은 법학, 정치학, 사회학, 경제학, 심리학, 통계학, 심지어 생물학, 공학 등 수많은 학문과 지적 교류 속에서 성장하고 발전되어 왔다.

행정학이 공고화된 학문 영역으로서 자기 발전을 해 오고 있음에도 연관 학문 없는 행정학을 상상하기란 쉽지 않다. 특히, 경제학의 영향은 매우 크며, 경제학 연구성과들은 행정학 분야에서 쉽게 발견된다. 행정학 역시 사회과학으로서 과학(science)을 추구하는 경향이 크다. 이러한 경향은 인간 본성에 대한 명료한 가정을 수용하고자 하는 유인을 제공한다. 따라서 경제학적인 인간 본성에 대한 가정은 행정학에서도 어렵지 않게 관찰되며 또한 활용되고 있다.

행정학은 공공 부문을 이해하고 설명하는 데 중요한 역할을 수행하고 있다. 특히, 다양한 문제 해결을 위한 처방의 제시에 행정학적 기여는 탁월하다. 그러나 만약 공공 부문을 이해하고 설명하며 처방하는 데에 명료하고 간단한 인간 본성에 기초한 경제학이 기저하고 있다면, 행정학적 기여와 경제학적 기여를 구분하기 어려울 것이다.

이하에서는 공공 부문에 대한 설명과 처방에서 행정학의 대표 이론이나 실제 경제학에 기초하고 있다 할 수 있는 공공선택이론, 그리고 관리주의에 토대를 둔 성과관리를 소개한다. 공공선택이론, 관리주의는 인간에 대한 핵심적 가정이 전제되어 있다. 바로 완전한 합리성을 지닌 이기심만을 지닌 인간이다. 공공선택이론과 성과관리는 인간 본성에 대한 가정의 중요성을 이해하는 데 유용할 것이다.

제 2 장 인간 본성과 주요 이론의 영향

이론은 그 자체로 양면적이다. 한편에서 현상을 이해하게 해주어 공부하는 자에게 즐거움을 주면서도, 한편에서는 두려움을 주기도 한다. 그러한 두려움은 이론의 영향력에서 느껴지는 두려움이며, 여기에는 현실에 대한 이론의 무차별 적용, 이론에 대한 맹신을 포함한다. 그러나 이론에 대한 좀 더 근본적인 두려움은 이론이 흔들기 힘든, 반증하기 힘든 그 어떤 토대에 기초하고 있을 때 더욱 크게 다가온다(김태은, 2012a: 311).

제 1 절 공공선택이론의 인간 본성에 대한 가정과 영향

1 공공선택이론

경제학의 인접 학문에 대한 확산 혹은 침투는 정치 영역에서 꽃을 피우게 되고, 이는 공공선택이론(public choice theory)의 등장을 가져왔다. 공공선택이론은 그동안 정치학, 행정학, 정책학 등에 커다란 영향을 미쳤으며, 특히 1980년대 이후 지속되어 온 신공공관리적 처방에 이론적 토대로서 역할을 수행해 왔다.

공공선택이론은 기본적으로 1960년대 이후 경제학이 정치학에 그 영향력을 행사한 결과물이라 할 수 있다. 즉, 경제학은 일반이론을 추구하면서, 경제적 설명의 영역을 지속적으로 확대해 왔는데, 그 대표적 영역이 바로 정치 영역이었으며, 그러한 정치 영역에 대한 경제적 설명이 곧 공공선택이론[1]이라 할 수 있다.

공공선택이론의 기초는 블레이크(Duncan Black, 1948)의 중위자 투표 정리(median-voter theorem), 털럭(Gordon Tullock, 1959)의 투표담합(logrolling), 다운스(Anthony Downs, 1957)의 대표민주주의(representative democracy), 코즈(Ronald H. Coase, 1960)의 사회적 비용(social costs), 올슨(Mancur Olson, 1965)의 이익집단 활동(interest-group activity), 그리고 불가능성 정리의 애로(Kenneth J. Arrow, 1951), 정치에서의 개인적 교환을 강조한 뷰캐넌(James M. Buchanan, 1949; 1954)의 연구와 관련된다(Blankart & Koester, 2006: 172).[2] 공공선택이론은 이러한 다양한 논의에 기초하고 있으나, 공공부문을 분석할 때 크게 두 가지 관점에 있다.

첫째, 공공선택이론은 방법론적 개인주의(methodological individualism)에 기초하고 있다. 사회 현상을 이해하는 데 방법론적 개인주의는 신고전경제학에서 경제 현상을 분석하는 기본적인 접근 방법이다.[3] 방법론적 개인주의에서 인간은 경제인(homo economicus 또는 economic man)이다. 즉, 개인은 합리적이며, 완전한 정보를 소유하고, 자기 이익을 추구하며, 자기 이익을 극대화하는 인간을 설정한다(Dunleavy, 1991; Niskanen, 1971, 1973; Tullock, 1965). 여기서, 인간 본성에 대한 공공선택이론의 핵심 가정은 곧 이기심과 합리성이다. 물론, 이러한 인간 본성에 대한 이기심과 합리성은 실제 분리되기 어렵다. 왜냐하면, 공공선택이론가들은 이기적인 인간들이 자신의 이익을 극대화하기 위하여 행동한다고 전제하고 있는데, 이러한 자신의 이익극대화는 인간이 합리적이지 않다면 구현될 수 없다. 따라서 이기적인 인간과 합리적인 인간은 공공선택이론가들에게 분리되어 존재하기 어렵다. 즉, 모든 행위자는 자기 이익(self-interest)에 의하여 동기화되며, 이러한 가정은 또한 합리성 가정(rationality assumpation)과 관련되어 있다(Wilkinson, 2008: 327). 물론 이러한 경제인에서 문화적 배경은 중요하지 않다. 인간의 이기심은 일반적이다(selfishness is universal)라는 것

---

1) 공공선택이론과 관련된 이론적 정리는 그로프만(Grofman, 2004)을 참고할 만하다.

2) 공공선택이론이 직면한 이론적 도전으로 정치경제학과 시카고 경제학파의 논리를 체계적으로 잘 설명하고 있다.

3) 경제학에서 방법론적 개인주의로 경제 현상을 이해하는 이유는 경제학의 핵심 연구 주제가 거래이고 거래의 핵심 주체는 개인이기 때문이다. 게다가 일반이론을 추구하는 경제이론에서는 보편성과 타당성을 확보하기 위하여 어떤 이상적 인간을 전제할 수밖에 없다.

이다(Gächter et al., 2010: 2652).

다시 말해, 공공선택이론은 신고전경제학과 본질적으로 동일하다. 다만, 분석 대상이 경제학의 고유 영역이 아니라 비시장적 의사결정 영역, 즉 정치·행정 영역을 분석한다는 데 있으며, 그 핵심은 방법론적 개인주의에서의 개인에 대한 가정을 정치·행정 영역에 그대로 적용한다는 것이다. 이에 따라, 광의의 정치 영역 주체인 정치가, 관료, 법관 등 소위 공직자 역시 합리성을 지니고, 완전한 정보를 소유하며, 개인 이익을 추구하며 극대화하는 인간으로 설정하고 있다는 점이다. 특히, 공공선택이론의 핵심적인 점은 공직자를 기본적으로 공익을 추구하는 주체라기보다 개인의 이익을 추구하고 이를 극대화하는 사람(시장 상인과 동일하게)으로 설정하고 있다는 점이다.

둘째, 이러한 인간들에 의하여 구성되어 있는 공공조직은 민간조직에 비하여 비효율적이라는 광범위한 믿음이 존재한다. 즉, 이는 부분적으로 정부기관이 입법적인 예산 배분에 의존하기 때문에 과대 생산과 과대 소비의 동기를 지니고 있기 때문이라는 것이다(Dunleavy, 1991; Niskanen, 1971, 1973; Tullock, 1965). 또한 공공기관 종사자들은 이기적(self-interested)이기 때문에 어떤 잘못된 동기를 가지고 있다는 것이다. 예를 들어, 공공선택이론은 공직자는 무임승차자(free-rider)나 지대 추구자(free riders or rent seekers)라고 가정한다. 심지어 그러한 개인들은 업무를 제대로 수행하지 못하는 업무 태만자이거나 또는 시민들에게 해로움을 가하거나 공익을 가로채는 강압적인 폭력배로 설정한다(Brewer & Brewer Jr., 2011: 353).[4)]

2 공공선택이론의 영향

공공선택이론이 인간, 특히 공직자에 대하여 이러한 관점에 있기 때문에 이 이론

4) 공공조직이 민간조직에 비하여 좀 더 효과적이라는 약간의 연구가 존재한다. 공공서비스 동기이론(public service motivation theory)은 전반적으로 공직자들이 공공선택이론에서 주장하는 것보다 좀 더 올바로 동기화되어 있으며 동시에 좀 더 높은 성과를 보인다고 주장한다(예: Rainey & Steinbauer, 1999; Rainey, 2009; Perry & Wise, 1990; Brewer & Selden, 1998). 한편, 균형적 관점에서 굿셀(Goodsell 2004: chap. 5)은 보통 시민과 다르지 않은 공직자가 “ordinary people”이라고 주장한다(Brewer & Brewer Jr., 2011: 353-354).

이 공공 부문에 미친 영향은 지대할 수밖에 없다.

첫째, 공직자는 공익 추구자가 아니라 사익 추구자로서 자신의 이익만을 극대화하는 존재이기에, 이러한 공직자에 대하여 성과관리와 같은 새로운 통제 메커니즘을 적극 옹호한다.

둘째, 공공 부문은 비효율적이고, 공공 부문의 특수성을 인정하지 않기 때문에 광범위하게 조직, 인사 등에서 민영화 및 개방을 통한 경쟁에 우호적이다. 사실상 공공선택이론은 정부보다는 시장에 더욱 우호적인 친시장 지향적 성격을 지니고 있다.

셋째, 공공선택이론이 공직자를 사익 추구자로 설정함에 따라, 그러한 인간들로 구성된 광의의 정부 주체, 혹은 협의의 주체 역시 사익 추구자들의 집합이므로, 이들에 의하여 제공되는 재화와 서비스는 민간기업 혹은 시장에서 제공되는 재화와 본질적으로 차이가 있을 수 없다. 즉, 공공 부문의 서비스 특성을 고려하지 않는다. 왜냐하면, 기업의 주체인 인간과 행정부처의 주체인 인간이 동일하게 '경제인'이기 때문이다. 따라서 재화와 서비스를 활용하는 주체는 재화의 제공 주체(공공, 민간)와 상관없이 자신들의 비용을 줄이고 편익을 극대화하는 재화를 선택해야 한다는 것이다. 이에 따라 민간과의 경쟁을 강조한다.

이러한 공공선택이론의 입장은 그동안 신자유주의의 흐름 속에서 공공 부문 개혁의 이론적 중추로서 그 역할을 수행해 왔다.

공공선택이론에 따른 다양한 행정적 처방들은 그 자체로 유용한 결과를 가져온 부분이 존재한다. 특히 정부실패의 일정 부분을 설명하고 또한 해결 방안을 제시해 왔다는 점에서 유의미하다. 사실 공공선택이론의 이론적 우수성과 탁월한 처방성은 가히 비교 대상을 찾기 어려울 정도로 우월하다.

그러나 한편에서 그러한 처방에 영향을 받는 개인들에게 불편한 환경을 조성하기도 하며, 기대하지 않았던 결과가 발생되기도 하였다. 이에 그동안 공공선택론적 처방에 대하여 많은 비판이 제기되어 왔다. 그러나 그러한 비판은 언제나 공고한 이론의 벽을 넘지 못하였다. 이는 공공선택이론에 대한 비판이 주로 이론 자체에 대한 비판보다 주변적인 현상에 대한 비판에 초점이 맞추어져 왔기 때문이다. 이론 자체에 대한 비판조차 많은 경우 관념적이고 규범적 수준에서의 비판이었다.

공공선택이론이 갖는 이론적 공고함의 핵심은 바로 인간에 대한 가정에 기인한다. 다시 말해, 방법론적 개인주의에 기초하고 있는 공공선택이론은 개인의 합리성과 이기심을 전제로 하여 공공 부문에 다양한 처방을 제시해 왔다. 즉, 민간이든 공공의 주체이든지 간에 모든 행위자는 합리적이며 이기심만을 지닌 행위자로 설정하고 있다는 점이다. 여기서, 인간이 이기적이라는 것, 그리고 그러한 이기적인 인간은 민간이든 공공이든 차이가 존재하지 않으며, 일반적이라는 것은 쉽게 반증하기 어려운 가정이다.

그러나 만약 공공선택이론에 기저하고 있는 인간 본성, 즉 합리적이고 이기적인 인간이 아니라면, 이 이론의 이론적 강건함과 이론에 기초한 처방들은 제한적일 수밖에 없다. 인간 본성에 대한 고찰 필요성은 이러한 점에 있다.

제 2 절 성과관리의 인간 본성에 대한 가정과 영향*

1 신공공관리와 성과관리

자기 소유권에 대한 무한한 자유를 강조하는 자유주의는 자본주의의 발전 과정에서 융성과 쇠락을 반복해 왔다. 19세기 말부터 20세기 초에 걸쳐 지속적이고 다양한 유형의 시장실패를 경험한 이후 '보이지 않는 손(invisible hand)'은 보이지 않는다는 것을 분명히 인식하게 되었고, 시장에 대한 정부의 개입은 필연적인 것으로 이해되어 왔다. 그러나 1970년대 후반부터 역사적 흐름은 정부가 아닌 시장이 강조되는 시대로 전환되었다.

세계대전이라는 전후의 성장을 이끌고 복지 체제가 구현되는 성과를 이끌었던 과거의 이론과 주의들은 한순간 무기력하게 추방당하였으며, 그 자리는 다시금 자유주의에 의하여 채워졌다. 즉, 신자유주의(neoliberalism)의 등장과 함께 친시장, 친기업 중심의 다양한 기법들이 (과학적 근거와 엄밀성과는 사실상 관계없이) 거침없이 소개되었다(대표적으로, Osborne & Gaebler, 1992).

* 이 절은 김태은(2010a). 공공부문 성과관리, 이론 그리고 이론적 대응: 정책학 자리 찾기를 위한 논의. 「한국정책학회 동계학술대회 발표 논문집」. 75-110 중 75-83을 기초로 재구성하여 보완한 것이다.

학자들의 중립적인 연구가 지속되었지만 일부의 친시장적 접근은 정부의 비효율성에 대한 근거가 충분하지 않음에도 불구하고 무조건 정부는 비효율적이었다. 왜, 얼마나 비효율적인 것인지에 대한 방법론적으로 엄밀성을 갖춘 과학적 근거는 찾기 쉽지 않음에도 몇 개의 대표적인 경제학적 이론을 근거로 정부는 비효율적이라고 주장하였다. 또 정부의 비효율을 외치면서 정부가 고려하여야 할 민주성, 효과성, 형평성 등 너무나 소중한 다른 가치들은 전혀 고려하지 않았다. 효과성도 아닌 효율성만이 유일한 지상과제였다. 정부의 비효율성 주장은 이미 하나의 상징과 프레임으로 정부를 가두고 있었다.

신공관리는 기업 중심, 시장 중심, 결과 중심 등을 추구하면서 매우 많은 처방을 제시한다. 그러나 그 이름에서, 또 신공공관리(NPM)를 뒷받침하는 이론에서, 그리고 NPM의 중심적 아이디어가 성과(performance)에 있음을 제시한 쉬크(Schick, 1990)에서 알 수 있듯이, 또한 신공공관리의 핵심 중 하나는 성과관리(performance management)이다.

2 성과관리와 관리주의

성과관리는 테일러(Taylor, 1911) 이후 과학적 관리주의에서 비롯된다. 이후 PPBS(Program-Planning-Budgeting System), ZBB(Zero-Based Budgeting) 등 예산 개혁 차원에서 시도된 이후, 미국의 '정부성과결과법(Government Performance and Results Act: GPRA, 1993)' 제정 이후 본격화되었다.

현대적 성과관리는 관리주의(managerialism)의 또 다른 이름이다.

전형적인 초기 성과 측정 시스템은 과학적 관리 원리(scientific management principles, Talyor, 1911)에 기초하고 있다. 익히 잘 알려진 바와 같이 공학도이며 철강회사에서 일한 바 있는 테일러(F. W. Taylor)는 효율성 증진을 위한 방안으로 과학적 관리의 원리(The principles ofscientific management)를 제시하였다. 첫째, 과거의 주먹구구식 방법을 대신하여, 노동자들의 일의 각각 요소들에 대한 과학을 개발한다. 둘째, 과거에 노동자들은 그들 스스로 일을 선택하고 스스로 훈련을 대신하여 노동자들을 과학적으로 선택, 훈련, 교육 및 개발시킨다. 셋째, 관리자들은 노동자들이 과학적 관리에 따라 모든 업무를 수행할 수 있도록 마음으로 협력한다. 넷째, 관리자와 작업자 간에 책임성과 업무를 동등하게 분담한다(Taylor, 1911: 36-37).[5]

테일러식의 과학적 관리에 따르면, 성과는 노동자의 노력과 산출 간의 관계이다. 노동자들은 단순한 공식(시간당 기본 임금+기준보다 높은 성과 보너스 비율)에 따라 보수를 지급받는다. 이러한 단순한 보상모형(compensation model)에 기저하는 기본적 개념은 민간 및 공공 영역의 성과 측정 시스템에 광범위하게 적용되어 왔다(Heinrich & Marschke, 2010: 183-184).

이러한 테일러리즘(Taylorism)으로 대표되는 과학적 관리주의는 기독교적 윤리(protestant ethics), 합리주의, 그리고 공학적 사고의 영향을 받은 것이며, 과학적 관리학파의 주요 가정은 첫째, 과학적 분석에 의하여 유일 최선의 작업 방법을 발견할 수 있다. 둘째, 과학적 방법에 의하여 생산성을 향상시키면 노동자와 사용자 다 같이 이롭고, 나아가 국민 일반의 생활 수준을 향상시키는 데 기여할 수 있다. 셋째, 조직 내 인간은 경제적 유인에 의하여 동기가 유발되는 타산적 존재이다. 넷째, 조직의 목표는 명확하게 알려져 있고 업무는 반복적이라는 것이다(오석홍, 2005: 20).

결국, 테일러리즘은 첫째, 과도한 합리성으로 최선의 방법이 존재한다고 가정하고 있으며, 둘째, 인간의 동기는 물적 인센티브에 의하여 형성되기 때문에 이에 대한 통제를 통하여 원하는 방향으로 유도할 수 있고, 셋째, 효율성(efficiency)이 유일무일한 절대 가치라는 점이다. 이러한 테일러리즘은 실제 이후 포디즘(Fordism)과 사회주의 국가의 계획경제에까지 심대한 영향을 미쳤다.

테일러리즘은 민간 영역에서 핵심적인 관리의 기준으로 활용되어 왔으며, 신공공관리와 더불어 공공 부문으로까지 그 영향력이 확대되었다. 즉, 테일러의 과학적 관리에 토대를 둔 관리주의는 기본적으로 민간 영역(기업)을 대상으로 한 과학적 기법이었으나, 1980년대 이후 공공 부문 역시 민간 영역과 차이가 없으므로 관리주의적 접근이 이루어져야 한다는 주장이 제기되어 왔다(예: Osborne & Gaebler, 1992).

실제, 폴릿(Pollitt, 1993)은 신관리주의(new managerialism)는 민간과 공공 간의 차이를 무시하며, 결국 신테일러적인 관리주의로 귀결된다고 주장하며, 호겟(Hoggett, 1996: 20-21) 역시 성과관리 시스템은 신테일러리즘(neo-Taylorism)의 새로운 공식화

5) http://www.archive.org/details/cu31924085713331.

(formalization)라고 주장한다.

관리주의는 조직 생애(organizational life)의 모든 측면은 전반에 걸쳐 합리적 구조, 절차, 그리고 정책결정자나 상위 관리자에 의하여 정의된 목표를 추구하는 책임성의 방식에 따라 관리되어야 한다는 믿음이며(O'Reilly & Reed, 2010: 3), 구체적으로 ① 지출의 제한(cash limits), 비용 감축 및 노동생산성과 효율성의 증대, ② 특히 예산과 관련하여 관리 책임성의 위임과 분권화, ③ 계획에 의한 목표와 표준 설정, 성과 측정과 평가와 관련된 성과 보상, 더 나은 성과를 위한 인센티브 설계와 개발과 같은 신테일러리안적(Talyorian) 관행 개발과 같은 세 개의 핵심적 주제를 지닌다(Pollitt, 1993: 55-56; Sanderson, 2000: 299-300).

물론 관리주의는 관리(management) 차원뿐만 아니라 통제(control) 차원에서 이해되기도 한다. 즉, 호겟(Hogget, 1994)은 관료제적 통제를 대신할 통제의 기술(technology of control)을 관리주의의 핵심적 특징으로 고려한다. 그래서 경쟁 및 내적 시장의 성장, 선진화된 관리 형태의 개발, 성과관리 기법의 발전과 같은 것들은 통제의 새롭고 탈관료제적 통제로 이동시킨다고 주장한다.

결국, 이러한 관리주의는 경제적·합리적·일반적 가정에 기초하며, 이는 계획된 체제 하에서 주로 비용의 관점에서 생산성과 효율성, 그리고 성과 측정의 강조를 증대시킨다(Farnham & Horton, 1993: 47-49).

성과관리는 기본적으로 성과를 관리하겠다는 것이며, 크게 목표를 설정하고 그러한 목표의 달성 여부를 평가하여, 그러한 평가 결과를 토대로 성과보상(임금, 예산 등)을 통하여 궁극적인 선순환 구조를 형성하고자 한다. 특히, 여기서 성과는 효율성(efficiency)과 효과성(effectiveness)을 포괄하는 개념으로 무엇보다 단순한 산출(outputs)이 아니라 직접적 결과(outcomes)와 일정한 사회적 효과 창출 수준으로서의 결과(results)까지를 의미하는(Moynihan, 2005; 허만영, 2006: 487) 매우 포괄적 개념이라 할 것이다(김태은 외, 2008: 152). 사실 공공 부문에서 성과는 많은 시차를 두고 나타나며, 더욱이 산출과 결과 간 인과 관계 문제에서 자유롭지 못하기 때문에 '성과'에 대한 측정 자체가 매우 난해한 작업이다.

결론적으로, 성과관리는 신공공관리의 핵심 요인으로서, 공공개혁의 중심에 있다. 성과관리는 신공공관리의 출현을 가능하게 하는 요인이기도 하였으며, 또 한편에서 성과관리가 과거 PPBS, ZBB와 다르게 전세 계적으로 모든 공공 영역에 확산될 수 있었던 이유는 성과관리가 신공공관리의 다양한 이론적 영향 하에 그 제도 및 정책적 정당성을 확보해 왔기 때문이다.

3 성과관리의 경험적 연구와 비판

성과관리의 중요성만큼이나 매우 다양한 관점에서 성과관리에 대한 연구가 진행되어 왔다. 우선, 성과관리에 대한 기존 연구 결과는 매우 모호하다. 성과관리에 대해서는 많은 연구가 제시되어 왔으나 일관된 연구 결과가 제시되지 못하고 있다. 즉, 성과관리가 실제 성과를 개선하였는지, 또한 성과관리의 부정적 효과가 무엇인지에 대해서는 거의 알지 못하고 있다(Andersen, 2008: 544; Pollitt & Bouckaert, 2000: 131; Meier & O'Toole, 2002: 629; Boyne, 2003: 2).

공공 부문의 성과관리에 관한 많은 연구가 공공 부문에 적용을 전제로 하여 그 적용의 문제와 개선 방안을 논의한 연구들이 중심을 이루었다. 또 한편에서는 성과관리를 위하여 몇 가지 조건을 제시하기도 하였다. 즉, 관리자는 분명한 목적(goals)을 가져야 하고, 결과(results)는 그러한 목적에 대응하여 측정되어야 한다. 관리자는 자원 활용에서 유연성(flexibility)을 부여받아야 한다. 운영 권위가 이양되어야 한다. 정부 결정과 통제는 투입과 과정보다는 산출과 결과에 초점이 맞추어져야 한다. 관리자는 사용 사용과 결과 산출에 책임을 갖는다(Schick, 1990; Moynihan, 2006: 79). 또한 모이니헌(Moynihan, 2006)은 성과관리는 결과에 초점을 두고 관리적 권위에 기초하고 있다고 주장한다. 결국, 결과에 의한 관리, 성과관리는 기존 관료제의 결과에 대한 낮은 관심과 낮은 관리적 권위를 결과에 대한 높은 관심과 높은 관리적 권위로의 이동(C→B로 이동)을 전제로 하기 때문에 높은 관리적 권위를 부여받지 못할

표 2-1 성과 개혁의 전제

	Low focus on results	High focus on results
High managerial authority	A	B
Low managerial authority	C	D

자료: Moynihan(2006: 80).

경우 성과관리는 성공적일 수 없음을 주장한다.

그러나 그동안 많은 연구는 공공 부문에 대한 성과관리에 많은 한계가 있음을 제시해 주고 있다.

첫째, 성과관리의 고유한 문제에 대한 바판이 제기된다. 즉, 성과관리 개혁은 한편에서 수단의 선택과 자원의 활용에서 분권적인 실질적인 자발성을 부여를 강조하나 한편에서는 목표 설정, 평가, 감사에서 집권적 통제와 연계되어 있다(Pollitt & Bouckaert, 2000; Lægreid et al., 2006; Christensen et al., 2006 Andersen, 2008: 543). 또한 성과관리 교리(doctrine)는 현실과 유리되어 있으며, 정치적 상징으로서 성과관리의 가치는 과장되어 있고, 이론적 모형의 사기적인 단순성은 정부 내 관리의 실체 대부분을 배제시킨다는 비판이 제기된다(Moynihan, 2008: 993).

둘째, 성과관리 운영상의 비판으로, 모이니헌(Moynihan, 2008: 68)에 따르면, 정치가와 공공관리자들은 정부는 합리적이고, 효율적이며, 결과 지향적인 방법으로 운용된다는 인상을 창조하는 '상징적 편익(symbolic benefits)'을 실현시키고자 한다고 주장하며, 샌더슨(Sanderson, 2001)은 신공공관리가 실제 학습과 개선을 강조하고 있음에도 불구하고 학습과 개선을 촉진하기보다는 통제와 상향적 책임성에 중점을 둔 '하향식(top-down)'이 지속되어 왔다고 비판한다. 또한 성과관리 시스템은 하향적인 외적 힘 혹은 상위 관리에 강제적 힘에 의하여 개발되어 왔다. 이는 전반적 전략 및 관리 과정을 통합되지 못하였고, 중간 및 신임 관리층에서의 현실적 참여가 이루어지지 않았다는 비판이 제기된다(Palmer, 1993; Wegener, 1998).

셋째, 성과관리의 가정에 대한 비판으로, 성과측정 및 동기 시스템 모델은 조직 목표와 생산 목표는 잘 알려져 있고, 피고용인의 노력과 성과는 증명 가능하며, 성과 정보는 효과적으로 전달될 수 있고 상대적으로 적은 수의 변수가 존재한다고 조건과 가정을 지니고 있다. 그러나 실제, 민간 및 공공 영역의 생산 기술들은 복잡하고 비(非)매뉴얼적인 작업, 많은 주인(principals)과 그룹 상호작용, 정치적·환경적 영향과 상호작용, 그리고 비표준화된 산출을 지니고 있다는 것이다(Heinrich & Marschke, 2010: 183-184).

구체적으로, GAO(1997: 7-9)는 과거 1965년 PPBS, 1973년 MBO(management by objectives), 1977년 ZBB(zero-based budgeting)의 실패가 두 가지 관점, ① 개발된 성과 계획과 측정은 의회 과정으로부터 분리되어 있다는 점, ② 성과예산의 개념은

지속적으로 진화하는 경향이 있다고 주장하였다. 즉, 과거의 범위와 현재의 요구, 그리고 연방 의사결정자의 이해를 포괄하는 단일한 성과예산의 정의는 없다. 초기의 성과관리 노력들이 직면하였던 많은 문제가 남아 있으며, 이것은 GPRA에 영향을 미칠 것이라는 것이다(GAO, 1997: 7-9; Radin, 2000: 116). 래딘(Radin, 2000)은 미국의 의사결정 과정의 특성에 따라 운영되는 GPRA의 한계, 즉 주된 약점을 매우 체계적으로 제시하였으며, 모이니헌(Moynihan, 2006)은 미국의 성과관리, 즉 주정부를 대상으로 한 결과에 의한 관리(managing of results)에 대한 평가를 수행하여, 주정부들이 신공공관리의 성과관리는 결과에 초점을 두고 관리적 권위에 기초하고 있으나 관리적 권위 강화가 이루어지지 않음을 보여주고 있다. 즉, 결과에 의한 관리가 부분적으로 적용되었음을 제시한다. 캐스딘(Kasdin, 2010)은 정부성과결과법(GPRA)의 분명한 실패 원인을 크게 두 가지로 제시한다. 첫째, GPRA 측정에 다양한 목적이 존재하였다는 점, 둘째, GPRA는 성과측정과 직접적인 인센티브와 연계시키지 못하였다는 것을 제시하였다(Kasdin, 2010: 54-57). 앤더슨(Andesen, 2008)은 덴마크의 교육 성과에 대한 연구에서, 성과관리가 성과 개선에 매우 작거나 유의미하지 않은 질 개선을 가져오지 않았으며, 반면, 성과관리 수단을 적용한 학교에서 학생들의 사회경제적 상황이 그들의 교육 수준에 더 큰 영향을 미침을 제시한다.

특히, 성과관리는 기능적 관점에 있는데, 스미스(Smith, 1995: 200-212)는 성과측정 활용의 다양한 역기능(dysfunctions)을 체계적으로 제시한 바 있다(Vakkuri & Meklin, 2006: 243-244).

첫째, 특정 영역에 제한(tunnel vision)이다. 성과 측정 시스템은 종합적인 자료 기지 없이 구축될 수 없다. 조직활동 전체 영역을 포괄하는 자료 기지는 자료 수집에 거래비용이 발생하기 때문에 현실적이지 않다. 이에 성과측정은 조직 활동의 특정 가능한 영역(measurable area)에 제한된다.

둘째, 차선화(suboptimisation)이다. 공공 및 비영리에서, 서로 다른 목적의 일치 어려움은 차선화의 원인이 된다. 전체 조직 시스템의 일부로서 조직적 단위는 상위 시스템의 목표와 모순되거나 서로 다른 목표 추구를 선호한다. 게다가 조직은 오직 제한된 영역 내에서 그들의 성과를 최적화한다. 예를 들어, 3E's(Economy, Efficiency, Effectiveness) 프레임에서 효과성을 대신하여 경제성 혹은 효율성을 활용하는 것은 쉽다.

셋째, 근시안성(myopia)이다. 조직의 많은 기능은 장기적 함의를 지닌다. 즉, 결과가 실현되기에는 많은 인내의 시간이 필요하다. 성과측정 시스템은 단기 관점에서 집중한다.

넷째, 표준화에 따른 평균 수렴(convergence)이다. 보편적인 성과 기준 없이 고유하고 독특한 조직을 비교하는 것은 어려운 일이다(Smith & Mayston, 1987: 181). 그러나 성과측정 시스템의 타당성과 신뢰성을 위하여 조직 간 공통된 부분을 창조한다. 이에 따라 표준화된 조직은 좀 더 쉽게 측정 가능하나 동시에 조직을 평균으로 유도한다.

다섯째, 경직화, 보수화(ossification)이다. 성과측정 시스템은 새로운 어떤 것에 도전하는 것보다는 과거의 관행을 활용하도록 유도한다.

여섯째, 성과측정 시스템이 게임의 규칙을 형성(gaming)한다는 것이다. 성과 측정 시스템은 인센티브 구조를 지니고 있다. 따라서 조직은 성과측정 시스템에 따라 그들의 행동을 전환함으로써 추가적인 잠재적 이익을 실현할 수 있음을 알게 된다. 결국, 조직은 성과측정 시스템에 의하여 구체화된 게임의 규칙에 따라서만 반응한다.

일곱째, 허위대리(misrepresentation)이다. 성과측정은 실제 성과를 대리하기 때문에, 실제와 보고된 행태 간에 정합의 문제가 발생한다. 따라서 조직은 두 가지 방식, 그들의 성과를 개선하거나, 그들의 성과 보고(reports)를 개선하거나 대응한다.

4 성과관리의 영향

현재 공공 부문에 대한 성과관리의 영향력은 공공 부문 성과관리에 대한 한계를 지적한 수많은 연구를 하나의 잡음(noise)으로 만들 정도로 지배적이다.

즉, 2008년 미국발 금융위기 이후에도 성과관리(performance management)는 현재 공공 부문에서 하나의 교조적 위상을 유지하고 있다. 특히, 성과관리의 정책 확산은 매우 특이하다 할 정도로 급속히 그리고 광범위하게 진행되어 왔다. 특히, 성과관리는 크게 지리적 차원에서 그리고 영역 차원에서 동시에 진행되어 왔다. 즉, 영미를 중심으로 한 공공 부문 관리개혁으로서 성과관리가 아시아, 유럽뿐만 아니라 개도

국 전체로 확산되어 왔으며, 동시에 성과관리가 상대적 용이할 것으로 예상되던 공공 영역뿐만 아니라 상대적으로 그 적용이 불가능하거나 적용되어서 안 될 것으로 논의되었던 교육, 연구 및 개발, 치안 및 안보, 정형화된 공공사무 영역으로까지 적용이 확산되어 왔다. 다시 말해, 관리주의에 뿌리를 두고 있는 성과관리는 신자유주의 추세에 부응한 신공공관리의 도래와 더불어 공공개혁의 핵심적 위치를 차지해 왔다.

우리나라 역시 민간 영역에서 비롯된 성과관리는 어느덧 공공 부문의 핵심 개혁 정책의 일환으로 학문적 논의와는 별개로 의심 없이 인정 혹은 정치적으로 활용되어 왔다. 특히, 미국의 정부성과결과법(GPRA)에 지대한 영향을 즉각적으로 받은 우리 사회는 한국 사회의 독특성과 한국에서의 공공 부문의 역할에 대한 심도있는 고민 없이 수용되어 왔다.

특히, 우리나라에서의 성과관리는 전 세계적으로 유례를 찾기 어려울 정도로 체계적이고 획일적으로 추진되고 있다. 사실 성과관리에 대한 비판은 하나의 금기에 가까울 정도로 공공 부문에서 당연스럽게 받아들여지는 하나의 '제도'가 되어 있다.

그러나 성과관리는 필요한 영역에서 의미있는 관리기법이다. 민간이든 공공이든지 간에 성과관리가 필요한 부분에서는 적용할 필요가 있다. 하지만 불필요하거나 오히려 역효과가 심화될 영역에서 성과관리는 필요하지 않다.

더욱이 공공 부문의 성과관리가 민간의 성과관리와 동일할 필요는 없으며, 동일해서도 안 된다. 공공 부문의 성과관리는 성과관리 자체의 문제가 아니라 공공 부문의 특성, 또 분야별 차이를 고려하지 않고 획일적으로 민간의 틀을 그대로 사용한다는 점이다. 탄력적이며 유연한 공공 부문 관리 체계의 구축이 필요하다.

> 공공 부문의 성과관리는 단순히 조직관리 차원이 아니다. 공공 부문에서 (특히 정부 부처의) 성과관리는 곧 해당 조직에서 수행되는 많은 정책에 영향을 미친다. 다시 말해, 성과관리는 곧 국가의 역할에 영향을 미치고, 그러한 영향은 곧 일반 국민에게 영향을 미친다. 공공 부문의 성과관리가 단순히 공공조직을 관리하고 혹은 공직자의 통제 수단으로만 이해해서는 안 되는 이유가 바로 여기에 있다(김태은, 2010a: 110).

다음 장에서는 인간 본성에 관한 최근 연구 흐름을 대표하는 행태경제학적 연구들을 제시하고자 한다. 이를 통하여 인간 본성의 다양성을 인식하고 이에 기초한 제도 설계에 기여할 수 있는 이해의 계기가 되기를 기대한다.

제 2 부

이기심, 합리성, 행태경제학

제 1 장 인간 본성, 이기심: 행태경제학적 연구를 통한 이론적 논의*

제 1 절 서론

앞서 논의된 공공선택이론, 관리주의 등 신고전경제학적 관점에서 가정하는 인간 본성, 즉 이기심과 합리성은 일면 타당하다. 그러나 일반화는 제한된다. 다시 말해, 인간은 어떤 틀에서 찍어내는 부품과 달리, 생명체로서 다양성을 지니고 있다. 즉, 인간이 이기심과 합리성을 지니고 있음에도 불구하고 인간이 언제나, 오직 이기심만을 지니고 있는지는 다른 문제이며, 또한 합리성을 추구한다 하더라도 합리적인지는 다른 문제이다.

경제학은 기본적으로 일반화를 추구하기 때문에 인간 본성에 대한 획일화된 가정은 경제학에 필수적이다. 문제는 신고전경제학에 기초한 공공선택이론, 관리주의 등(성과관리)이 칠판 속에서만 존재하는 것이 아니라 현실, 특히 공공 부문 전반에 지대한 영향을 미친다는 것이다. 따라서 이들이 전제하고 있는 가정에 대한 검증은 너무나 중요하다.

그러나 기존의 행정학적 관점은 이러한 본질적 차원에 대한 검증에 크게 관심을

---

* 이 장은 김태은(2012a). 공공선택이론의 공공영역 적용에 대한 타당성 연구: 실험경제학적 연구를 통한 이론적 논의. 「한국정책학회 춘계학술대회 발표 논문집」, 311-337 중 제3장, 4장, 5장의 내용을 기초로 수정 보완한 것이다.

가져오지 않았던 것 같다. 예를 들어, 행정학에서 일찍이 제한된 합리성이 강조되어 왔음에도 불구하고 합리성에 기초한 다양한 경제학적 처방들을 커다란 경계심 없이 인용 및 활용해 왔기 때문이다. 다시 말해, 인간은 제한된 합리성을 지니고 있다는 무수한 주장을 이루어져 왔음에도 한편에서는 합리성에 기초한 다양한 이론과 주의들을 수용하여 정책적 처방에 활용해 왔다.

이기심에 관해서는 그동안 행정학적으로 거의 논의되지 못하였다. 인간이 언제나, 오직 이기적인가에 대하여 행정학은 크게 관심을 두지 않았다. 사실상 신고전경제학의 가정을 그대로 수용한 면이 없지 않다. 따라서 이기심에 기초한 이론과 주의들은 이론 수준을 넘어 공공정책 전반에 영향을 미쳐왔다.

물론, 인간은 합리성을 추구하고 이기적이다. 그러나 인간은 합리성을 추구하지만 실제 인간의 합리성은 제한되어 있다. 또한 인간은 이기적이다. 그러나 인간이 오직 이기심만 지니고 있고 언제나 이기적인지는 쉽게 알 수 없다.

현대 행정학에 막대한 영향을 미치고 있는 신고전경제학에 기초한 다양한 이론들은 상당 부분 합리성과 이기심을 가정하고 있다. 그러나 만약 인간이 합리적이지 않고 언제나, 오직 이기적인 것만은 아니라고 한다면, 그러한 이론들이 갖는 설명과 이 이론에 기초한 처방들은 한계를 지닐 수밖에 없다.

어떤 현상을 100% 설명하는 이론은 존재하지 않는다. 이는 이론이 아니라 법칙이다. 문제는 이론이 법칙이 아님에도 불구하고 이론에 기초하여 획일적으로 적용하고자 하는 데 문제가 있다. 특히, 행정학은 학문 자체가 관념 속, 칠판 속에서 머무르는 것이 아니라 인간상이 충돌하는 현실에 대한 설명과 처방을 필요로 한다. 이론에 기저하고 있는 인간 본성에 대한 고찰의 중요성이 더욱 강조되는 이유이다.

이러한 맥락에서 행태경제학(behavioral economics) 혹은 실험경제학(experimental economics)은 유용한 관점을 제시하기에 이를 고찰할 필요가 있다. 행태경제학 역시 본질적으로는 경제학의 인접 학문의 침투, 확산의 결과이다. 즉, 경제학이 정치학에 침투하여 공공선택이론을 창조하였듯이, 경제학이 심리학 부분에 침투하여 행태경제학이 나타났다 할 수 있다. 물론 이는 해석에 따라 경제학과 심리학의 협업이라 할 수 있을 것이다.

이러한 행태경제학은 경제학이 심리학적으로 의미있는 근거들이 제공됨에 따라 기존에 경제이론의 설명력과 예측력을 증대시키기 위한 시도에서 비롯되었다(Camerer & Loewenstein, 2003: 3). 구체적으로 행태경제학은 첫째, 신고전경제학의 인간 행태에 가정에 대한 경험적 타당성 검증과 관련되어 있다.

표준 경제이론(standard economic model)의 핵심적 구성 요소는 아래와 같다(Wilkinson, 2008: 5). 첫째, 경제적 행위자들은 합리적이다. 둘째, 경제적 행위자들은 기대된 효용의 극대화에 의하여 동기가 부여된다. 셋째, 어떤 행위자의 효용은 순수하게 이기적 관점에서만 지배된다. 협의의 관점에서 이는 다른 행위자의 효용을 고려하지 않는다는 것이다. 넷째, 행위자는 베이지언 확률(Bayesian probability) 연산자이다. 다섯째, 행위자는 할인된 효용 모델에 따라 일관된 시간 선호를 갖는다. 여섯째, 모든 수입과 자산은 완벽하게 대체 가능하다.

둘째, 행태경제학은 신고전경제학에서 벗어난 현실적 행태를 토대로, 공공정책, 경제 시스템과 제도의 작동에서 함의를 도출하는 데 있다.

셋째, 인간의 경제적 행태를 예측을 강화하기 위한 효용함수의 형태와 내용에 관한 경험적 증거의 제시하는 데 있음을 지적한다(Simon, 1987: 221).

행태경제학은 본질적으로 신고전경제학, 혹은 표준 경제학의 기본적 공리와 가정들에 대한, 특히 인간의 본성에 대한 비판에서 비롯되며, 이러한 비판을 비판에서 그치는 것이 아니라 실험적 연구를 통하여 증명하고 있다는 점에서 경제학을 넘어 사회과학 전반에 막대한 영향을 미치고 있다. 즉, 행태경제학은 단순한 이론 수준을 넘어 경제학의 근본적 패러다임에 도전해 오고 있다. 이는 곧 신고전경제학의 가장 본질적 토대이며, 전제인 인간의 본성에 대한 도전이기 때문이다. 즉, 합리적이고, 이기적이며, 기대효용을 극대화한다는 등 현대 경제학의 수많은 이론에 기저하고 있는 가정과 전제에 대한 도전을 수행해 왔다(Kahneman, 2003).

다시 말해, 이 이론은 주로 인간의 본성에 대한 실험, 즉 합리성, 이기심, 선호 일관성 등 기존에 경제학에서 가정하고 있는 기본 가정에 대하여 실험적 연구 방법을 도입하여 그 타당성을 검증해 오고 있다. 따라서 실험경제학적 관점의 다양한 연구물은 인간 본성에 대한 신고전경제학적 가정을 검증하는 데 유용한 기회를 제공한다 할 것이다.

이에 이 연구는 행태경제학적 관점에서 수행된 실험연구 결과들을 통하여 신고전경제학이 전제하고 있는 인간 본성, 특히 이기심과 이와 관련된 무임승차자(free-rider)를 이론적으로 검증하고자 한다. 이를 위하여, 이기심과 관련해서는 최후통첩 게임, 독재자 게임, 그리고 공공재 게임을, 그리고 무임승차자와 관련해서는 주로 공공재 게임을 제시하고자 한다.

제 2 절 이기적 인간에 대한 실험연구의 반증

1 최후통첩 게임

최후통첩 게임(ultimatum game)은 거스 외(Guth et al., 1982)에 의하여 최초로 이루어졌다. 돈의 일부를 나눌 것을 요청받는 플레이어 A(제안자, proposer)와 A의 제안을 수용할지 거부할지 결정하는 플레이어 R(응답자, responder)로 구성된다. 만약 수용자가 제안자의 금액을 받아들이면 둘은 제안 금액을 나누어 가질 수 있지만, 수용자가 거부하면 모두 돈을 가질 수 없다(Kahneman et al., 1986: 288-289; Camerer & Thaler, 1995: 210; Camerer, 2003: 8; Wilkinson, 2008: 333-334).

단순한 이 게임은 게임 이론적 원리를 매우 분명하게 테스트할 수 있다. 또한 최후통첩 게임과 관련된 게임들은 사람들이 그들과 다른 사람들 간 돈의 배분에 관하여 어떻게 느끼고 있는지를 측정할 수 있는 유용한 도구이다(Camerer, 2003: 9).

최후통첩 협상(ultimatum bargaining)에 대한 분석적 게임이론의 접근은 첫째, 플레이어는 이기적(self-interested)이라고 가정한다. 즉, 그들은 가장 많은 돈을 갖는 것에 대하여 관심을 가지고 있다. 따라서 만약 플레이어들이 이기적이라면, 응답자는 제안되는 돈이 매우 적다 하더라도 기꺼이 수용할 것이다. 만약 제안자가 이를 예측할 수 있다면, 제안자 역시 가장 낮은 금액을 제안할 것이다(Kahneman et al., 1986: 288-289; Camerer & Thaler, 1995: 210). 다시 말해, 이 게임에서 문제 해결의 이론적 해결책은 A는 가장 적은 돈(예: 1원)을 제안하고, R은 '영(0)' 이상의 제안(positive offer)을 수용하여야 한다(Camerer, 2003: 9).

이와 관련한 대표적인 연구로서, 최초로 최후통첩 게임을 시행한 거스 외(Guth et al., 1982)는 매우 놀라운 연구 결과를 제시하였다. 실험연구에서, 제안자는 50% 이상을 제안하기도 하였으며 평균적으로 자신이 가진 돈의 40%를 제안하였다. 한편, 응답자는 20% 이하의 제안이나 혹은 50% 이하의 제안에 대해서도 거부하는 등, 0 이상의 제안을 거부하기도 하였다. 거스 외(Guth et al., 1982)의 연구 결과는 이후 연구들로 인하여 더욱더 지지되었다.

로스 외(Roth et al., 1991)는 미국, 유고슬라비아, 일본, 이스라엘에 대하여 최후통첩 게임을 시행하여 국가 간 차이가 있음을 제시하였다. 예를 들어, 미국과 유고슬라비아가 일본과 이스라엘에 비하여 제안 금액이 10% 정도 높고 최빈값이나 수락 및 거절률(일본이 가장 낮다)에서 차이가 있다는 것이다. 또한 이러한 차이가 실험 방법상에서 제시될 수 있는 다양한 문제들(예: 언어, 통화, 실험 절차상 차이 등)보다 문화적 차이에 기인한다고 주장한다.

헨리히 외(Henrich et al., 2005)의 연구는 기념비적이라 할 만하다. 저자들은 전 세계 15개 작은 부족을 대상으로 최후통첩, 공공재, 독재자 게임을 수행하였다.

분석 결과 첫째, 15개 서로 다른 사회에 대한 최후통첩 실험 결과, 평균 제안 금액의 범위는 26~58%였으며, 최빈값은 15~50%에 분포되어 있었다. 반응자들의 행태는 이전 연구에서보다 매우 다양하였다. 즉, 낮은 금액을 제시하여도 거부가 거의 없거나, 높은 금액을 제시하여도 종종 거부되기도 하였다(Henrich et al., 2005: 801-802).

둘째, 3개 부족에 대한 독재자 게임 결과 평균 제안은 31%, 20%, 32%로 나타났으며, 이러한 제안은 최후통첩 게임에서 제시된 제안의 70%, 60%, 86%에 해당한다(Henrich et al., 2005: 805).

셋째, 공공재 게임 결과, 모든 게임 결과는 이기적이라는 기존의 전형적인 가정과 충돌함을 보여준다. 즉, 평균 기여는 40~60%로 나타났다(Henrich et al., 2005: 802-803).

이러한 분석을 통하여 첫째, 인간은 이기적이라는 전제는 잘못되었으며, 이에 따라 (인간에 대한 전제로서) 이기심(selfishness)에 기초한 모든 사회연구는 실패할 수밖에 없다. 둘째, 이전의 다른 연구들에 비하여 행태적 다양성(behavioral variability)이 발견되었다. 셋째, 경제적 조직 내에 집단 간 차이(group-level differences)와 사회적 상호작용의 구조는 행태적 차이를 상당 부분 설명한다. 즉, 시장 통합의 정도가 높고 일상 생활에서 협력에 대한 보상 수준이 높을수록 실험 게임에서 표현된 친사회성의 수준 역시 높아진다. 넷째, 개인 수준의 경제 및 인구통계학적 변수들은 조직 내 또는 조직 간 개인의 행태를 설명하는 데 유의미한 변수로 나타나지 않았다. 다섯째, 실험에서의 행태는(분석 대상 사회의) 일상생활의 경제적 패턴과 일치하였다고 주장한다.

표 1-1 최후통첩 게임 결과

Group	Sample Size	Stake	Mean	Mode (% sample)[1)]	Rejections	Low rejections[2)]
Lamalera	19	10	0.57	0.5(63%)	4/20	3/8
Ach	51	1	0.48	0.4(22%)	0/51	0/2
Shona(Resettled)	86	1	0.45	0.5(69%)	6/86	4/7
Shona	117	1	0.44	0.5(65%)	9/118	6/13
Orma	56	1	0.44	0.5(54%)	2/56	0/0
Au	30	1.4	0.43	0.3(33%)	8/30	1/1
Achuar	14	1	0.43	0.5(36%)	2/15	1/3
Sangu(herders)	20	1	0.42	0.5(40%)	1/20	1/1
Sangu(farmers)	20	1	0.41	0.5(35%)	5/20	1/1
Sangu	40	1	0.41	0.5(38%)	6/40	2/2
Shona(Unresettled)	31	1	0.41	0.5(55%)	3/31	2/6
Hadza(big camp)	26	3	0.4	0.5(35%)	5/26	4/5
Gnau	25	1.4	0.38	0.4(32%)	10/25	3/6
Tsimane	70	1.2	0.37	0.5/0.3(44%)	0/70	0/5
Kazakh	10	8	0.36	0.38(50%)	0/10	0/1
Torguud	10	8	0.35	0.25(30%)	1/10	0/0
Mapuche	31	1	0.34	0.50/0.33(42%)	2/31	2/12
Hadza(all Camps)	55	3	0.33	0.20/0.50(47%)	13/55	9/21
Hadza(small camp)	29	3	0.27	0.2(38%)	8/55	5/16
Quichua	15	1	0.25	0.25(47%)	0/14	0/3
Machiguenga	21	2.3	0.26	0.15/0.25(72%)	1	1/10

주: 1) 첫째 수는 최빈값, 두 번째 수는 두 번째 가장 많은 빈도의 값. 괄호 안의 비율은 최빈값의 전체 비율, 2) 20% 이하 제안에 대한 거부 빈도

자료: Henrich et al.(2005: 802).

한편, 외스터비크 외(Oosterbeek et al., 2004)는 1982~2003년간 수행된 최후통첩 게임 37개 연구에서 도출된 75개 결과를 통하여 메타분석을 시행하였다. 기술통계 결과 평균 제안율은 40.41%(최소 26%, 최대 58%), 거부율은 16.20%(최소 0%, 최대 40%), 실험 금액은 평균 37달러(USD)이며, 최소 0.33에서 최대 400달러까지 분포하였고, 중간값은 10달러였다. 제안 비율과 거부 비율을 종속변수로 한 선형회귀분석을 통하여 실험 금액 크기(100×Pie/1인당 GDP)가 제안율과 거부율을 낮추고 있음을 보여주었다. 또한 제한된 금액이 클수록 거부율이 낮았으나 실험 대상이 경제학을 공부하는가 여부 등은 관련 변수로 나타나지 않았다. 문화적 변수와 관련하여, 지리적 지역에 따라 반응자의 행태에 차이가 있음을 제시하였다.

서로 다른 국가에서 수행된 일련의 실험들을 종합할 때, 제안자 금액의 중위값은 40~50%이고 평균은 30~40%이다. 제안 금액이 0이거나 1~10%, 그리고 51~100%의 경우는 거의 없었으며, 40~50%의 제안의 경우는 거부가 거의 없었다. 응답자들은 50% 이하의 제안에 대하여 불공정(unfair)하다고 생각하였으며, 불공정하게 행동하는 제안자를 처벌하기 위하여 적은 금액의 제안은 기꺼이 거부하였다. 실제로 호프만 외(Hoffman et al., 1996a)의 연구에서 알 수 있듯이, 40% 이하의 제안에서 제안 금액 비율이 낮아질수록 거부율이 높아졌다(Camerer, 2003: 9-10, 49-55).

이러한 실험 결과는 실험비용을 높인 경우에도 강건하였다. 예를 들어, 애리조나 학생들을 대상으로 하여 100달러로 연구한 결과(Hoffman et al., 1996), 400달러(List & Cherry, 2000), 그리고 3개월 임금에 해당하는 금액에서 역시 비슷한 결과가 나왔다(Wilkinson, 2008: 333-334).

이러한 최후통첩 게임의 결과는 이기적이라는 표준 경제이론의 예측과는 극단적으로 상이하며 모순적이다(Camerer & Thaler, 1995; 210-211; Camerer, 2003: 43; Wilkinson, 2008: 333-334). 즉, 이기적인 가정과 달리 대부분의 제안자는 가장 적은 돈 이상을, 거의 균등한 비율로 제안하였으며 또한 어떠한 '영' 이상의 제안에 대하여 응답자들은 거부하고 있음을 보여주고 있다(Kahneman et al., 1986: 288-289; Camerer & Thaler, 1995: 210). 이는 또한 인간이 합리적 선택(rational chioce)에서 이탈하고 있음을 제시한다. 어떤 사람들은 합리적으로 행동하여 모든 제안을 수용하기도 하지만, 어떤 사람들은 균등한 분배에서 벗어난 제안을 거부하기도 한다. 즉, 후자는 불공정성에 대하여 부정적인 반응(negative responses)으로 동기화되었다 할 수 있다(Nowak et al., 2000; Hewig et al., 2011: 507).

특히, 일반적으로 사람들은 균등한 분배가 공정한 결과라고 이해하기 때문에 최후통첩 게임에서 응답자의 거부는 이타적 행동(altruistic acts)이라 할 수 있다. 즉, 낮은 제안에 대한 거부는 응답자 입장에서는 비용이 발생하는 것이나, (그러한 비용을 지불하고서라도) 사회적 규범(social norm)을 위반한 제안자를 처벌하고자 한다고 할 것이다(Falk & Fischbacher, 2003: 786).

2 독재자 게임

독재자 게임(dictator game)은 최후통첩 게임에서 응답자의 거부 능력을 제거한 것이다. 따라서 제안자는 반응자의 대응을 고려할 필요가 없다. 즉, 독재자 게임은 전체 금액을 제안자가 제시하고 수용자는 그 제안 금액을 오로지 수용해야 하는 게임이다(Camerer & Thaler, 1995: 213). 최후통첩 실험 결과에 대하여 많은 사람은 제안이 공정한 것인지, 아니면 전략적인지에 대하여 많은 의문을 지니고 있었다. 즉, 제안자가 응답자의 반응을 고려해서(응답자가 거부할 경우 제안자가 아무것도 얻지 못하기 때문) 전략적으로 행동한 결과라는 것일 수 있다는 것이다. 이러한 의문에 해답을 제시하기 위하여 응답자의 거부 능력을 제거한 것이 독재자 게임이다(Camerer, 2003: 44).

이 게임은 초기 카너먼 외(Kahneman et al., 1986)과 포시데 외(Forsythe et al., 1994)에 의하여 수행되었다. 실험 결과 독재자 게임에서의 제안 금액은 최후통첩 게임 금액보다 낮았으나 대부분의 경우 영(0) 이상의 금액을 제안하였다(Camerer & Thaler, 1995; 213). 카너먼 외(Kahneman et al., 1986)는 최후통첩 게임, 독재자 게임 실험을 통하여 표준 경제이론이 가정하는 것(사익극대화)과 달리 사람들은 공정성(fairness)을 중요한 판단 기준으로 지니고 있음을 증명하고 있다. 한편, 최후통첩과 독재자 게임에 대한 종합적인 비교를 한 포시데 외(Forsythe et al., 1994)에 따르면, 독재자는 평균 약 20% 정도를 제시하는 것으로 나타났고, 최후통첩 게임에 비하여 그 제시된 금액이 낮았다고 주장하였다(기타 관련 연구 참조: Roth et al., 1991; Hoffman et al., 1996b; Cherry et al., 2002).

페르와 피쉬바처(Fehr & Fischbacher, 2004)는 제3의 처벌[1] 주체가 존재하도록 설계한 독재자 게임(게임 주체 A(독재자), B, 제3의 처벌 주체(C)로 구성)을 통하여, 사회적 규범(social norms)의 강화 메커니즘으로서 처벌의 영향을 살펴보고 있다. 규범은 행태적 기준에서 이탈될 경우 처벌된다는 기대로 인하여 강화된다는 것이다. 실제, 실험자들은 처벌에서 비용이 발생되거나 혹은 처벌로 인하여 그들에게 경제적 편익이 발생되지 않고, 심지어는 규범의 침해로 인하여 직접적인 피해가 없음에도 불구하고 분배와 협력 규범을 강화하고자 하였다.

번하드 외(Bernhard et al., 2006)는 파푸아 뉴기니의 두 부족 195명을 상대로 하여 이타성을 독재자 게임을 통하여 확인하고 있다. 독재자(플레이어 A), 수취자(recipient, 플레이어 B), 그리고 처벌자 C를 네 가지 조건 하에서 실험하였다. 여기서 처벌자는 독재자의 기여가 낮다고 생각한다면 처벌할 수 있는데, 이 경우 비용이 발생하도록 설계되었다(따라서, 이기적인 인간이라면 자신의 비용을 발생되는 처벌을 굳이 할 필요가 없을 것이다). ABC(모든 실험자가 같은 부족인 경우), BC(BC가 같은 부족인 경우), AB(A와 B가 같은 부족인 경우), AC(A와 C가 같은 부족인 경우)로 구분한 실험을 통하여 모든 경우에 처벌자는 독재자의 기여가 낮다고 생각하면 자신에게도 비용이 발생함에도 불구하고 처벌하였다. 또한 처벌자는 집단의 소속 여부에 따라 서로 다른 처벌 수준을 나타냈다. 예를 들어, 집단 내외에 따라 차별하고 있음을 보여준다. 이타성 역시 집단의 소속 여부에 따라 차별적으로 나타날 수 있음을 제시하고 있다.

헤위그 외(Hewig et al., 2011)는 정신생리학적 관점에서 왜 인간이 합리적 선택(rational choice)에서 이탈하는지를 공공재 게임과 독재자 게임을 통하여 분석하고 있다. 12명을 대상으로 한 연구에서 저자들은 주관적 감정이 의사결정에 영향을 미칠 수 있음을 제시한다.

기존 연구를 정리 비교해 보면, 독재자 게임은 최후통첩 게임보다 일반적으로 제안 금액이 낮아졌으며, 편차가 큼에도 불구하고 평균값은 20~30%를 나타냈다(Henrich et al., 2005: 798). 이러한 연구 결과는 제안자가 전략적이면서도 이타적

1) 처벌과 관련된 대표적인 실험 연구로서 최후통첩 게임(Camerer, 2003; Guth et al., 1982), 선물교환 게임(Fehr et al., 1997), 공공재 게임(Fehr & Gächter, 2002; Ostrom et al., 1992; Yamagishi, 1986) 등이 있다.

(altruistic)이라는 것을 보여준다. 즉, 인간의 본성에 이타심(altruism)이 포함되어 있음을 보여준다(Camerer, 2003: 56; Wilkinson, 2008: 334-335).

정리하면, 첫째, 최후통첩 게임과 독재자 게임은 인간의 본성, 특히 이기적인 인간에 대한 공공선택이론의 가정을 측정할 수 있는 도구로서 가치를 지니고 있다. 이기적인 인간이라면 최후통첩 게임에서 0 이상의 제안을 하지 않을 것이며, 응답자 역시 0 이상의 어떠한 제안도 수용해야 할 것이다. 그러나 실험 결과가 보여주듯이, 제안자는 0 이상의 제안을 보편적으로 하고 있으며, 응답자는 0 이상의 제안을 거부하는 것으로 나타났다. 게다가 제안자의 거부 권한을 제거한 독재자 게임에서도 최후통첩 게임에 비하여 제안율이 줄어들긴 하였으나 0 이상의 제안이 보편적으로 나타났다.

둘째, 더욱 놀라운 것은 최후통첩 게임과 독재자 게임에서 모두 발생되는 현상으로, 자신의 비용이 발생되더라도 기여 수준이 낮은 행위자(제안자)를 처벌하고자 하는 현상이 나타나기도 하였다. 이러한 점은 기존에 신고전경제학에서 가정하는 인간이 이기적이라는 가정을 충족하지 않는다.

3 공공재 게임

1) 공공재 게임 개관

공공재 게임(public good game)은 모든 인간이 이기적이기 때문에, 무임승차자라는 가정에 대하여 의문을 제시하게 해 주는 다양한 결과들을 제시한다. 공공재 게임은 친사회적 혹은 이기적 행동에 대한 인간의 선호를 탐색하게 해 주는 실험 방법으로(Fehr & Gintis, 2007), 행위자들에게 협력할 것인지(공공계정에 기여할 것인지) 혹은 무임승차할 것인지(공공계정에 기여를 하지 않거나 매우 적게 해서 자신의 투자 이익을 얻을지)에 대한 선택의 기회를 제공한다(Skatova & Ferguson, 2011: 237).

공공재 게임은 사람들이 개인과 집단의 이익이 충돌할 때 어떻게 행위하는가를 조사하기 위하여 설계되었다. 이 게임은 두 개의 행태, 즉 자발적 공헌 형태(voluntary contributions: VC)와 공유자원 형태(common-pool resources: CPR)를 가지고 있다. 전자는 (실험) 주체가 공유재에 공헌하는 데 초점을 두고, 후자는 사적 이익을 위하여 공유자원으로부터 (자금을) 빼는 것에 초점을 둔다. 자발적 공헌 형태에서 플레이어는 초기에 일정한 금전적 기부(예: 돈)를 받고 그들이 받은 금액의 일정 비율을 (익명으로) 그룹펀드(공공계정)에 기여할 기회를 갖게 된다. 모든 플레이어들이 기여를 마친 후에 그룹펀드로 들어온 돈은 50%(또는 2배)로 늘어나고, 이렇게 늘어난 돈은 플레이어들이 공공계정에 얼마를 기여했는가와 관계없이 균등하게 배분된다(Henrich et al., 2005: 798-789).

전형적인 공공재 게임의 구조는 아래와 같다(Kurzban & DeScioli, 2008: 143).

$$\Pi i = (W - X_i) + \frac{h\sum X_i}{n},$$

(여기서, πi = 최종 수익, w=게임 금액, xi= 개인계정 기여 금액, n는 게임자 수, h는 상수)

공유자원 형태의 경우, 플레이어들은 그룹펀드에서 제한된 인출을 할 수 있다. 모든 플레이어가 인출한 후에, 그룹펀드에 얼마가 남아 있든지 상관없이, 그 남아 있는 금액은 50%(또는 2배)로 늘어난 후, 늘어난 금액은 모든 그룹 구성원(플레이어들)에게 균등하게 배분된다(Henrich et al., 2005: 798-789).

이기적인 주체들(selfish subjects: 예컨대 인간, 실험자)는 독립적으로 다른 플레이어들의 행동을 고려해서 자신의 행동 방향 등을 계산할 수 있다. 따라서 그들은 가능한 자신의 금전적 보상을 극대화하기 위하여 노력(예: 공공계정에 가장 적은 금액을 넣거나, 혹은 인출을 늘리거나)할 것이다. 따라서 무임승차(free-riding)는 이기적 주체(selfish subjects)들을 위한 지배적인 전략(dominant strategy)이다(Henrich et al., 2005: 798-789). 즉, 공공재 게임에서 내쉬균형전략(Nash equilibrium strategy)은 완전한 무임승차이다. 반면, 집단 전체로 보면 공공계정에 기여할 때 바람직한 결과를 얻을 수 있다. 즉, 파레토 효율적 결과는 모든 실험자가 그들이 받은 돈 모두를 공공계정에 기여하는 것이다(Zelmer, 2003: 301). 즉, 공공재 게임에서 개인들은 이기적인 개인들은 자신의 이기심을 극대화하기 위하여 무임승차를 선택하는 것이 최선의 대안이나, 집단 전체 수준에서는 최악의 결과를 가져온다. 실제, 이 공공재 게임은 2인 PD 게임을 다수로 확장시킨 것이라 할 수 있다.

2) 공공재 게임 선행연구

공공재 게임은 다양하게 연구되어 왔다. 주로 인간의 본성 탐구와 사회적 딜레마 해결 기제 연구에 활용되어 왔다. 공공재 게임의 결과는 이기적인 인간에 기초한 설명과 부합되지 않는다. 즉, 모든 인간이 무임승차자로서 행위하지 않으며, 또한 그것이 상호적으로 변화함을 제시하고 있다. 즉, 이기적인 인간상에서는 모두 다 무임승차자로 예상하였으나 실제는 그러하지 않았다. 오히려 관심은 모두 무임승차자인가 아닌가가 아니라 공공재 게임이 반복 시행될 경우 지속적으로 공공 기여가 줄어드는 현상, 즉 초기와 달리 시행이 반복될수록 무임승차 현상이 늘어나는 현상을 발견하고, 그러한 무임승차 증가 현상에 대한 원인과 해결 방안의 탐구로 실험연구가 집중되어 왔다. 다시 말해, 협력에 어떠한 요인이 영향을 미치는지에 대한 연구에 주로 활용되어 왔다 할 것이다.

우선, 피쉬바처 외(Fischbacher et al., 2001)는 공공재 게임을 반복할 경우, 협력이 이질적이며 또한 시간에 따라 감소하는 현상의 원인을 설명하고자 하고 있다. 저자들은 44명의 실험자를 대상으로 한 공공재 실험을 통하여 다른 사람들의 기여율과 비교함으로써 기여율을 결정하는 조건적 협력(conditional cooperation: 전반적으로는 다른 사람들의 평균 기여율보다 약간 낮게)과 무임승차 현상에서 그 원인을 찾고 있다. 실제 실험 결과 약 50%가 조건적 협력 행태를 보였고, 약 30%는 무임승자 행태를 나타냈다.

이러한 맥락에서 협력의 영향 요인에 대한 연구가 공공재 게임의 중심 과제로 등장하였다. 아직까지 협력에 대한 영향 요인은 크게, 처벌, 소통, 문화 등 변수가 제기되어 왔으며, 개인 행태 수준에서 정보비용, 믿음과 선호 이질성, 전략적 상호성 등이 강조되어 왔다.

첫째, 처벌과 소통과 관련하여, 페르와 가흐터(Fehr & Gächter, 2000)는 처벌(punishment)이 협력에 어떠한 영향이 미치는가를 공공재 게임을 통하여 제시하고 있다. 즉, 저자는 총 네 가지 유형(처벌이 있는 경우와 없는 경우, 실험할 때마다 실험 주체가 바뀌는지 그렇지 않은지)으로 구분된 실험 조건에서 실험을 통하여 처벌이 공공계정에의 기여율, 즉 협력에 긍정적 영향을 미쳤음을 제시하였다(Fehr & Gächter, 2000: 그림 1b, 3b 참고).

그림 1-2 처벌 유무에 따른 평균 기여

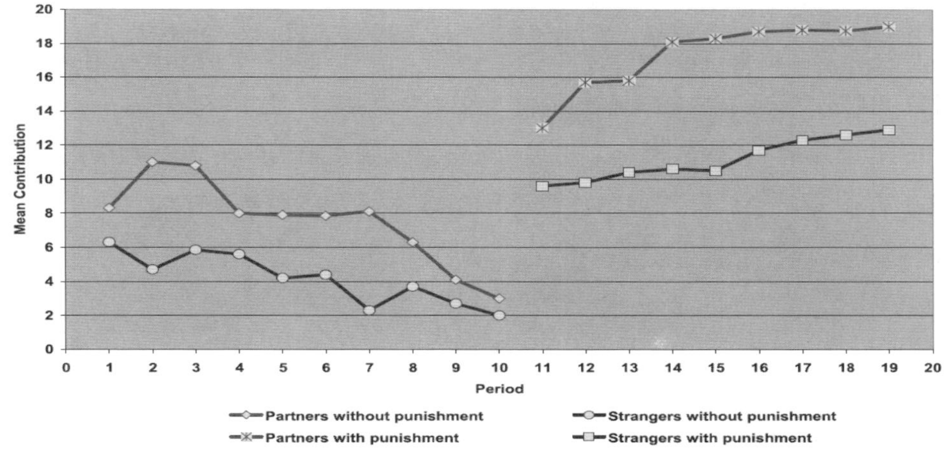

자료: Fehr & Gächter(2000); 그림 편집: Chaudhuri(2010: 58).

공공재 게임에서 처벌이 협력을 증진시킨다는 연구는 이미 공공재 게임의 한 유형인 공유자원 게임을 수행한 오스트롬 외(Ostrom et al., 1992) 및 페르와 가흐터(Fehr & Gächter, 2000, 2002), 보셰 외(Bochet et al., 2006), 헤르만 외(Herrmann et al., 2008), 가흐터와 헤르만(Gächter & Herrmann, 2009), 마쉴레 외(Masclet et al., 2003), 페이지 외(Page et al., 2005), 초두리(Chaudhuri, 2010) 등의 연구에 의하여 지지되고 있다.

보셰 외(Bochet et al., 2006)는 무임승차 문제를 해결하는 방법으로서(공공재 게임에서 기여를 높이기 위한 인센티브로서) 소통(communication)과 처벌(punishment)을 강조하고 있다. 이를 위하여 저자는 처벌 유무와 소통의 형태(face to face, chat room, numerical cheap talk)에 따라 공공재 게임을 시행하고 이를 비교 분석하였다. 분석 결과 면대면 소통은 매우 강한 효과가 나타났으며, 익명성이 유지된 상황에서 대화룸에서의 언어적 교류 역시 긍정적 효과가 나타났다. 반면 컴퓨터 터미널을 통한 수리적 교류(numerical communication)는 기여에 효과를 보이지 못하였다. 처벌은 기존의 연구와 같이 기여를 증가시켰다(Bochet et al., 2006: 18, 그림 2 참고). 예를 들어, 기본적인 공공재 실험을 수행한 결과(10회 시행) 평균 기여율은 47.5%이고, 횟수가 진행될수록 급격하게 기여율이 낮아졌다(1회 62.9%→10회 19.4%). 반면, 처벌과 면대면 교류가 진행된 경우는 평균 기여율이 97.7%였으며 횟수가 반복되어서도 급격히 낮아지지 않았다(1회 100%→10회 89.4%).

니키포라키스(Nikiforakis, 2008)는 대응 처벌 기회가 존재할 경우, 게임의 협력자들은 무임승차자에 대한 처벌에 소극적이었다. 결국 협력은 붕괴되고 무임승차자에 대한 처벌이 없는 비교집단에 비하여 수입이 낮았음을 보여주었다.

안 외(Ahn et al., 2010)는 사회적 딜레마의 해결책(특히, 공유자원 문제)으로서 면대면 소통의 중요성을 강조한다. 기존의 실험적 연구들이 학부생이라는 비판에 대하여 이들은 박사 이상의 경력을 갖춘 41개국 220명을 대상으로 공유자원 실험을 시행하였다. 실험집단은 크게 의사소통이 없는 집단, 의사소통이 존재하는 대규모집단, 의사소통이 존재하는 소규모집단 등 세 집단으로 구성한 실험을 통하여 사회적 딜레마의 해결책으로서 면대면 의사소통이 중요한 역할을 수행할 수 있음을 제시하고 있다. 구체적으로, 첫째, 작은 그룹의 토의가 신뢰의 수준을 높이며, 둘째, 그룹규모가 중요하다. 즉, 작은 그룹이 소통에 용이하다. 셋째, 작은 집단, 그리고 소통은 협력을 위한 인센티브를 발생시킨다. 넷째, 소규모집단일 때 의사소통의 질이 향상된다. 마지막으로 집단 구성원이 누구인지 알고 있을 때, 최적 결정(optimal decision)이 용이해진다는 것이다.

소통이 무임승차를 개선시킬 수 있다는 연구는 다양하게 존재한다. 면대면 교류가 무임승차자 문제를 개선시킬 수 있다는 연구(Isaac & Walker, 1988; Brosig et al., 2003; Frohlich & Oppenheimer, 1998; Wilson & Sell, 1997), 특히 100개의 사회적 딜레마 실험을 메타 분석한 샐리(Sally, 1995), 41개국 220명을 대상으로 실험한 안 외(Ahn et al., 2010) 등의 연구에 의하여 지지되고 있다.

둘째, 문화와 관련한 연구는 매우 중심적인 연구 주제 중 하나로 등장하고 있다.

카스트로(Castro, 2008)는 공공재 게임에서 문화적 영향의 차이를 분석하였다. 136명을 대상으로 동일한 국가를 지닌 집단(4개씩 10개 집단, 집단 1), 이탈리아와 영국 실험자가 혼재된 집단(서로 국명을 알고 있음)(4명씩 10개 집단, 집단 2), 그리고 실험자끼리 국명을 알지 못하는 집단(4명씩 12개 집단, 집단 3)으로 구성한 실험을 시행하였다. 분석 결과 영국 실험자들이 공공재에 대하여 좀 더 유의미한 기여를 하였으며, 기여는 이질적인 집단에서 낮았다. 즉, 종속변수가 기여율인 회귀분석을 통하여 집단 2, 집단 3이 부정적 영향을 미침을 제시한다.

헤르만 외(Herrmann et al., 2008)는 전 세계 16개 비교 집단을 대상으로 공공재 실험을 하였다. 처벌이 있는 경우와 처벌이 없는 경우로 구분한 실험을 수행하였다. 각각 20개의 토큰이 주어졌으며 모두 공공계정에 투입할 경우 실험자들은 투입 금액×0.4를 받을 수 있게 설계하였다. 예를 들어, 모든 실험자(4명)가 20개 토큰 모두를 공공계정에 투입할 경우, 0.4 × 20 × 4 = 32개의 토큰을 받게 하였다. 이 실험을 통하여 실험 대상 집단별로 매우 큰 편차가 존재함을 지적한다. 즉, 어떤 참여자 집단에서는 낮은 기여를 한 경우만 처벌한 반면, 어떤 집단에서는 낮은 기여를 한 사람에 대한 처벌만큼 상대적으로 높은 기여(물론, 처벌자에 비해서는 낮은 수준)를 한 공헌자에 대해서도 처벌하였다. 어떤 집단에서 반사회적 처벌은 협력을 강화하는 데 강력한 효과를 나타냈다. 결론적으로 저자들은 처벌 기회는 강력한 협력의 사회적 규범(norms)에 따라 보완될 때만이 사회적으로 편익을 가져올 수 있음을 지적한다.

그림 1-2 공공재 게임에서 기여에 대한 문화적 차이

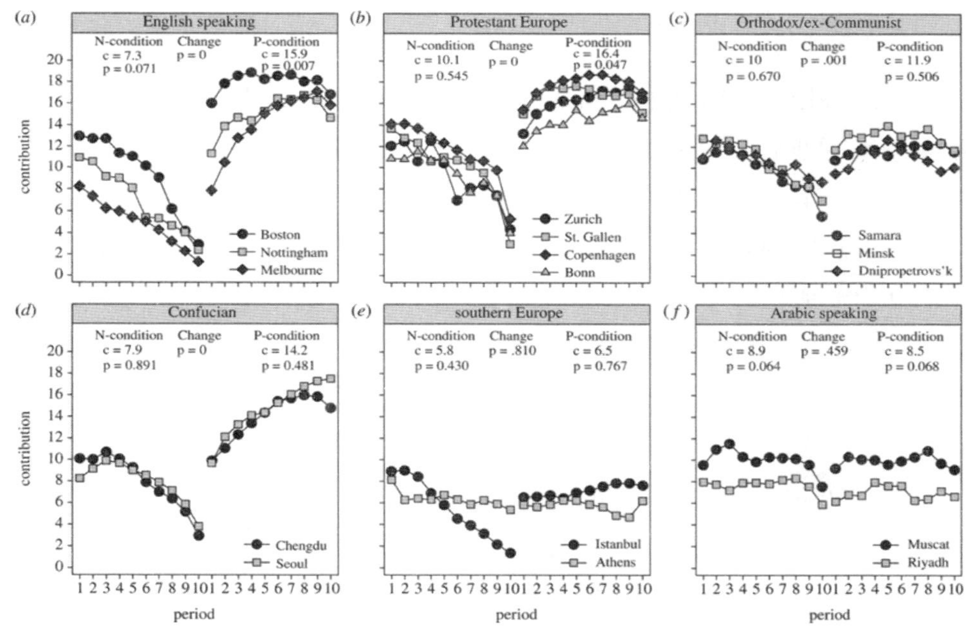

주: 10회 시행된 16개 실험 대상 풀(pool)에서 평균 기여(average contributions), N-condition은 처벌이 없는 경우, P-condition은 처벌이 있는 경우, c=모든 참여자의 실험에서 평균 기여, P는 문화와 집단 간 동등성을 테스트하기 위한 p value, Change는 N-condition과 P-condition 간 공헌의 변화를 테스트하기 위한 p value.

자료: Herrmann et al.(2008: 2655).

그림 1-3 기여의 결정 요인 분해

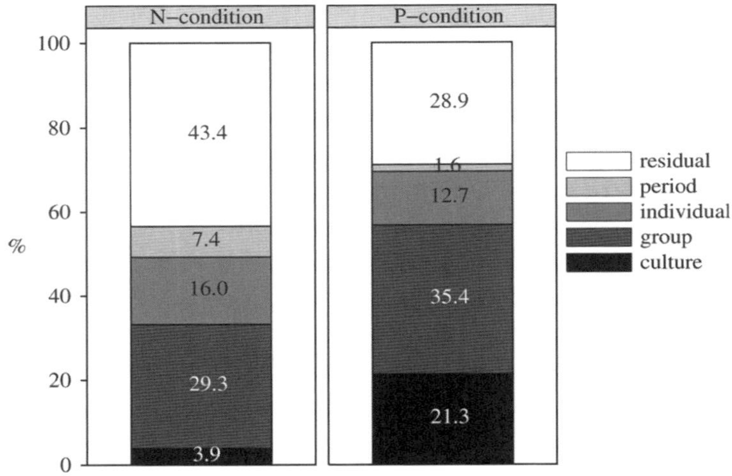

주: N, P-condition에서 기여에 대한 설명변수의 R2값.
자료: Herrmann et al.(2008: 2658, 그림 5).

이시이와 커즈반(Ishii & Kurzban, 2008)은 일본 대학생 50명을 대상으로 한 공공재 게임을 시행하여 신뢰(trust) 수준에 따라 서로 다른 기여 정도(평균 29.5% vs 21.2%)가 나타남을 증명하면서, 공공계정에의 기여에 신뢰가 유의미한 변수임을 제시한다. 또한 기존에 연구된 미국 대상 실험 결과와 비교하면서, 공공재 게임에서의 기여 정도에 문화적 차이(difference)가 존재하기보다는 문화 간 유사성(similarity)이 존재한다고 주장한다. 앤더슨 외(Anderson et al., 2010)는 종교가 공공재 게임과 신뢰게임(trust game)의 행태에 영향을 미치는가를 분석하고 있다. 분석 결과 기존의 주장들과 달리 종교는 이 두 게임의 행태에 영향을 미치지 않는 것으로 나타났다.

가흐터 외(Gächter et al., 2010)는 문화의 차이가 (공공계정에의) 기여 결정에 영향이 있는지, 또 그러한 영향이 어떠한지를 기존에 헤르만 외(Herrmann et al., 2008)의 자료 중 일부를 선택 활용하여 분석하고 있다. 저자들은 처벌이 없는 경우(N-condition)와 처벌이 있는 경우(P-condition)로 구분한 실험 결과를 토대로, 개인·그룹·문화 변수가 기여의 영향 요인으로 작용할 수 있으며, 특히 처벌이 있는 경우가 처벌이 없는 경우에 개인적 변수가 문화적 변수보다 중요하게 나타나고 있음을 제시하고 있다.

셋째, 정보비용, 믿음과 선호 이질성, 전략적 상호성과 관련하여, 커즈반과 드시올리(Kurzban & DeScioli, 2008)는 사회적 딜레마를 연구하기 위하여 공공재 게임을 활용하고 있다. 저자는 108명을 대상으로 한 실험에서 4개의 가설을 공공재 게임을 통하여 검증하여 가설 모두가 지지되고 있음을 주장한다. 즉, 사람들은 특별히 선호하는 정보가 있으며, 그러한 선호에는 개인별로 체계적인 차이가 존재하고, 상호적인 플레이어는 덜 상호적인 플레이어에 비하여 정보를 얻기 위하여 기꺼이 비용을 지불하고자 한다. 또한 정보에 대한 비용이 부과될수록 무임승차자는 증가함을 증명하고 있다.

피쉬바처와 가흐터(Fischbacher & Gächter, 2008)는 공공재 게임에서 시행이 반복될수록 공공계정에 대한 기여는 줄어드는 현상, 즉 게임이 반복될수록 협력이 줄어드는 것에 대하여 관심을 갖고, 다른 사람들(실험집단에 구성원들)의 공공재 기여에 대한 믿음(beliefs)과 선호 이질성(preference heterogeneity)이 협력의 감소에 어떻게 영향을 미치는가를 분석하고 있다. 즉, 이들은 과거 연구를 통한 두 가지 발견을 결합하고 있다. 즉, 다른 사람들의 공헌에 관한 믿음이 중요하다는 것, 그리고 사람들은 서로 다른 협력적 선호를 지니고 있다는 것이다(예: Kocher et al., 2008). 다시 말해, 어떤 사람은 무임승차자로, 반면에 어떤 사람들은 조건적 협력자라는 것이다. 이러한 관점에서 저자들은 사람들의 협력 선호(cooperation preferences)를 측정하고(P-실험), 또한 10회 반복된 1회 공공재 게임을 통하여 동일한 사람들을 관찰하여, 다른 사람들의 공헌에 관한 이들의 믿음을 도출하고 있다. 이를 통하여 이들은 선호의 이질성과 믿음이 자발적 협력에 어떻게 상호작용하는가를 분석하고 있다(실험 설계에 관하여 자세한 설명은 부록 1 참고, 실험자 수, 실험그룹, 커뮤니케이션 여부, 질문지, 실험 도구(z-Tree) 등).

두 가지 유형의 실험 분석 결과, 사람들의 선호에 실질적인 이질성이 존재하며, 공공재에 대한 공헌의 감소(협력의 감소)는 대부분의 사람이 다른 사람들보다 덜 공헌하고자 하는 선호를 가지고 있기 때문이라고 주장한다. 무작위로 구성된 집단에서 공공재에 대한 공헌의 감소는 다수의 사람이 불완전한 조건적 협력자들(imperfect conditional cooperators)이기 때문이며, 믿음의 감소는 공헌의 감소 때문이라고 주장한다.

스카토바와 퍼거슨(Skatova & Ferguson, 2011)은 전략적 상호성을 검증하고 있다.

즉, 공공재 게임에서 행위자별로 기여의 수준(즉, 협력의 수준)이 상이한 이유를 행위 간 상호성에 기인함을 72명의 실험자를 대상으로 한 실험을 통하여 증명하고 있다. 즉, 저자들은 실험자들에게 동일 그룹에 속한 다른 참가자들이 공공계정에 얼마나 기여하였는지에 대한 정보를 제공하였다. 이후 실험에서 실험자들은 전 게임에서 다른 참가자들이 공공계정에 높은 수준을 기여하였으면 실험자 또한 다음 게임에서 높은 수준을 기여하였으며, 전 게임에서 다른 참가자들이 낮은 수준을 기여하였으면 실험자 또한 다음 게임에서 낮은 수준을 기여하고 있음을 제시하고 있다. 이러한 점은 곧 공공재 게임에서 실험자들이 전략적 대응(strategic responding)과 관련되어 있음을 보여준다 할 것이다.

넷째, 공공재 게임에 대하여 종합적 관점의 연구로, 초두리(Chaudhuri, 2010)는 공공재 실험에서 지속 가능한 협력 방안을 탐색하고 있다. 저자는 기존 연구를 통하여, 공공재 실험 결과는 첫째, 대부분의 행위자는 조건적 협력자(conditional cooperators)이다. 조건적 협력자들의 공공계정에 대한 기여는 (실험 대상으로서) 집단 내 다른 구성원들의 공헌에 관한 그들의(사전적) 믿음과 긍정적인 관계가 있다. 조건적 협력자의 행태는 실질적으로 게임이론적 예측에서 벗어난다. 게다가 조건적 협력자는 안정된 선호 유형(preference type)이다. 이는 참여자 간에 매우 광범하게 나타나며 문화 및 반응 도출 방식과 관계없이 강건하다. 둘째, 무임승차자에 대하여 비용이 발생되는 금전적 처벌은 공공재에 대한 높은 협력의 수준을 유지하게 해 준다. 셋째, 조건적 협력자가 존재하는 상황에서 통화적 처벌 외에도 다양한 수단이 협력을 유지시킬 수 있다. 예를 들어, 사회적 배제 또는 못마땅함의 표현과 같은 비통화적 처벌 수단, 다양한 형태의 소통 등은 협력을 유지시킨다.

사라(Sarah, 2011)는 사회적 딜레마의 해결책에 대한 탐색으로서 공공재 실험을 소개하고 있다. 이외에, 젤머(Zelmer, 2003)는 기존에 공공재 게임에 대한 메타분석을 시행하였다. 즉, 기존 분석 결과 자료를 토대로, 종속변수를 평균 기여율(%)로 한 선형회귀를 통하여 어떠한 변수들이 기여에 영향을 미치는지를 분석하고 있다. 즉, 1인당 한계수익(marginal per capita return), 소통(communication), 변함 없는(실험) 집단 그룹 구성, 실험 대상(아이들) 등이 공공계정의 평균 기여에 긍정적 영향을 미친다고 주장한다.

3) 소결

정리하면, 첫째, 1회 공공재 실험(one-shot public goods games)의 기여율은 많은 편차가 있음(예: 100% 기여, 0% 기여)에도 불구하고 평균 40~60%이다(Henrich & Smith, 2004; Ledyard, 1995; Sally, 1995). 이러한 점은 모든 행위자가 이기적이기 때문에 무임승차할 것이라는 가정과 부합되지 않는다. 물론, 모든 기여를 개인 계정에 넣는 무임승차자 역시 존재하였으나 평균에서 알 수 있듯이, 다수의 행위자는 공공계정에 기여하였다.

둘째, 동일한 실험자를 대상으로 하여 공공재 게임을 반복 시행할 경우, 공공계정의 기여율은 게임이 반복될수록 낮아졌다(Andreoni, 1988; Fehr & Gächter, 2000; 2002; Henrich et al., 2005: 798). 그러나 무임승차자에 대한 통화적 혹은 비통화적 처벌을 도입하거나, 의사소통을 가능하게 하는 등의 도구를 활용할 경우 공공계정의 기여율은 다시 증가하였다. 게다가 선호하는 정보의 차이, 믿음과 선호 이질성 역시 공공계정의 기여율에 영향을 미치는 것으로 나타났다.

셋째, 공공계정에의 영향 요인으로 문화적 변수는 중요한 연구 대상으로 등장하고 있다. 연구에 따라 문화적 변수가 영향 요인인지는 서로 다른 연구 결과가 제시되고 있으나, 공공재 기여의 차이를 설명하는 데 일정 부분 의미있는 설명을 수행하고 있다. 즉, 공공계정에의 기여율과 변화율에 거시적인 패턴은 문화적 차이와 상관없이 비슷하게 나타나고 있으나, 미시적 수준에서 정도의 차이가 발견되고 있다.

넷째, 이론적 예측과 달리, 많은 실험은 행위자들이 이기적 주체로서 무임승차만 하는 것이 아니라 공공계정에의 기여, 즉 협력을 한다는 점을 밝혀내고 있다. 그뿐만 아니라 최후통첩, 독재자 게임에서도 발견되었듯이, 놀랍게도 실험자들은 무임승차자에 대해서는 자신의 비용이 발생되더라도 처벌하고자 하였다(Fehr & Gächter, 2002; Yamagishi, 1986). 이러한 실험 결과는 기존에 인간이 이기적이라는 가정과 상충함을 보여준다.

다섯째, 공공재 게임은 인간이 단순히 이기적이라기보다는 이타성을 지니고 있으며, 동시에 매우 상호성(reciprocity) 규범이 나타남을 보여준다. 즉, 협력에는 협력으로, 배반에는 배반으로 대응하는 강력한 동기를 함축하고 있다. 반복 게임에서 무임승차자의 증가는 상호성의 결과이다. 즉, '눈에는 눈, 이에는 이'로써 대응하다보니 지속적으로 무임승차자가 증가하는 현상으로 나타난 것이다. 여기서 상호성 규범은 트리버스(Trivers, 1971)의 상호적 이타주의(reciprocal altruism), 악셀로드(Axelrod, 1984)의 눈에는 눈, 이에는 이(Tit-for-Tat)와 같은 개념이며(Kurzban & DeScioli, 2008: 130-141), 한편, 노와크(Nowak, 2006: 2)는 이를 직접적 상호성(direct reciprocity)으로 칭하고 있다.

공공재 게임은 이러한 상호성이 사회적 딜레마에 매우 중요한 역할을 수행한다는 증거를 다양하게 제시한다. 즉, 실험연구에서 플레이어들의 기여는 다른 플레이어들의 기여에 대한 기대와 밀접하게 관련되어 있다는 것이다(Bornstein & Ben-Yossef, 1994; Dawes et al., 1977; Komorita et al., 1992; Yamagishi & Sato, 1986; Kurzban & DeScioli, 2008: 141). 이는 상대방이 이타적으로 나오면 나도 이타적으로 대하고, 이기적으로 나오면 이기적으로 대한다는 것을 보여준다. 즉, 인간은 이기심만을 지니고 있는 것이 아니라 이타성과 이기심을 동시에 가지고 상대방의 행위에 따라 자신의 행동을 결정함을 잘 보여준다.

제 3 절 결론

> 우리 실험(최후통첩, 독재자, 공공재 게임)의 분석 결과는 모든 사회에서 이기심 공리가 위반됨을 제시한다(Henrich et al., 2005: 805).

> 모든 인간이 이기적이지 않을 수 있으며, 또한 인간이 이기적이지만은 않다는 사실을 실험경제학의 수많은 연구 결과가 증명하고 있다(Gächter et al., 2010: 2652).

공공 부문에 막대한 영향을 미쳐오고 있는 신고전경제학에 기초한 다양한 이론 및 주의들은 인간을 경제인(homo economicus)으로 가정한다. 즉, 완전한 합리성과 이기심만을 지닌 주체로서 인간을 가정한다. 이 연구는 이러한 가정 중 이기심만을 지닌 주체로서 인간의 가정이 타당한지를 분석함으로써 공공선택이론의 공공 부문 적용에 대한 타당성을 본질적 차원에서 검토하였다. 구체적으로 공공선택이론은 인간이 이기적이며, 특히 이에 따라 무임승차자가 된다는 점(특히, 이 점은 공공 부문 분석에 매우 중요하다)을 가정하고 있으며, 이에 행태경제학 차원에서 수행된 실험 연구인 최후통첩, 독재자, 공공재 게임에 대한 문헌연구를 통하여 이 가정의 타당성을 이론적으로 검토하였다.

분석 결과는 크게 세 가지로 정리된다.

첫째, 인간은 오직 이기적이라는 가정은 실험 결과와 상충한다. 즉, 인간이 언제나, 또 모든 인간이 이기적으로 행동하지는 않았다. 심지어 자신에게 비용이 발생되더라도 낮은 제안을 한 실험자나 무임승차자 성향의 실험자를 처벌하고자 하였다. 이러한 점은 인간이 이기적이기만 하다는 가정을 지지하지 않음을 보여준다.

둘째, 인간이 이기적이기 때문에 언제나 무임승차자일 것이라는 가정 역시 실험 연구 결과는 지지하지 않는다. 모든 행위자가 무임승차할 것이라는 가정과 달리, 1회 실험에서 무임승차자도 존재하였지만 많은 실험자들은 공공계정에 기여하였다. 물론 반복 시행에 따른 무임승차 경향이 심화되었으나, 무임승차자에 대한 다양한 통제 메커니즘이 적용될 경우 무임승차 경향은 급격히 감소되었다.

셋째, 첫째와 둘째의 결과는 인간의 이기심에 대한 일반화(generalization)가 매우 어렵다는 것을 보여준다. 즉, 일반화라 하면 시간적·공간적 제약 없이 받아들여질 수 있을 때 가능하다. 실험연구에서 알 수 있듯이, 이기적인(혹은 무임승차) 인간도 있는 반면, 이타적인(협력하는) 인간도 있고, 또한 조건에 따라 서로 다른 성향(이기적, 이타적)을 나타내기도 하였다. 따라서 공공선택이론의 이기심 가정은 일반화할 수 없는 가정임을 실험 결과는 분명히 제시한다.

넷째, 인간은 상호성 규범을 지니고 있다는 것이다. 즉, 상대방이 이타적이면 자신도 이타적으로 대하고, 상대방이 이기적이면 자신도 이기적으로 대한다는 것이다. 즉, 상대방의 행동에 따라 자신의 행동 방향을 결정함을 잘 보여주고 있다. 이러한 점은 왜 인간이 이기적이기도 하고 이타적이고 한지에 대한 일단의 설명 도구를 제공한다.

결론적으로 인간 본성의 실험 연구 결과는 기존에 신고전경제학의 인간 가정이 잘못될 수 있음을 제시하고 있다 할 것이다.

이러한 연구 결과가 의미하는 것은 경제인이라는 기존에 교과서적 예측에서 벗어나 있음을 보여준다. 즉, 다양한 실험연구들은 이기심(selfishness) 공리, 즉 개인은 자신의(타인과의 상호작용 과정에서) 물질적 이익의 극대화를 추구하며 다른 사람들도 그렇게 할 것이라고 기대한다는 가정에 경험적인 도전을 만들어내고 있다(Camerer, 2003; Fehr et al., 2002; Hoffman et al., 1998; Henrich et al., 2005: 797). 게다가 이 연구들은 형이상학(metaphysics)적 관점이 아니라 논리실증주의(logical positivism)적 관점에서 인간의 본성을 분석 및 검증을 하고 있다는 점에서 연구 결과와 가치에 대하여 숙고할 필요가 있다.

실제, 인간이 이기적이지만은 않다는 주장은 실험경제학뿐만 아니라 다양한 관련 연구들에 의해서도 지지되고 있다. 예를 들어, 인간은 아마도 이기적인 행태(selfish behavior)를 넘어 협력에 대한 선호(preference)를 지니고 있으며, 이러한 가정은 최근에 다양한 신경과학적 연구로 인하여 지지되고 있다(Rilling et al., 2002; Fehr & Camerer, 2007; Harbaugh et al., 2007; Alger, 2010: 789). 또한 진화 심리학적 접근(evolutionary psychological approaches) 역시, 사람들은 주변 사람들의 행태와 기대, 규범에 그들의 행태를 조화시키도록 하는 진화된 심리를 가지고 있다고 주장한다(Herrmann et al., 2007; Rendell et al., 2010; Gächter et al., 2010: 2652).

이 분석 결과는 새로운 연구의 방향을 제시한다.

첫째, 행정학을 연구할 때, 국내 공직자를 대상으로 한 실험 연구의 필요성이 제기된다. 아직까지 대부분의 실험 대상은 국외의 학생이나 소수 부족들이었다. 이러한 실험 결과의 일반화 및 타당성 검토를 하기 위하여 국내의 공직자를 대상으로 한 실험연구가 필요하다. 특히, 공공선택이론과 관련하여 국내 공직자를 대상으로 한 연구는 매우 중요하다.

둘째, 이러한 실험 결과는 이기심뿐만 아니라 인간의 다른 본성, 예를 들면 공정성(fairness)을 위한 파악하기 위한 도구로서 활용되고 있다. 즉, 최후통첩 게임(ultimatum bargaining games), 독재자 게임(dictator games), 신뢰 게임(trust games), 죄수의 딜레마 게임(prisoner's dilemma games), 공공재 게임(public good games) 등은 공정성과 사회적 선호를 조사하기 위한 일반적인 게임(common games)으로 이용되고 있으며, 이러한 게임들은 인간이 공정성을 중요하게 고려한다는 점을 증명하고 있다(McDonald, 2008: 222-224; Wilkinson, 2008: 332). 이러한 의미에서 공정성과 같은 인간의 본성을 검증하고 측정하는 데 이 도구를 적극 활용할 필요가 있다.

셋째, 기존 공공선택이론 및 관리주의적 처방에 따른 제도를 비판적으로 고찰할 필요가 있다. 전통 경제학(conventional economics)의 행태에 대한 가정(이기적인 인간, 합리성)은 실험적 방법을 통한 연구의 일관된 연구 결과로 인하여 심각한 도전을 받고 있을 뿐만 아니라 전통적 관점을 변화시키고 있다(McDonald, 2008: 222-224).

어떠한 가정 위에 이론이 구축되었고, 이 이론에 의하여 어떤 정책적 처방들이 제시되어 왔다. 그런데 가정이 언제나 맞는 것이 아니라 틀릴 수 있다면, 이론이 설명할 수 있는 범위는 제한받을 수밖에 없다. 더욱이 제한받는 이론에 의하여 이루어진 정책적 처방들 역시 한계를 지닐 수밖에 없다. 예를 들어, 성과관리에서 성과연봉제는 오직 이기적인 인간을 전제하기 때문에 외적인 물질적 유인을 통하여 어떤 성과를 도출하는 것을 강조한다. 그러나 만약 인간이 자신의 이기심에 따른 동기뿐만 아니라 이타심이나 다른 동기에 따라 일하고자 한다면 이러한 외적 유인책은 내적 동기를 침해할 가능성이 크기 때문에 원하는 결과 혹은 의도하지 않은 결과가 초래될 수 있다.

실제, 티머스(Timuss, 1971)와 니지와 러스티치니(Gneezy & Rustichini, 2000)의 연구는 이를 지지한다. 즉, 티머스(R. M. Timuss)는 헌혈에 대한 연구를 통하여 헌혈에 어떤 작은 보상을 할 경우, 그러한 보상을 하지 않을 경우보다 헌혈을 더 적게 한다는 연구 결과를 제시하였다. 즉, 사람들이 어떤 보상을 기대한 것보다는 이타적 이유에 의하여 헌혈하였는데, 이러한 이타적 동기를 고려하지 않고 물질적인 보상을 할 경우 내적 동기가 침해되어 오히려 헌혈을 더 적게 하였다는 것이다.

니지(U. Gneezy)와 러스티치니(A. Rustichini) 역시 이스라엘의 10개 보육원 실험을 통하여 물적 보상이 내적 동기를 침해하는가를 실험하였다. 부모가 아이를 데리러 오는 시간이 늦을 경우 10분당 2.5달러의 벌금을 부과한 경우(6개)와 그렇지 않은 경우를 비교해 본 결과 아이들을 데리러 늦게 오는 부모의 수가 벌금을 부과한 경우 지속적으로 증가함을 보여주었다.

우리 인간, 공직자 역시 다양한 본성을 지니고 있다. 기계적으로 프로그램화된 본성이라기보다 오랜 인류 역사 속에서 진화되어 온 결과라 할 수 있다. 우리 주변의 많은 사람은 이기심도 지니고 있지만 이타심 역시 지니고 있다. 그럼에도 불구하고 이기심만 지니고 있는 인간으로 전제하며, 그에 따라 다양한 제도와 정책을 추진할 경우 첫째, 그러한 제도와 정책에 노출된 인간은 고통스러울 것이다. 둘째, 행위자에 대한 통제는 가능할지 모르나 지속적인 본성과의 충돌로 인하여 바람직한 결과를 얻지 못할 가능성이 크다.

아래는 우리가 왜, 무엇을 고민해야 하고 실천해야 하는지를 잘 제시하고 있다.

> 높은 성과 조직 및 경제는 물질적 이익뿐만 아니라 스미스(Adam Smith)의 '도덕 감정(moral sentiments)'에 기초하고 있을 때 구현될 수 있다. 이기심에 기초한 인센티브(incentives)는 그러한 인센티브가 사람들이 이타적으로 행동하게 만드는 도덕적 가치(moral values)를 침해할 때 실패할 것이다. 실험경제학은 연구는 경제적 인센티브가 행위자로 하여금 이기심(selfishness)이 적절한 대응이라는 신호를 줄 때 역효과를 낳게 됨을 잘 보여준다. 인센티브의 수많은 비의도된 효과(unintended effects)는 사람들이 오직 경제적 재화와 서비스뿐만 아니라 그들 스스로 위엄있고, 자주적이며, 도덕적 개인으로 여겨지기 위하여 행동하기 때문에 발생한다(Bowel, 2008: 1605).

인간이 이기적인 것은 분명하다. 그러나 연구 결과들이 보여주듯이 언제나 그리고 오직 이기적인 것은 아니다.

무엇이 인간인가에 대한 고민에서부터 행정학, 정책학은 시작되어야 한다. 이론의 활용과 적용 역시 그 전제에 대한 고민이 필요하며, 특히 처방에서는 조심스러운 접근이 필요하다.

제 2 장 공직자의 이기심, 행태실험의 결과*

제 1 절 서론

인간은 언제나, 오직 이기심만 가지고 있는 것인지, 아니면 이기심, 이타심, 공정성 등 다양한 것들을 함께 지니고 있는 것인지 분명하게 말하기 쉽지 않다. 또 한편에서는 이기심(혹은 이타심)의 정도가 절대적으로 고정된 것인지 아니면 상대적으로 변화하는 것인지 모호하다. 그러나 인간 본성에 대한 정의의 어려움에도 불구하고 어떻게 정의내리는가는 단순한 학문 영역 이상으로 인간 사회 전반에 걸쳐 막대한 영향을 미친다. 즉, 인간 본성에 대한 정의는 인간을 정신적·육체적으로 지배하는 미시·거시적인 구조를 형성하게 하고, 또한 그러한 구조를 공고하게 하기 때문이다. 행정학적으로도 인간 본성에 대한 정의는 구체적인 조직의 설계(예: 보상 체계, 통제 체계)부터 정부와 기업 간 관계, 그리고 다양한 정책의 설계에 영향을 미칠 만큼 매우 중요하다.

행정학에서 인간 본성에 대한 이해가 매우 중요함에도 불구하고, 아직까지 크게 관심을 받지 못해 왔다. 오히려 자본주의의 성장과 더불어, 행정학적인 비판에도 불구하고 신고전경제학에서 설정한 단순한 인간에 대한 가정이 급격하게 수용되고 또

* 이 장은 김태은(2012b). 공무원의 이기심에 대한 실증적 분석: 행태경제학의 실험연구 방법을 중심으로. 「한국정책학회보」, 21(4): 337-413의 내용을 수정 보완한 것이다.

한 활용되어 왔다. 일반적으로 말해, 근래에 지속된 다양한 행정개혁의 처방에 토대를 이루고 있는 다양한 경제이론들은 신고전경제학의 인간에 대한 가정, 즉 모든 인간은 언제나 이기적이라는 가정에 기반하고 있다. 이러한 신고전경제학의 단순한 가정은 방법론적 개인주의에 기초하여 현상을 설명하고, 또한 설명의 일반화(generalization)를 추구하는 연구 성향에 따른 필연적 결과일 수 있다.

그러나 인간이 언제나 오직 이기심만 지니고 있다는 가정은 현실에서 관찰되는 복잡한 인간의 본성을 나타내기에는 너무 부족하다. 특히, 인간의 본성에 대한 설정이 곧 그러한 인간을 둘러싼 규칙, 제도, 정책의 설계에 중요한 영향을 미친다는 점을 고려할 때 신고전경제학적 인간 본성에 대한 가정은 검증받아야 할 필요가 있다고 할 것이다. 이러한 맥락에서 최근 급격하게 연구가 확대되고 있는 실험경제학적 연구들은 인간 본성에 대하여 좀 더 실증적이고 경험적인 증거들을 제시해 주고 있다는 점에서 행정학적으로 매우 유용한 가치를 지니고 있다.

이러한 배경에서 이 장에서는 공무원이 이기심만을 지니고 있는지, 그리고 공무원의 이기심은 상호성 규범에 따르는지, 이기심이 일관적인지 안정적인지, 그리고 공무원의 이기심은 절대적으로 결정된 것인지, 아니면 어떠한 영향 요인에 따라 영향을 받는 것인지를 실험경제학적 연구 방법을 통하여 분석하고자 하였다. 공공 부문에 대한 이해에 초점을 두고 있는 이 연구는 공무원을 분석의 대상으로 하였으며, 최후통첩 게임(ultimatum game) 4회, 독재자 게임(dictator game) 4회, 공공재 게임(public good game) 10회 등 총 18회의 반복 실험을 수행하여 연구 질문에 대한 해답을 찾고자 하였다.

분석 결과의 해석을 위하여 기술통계 및 회귀분석 등을 활용하였으며, 통계 패키지는 Stata 11.0을 사용하였다. 분석 결과, ① 공무원이 오직 이기적이라는 가정을 지지하지 않으며, ② 상호성 규범에 따르고, ③ 공무원의 이기심은 고정된 것이 아니라 이기심의 수준과 정도는 특정 변수에 의하여 영향을 받을 수 있음을 보여주고 있다. 이러한 점은 이론뿐만 아니라 정책 및 제도 설계에서도 유용한 함의를 제공하고 있다.

제 2 절 이론적 배경

1 인간 본성에 대한 행태경제학적 접근

행태경제학(behavioral economics)[1)]은 신고전경제학으로 설명하지 못한 인간의 다양한 특성을 설명하고 있다는 점에서 이 연구와 관련한 유용한 관점을 제시하고 있다. 행태경제학은 기존의 신고전경제학의 설명으로, 혹은 렌즈로 이해되지 못한 부분을 심리학의 설명 도구를 빌려 설명하고 있다.

행태경제학은 본질적으로 신고전경제학의 기본적 공리와 가정들에 대한 검증을 시도하고 있으며, 다양한 연구를 통하여 신고전경제학의 기본적 공리가 맞지 않을 수 있음을 보여준다. 특히 합리성, 이기심, 그리고 기대효용 극대화, 선호 등 다양한 분야에서의 연구 결과들은 행정학적으로 매우 유용한 함의를 지니고 있다.

주로 실험적인 연구 방법을 사용하는 행태경제학은(이러한 의미로 실험경제학과 혼용되어 사용되고 있는 것 같다) 사이먼(H. A. Simon), 그리고 카토나(G. Katona), 이후 1970년대 트버스키와 카너먼(Tversky & Kahneman), 탈러(R. H. Thaler), 거스 외(Guth et al.), 캐머러(C. F. Camerer) 등에 의하여 발전되어 왔다. 특히, 이들의 연구는 초기 신고전경제학에서 설정하고 있는 기본 가정, 즉 합리성,[2)] 기대효용 극대화, 선호[3)] 가정(Simon, 1972, 1987; Katona, 1951; Tversky & Kahneman, 1974; Kahneman & Tversky, 1979; Kahneman et al., 1982; Kahneman et al., 1990; Tversky & Kahneman, 1991; 1992; Kahneman, 2003b; Thaler, 1980)에 대한 연구가 주를 이루었다.

이후 최근에 이르러서는 신고전경제학의 또 다른 핵심 가정인 이기심에 대한 연

---

1) 행태경제학을 이해하는 데 최정규(2010)의 연구는 매우 유용하다. 특히, 게임이론 관점에서 인간 본성의 진화를 체계적으로 설명하고 있는 이 연구물을 참고하기 바란다.

2) 제한된 합리성(bounded rationality)에 대한 종합적 이해는 클래스와 센트(Klaes & Sent, 2005)의 연구를 참고할 만하다.

3) 소비자 선호는 완전성(completeness), 이행성(transitivity), 연속성(continuity)과 같은 세 가지 주요 공리(axioms)를 갖는다(이준구, 2010: 68-69).

구(Guth et al., 1982; Kahneman et al., 1986; Roth et al., 1991; Ostrom et al., 1992; Forsythe et al., 1994; Fehr & Gächter, 2000, 2002; Fischbacher et al., 2001; Fehr & Fischbacher, 2004; Henrich et al., 2005; Bernhard et al., 2006; Bochet et al., 2006; Herrmann et al., 2008; Nikiforakis, 2008; Alger, 2009; Gächter & Herrmann, 2009; Ahn et al., 2010; Chaudhuri, 2010; Gächter et al., 2010)가 활발히 진행되고 있다. 특히, 이기심에 대한 가정은 최후통첩 게임, 독재자 게임, 공공재 게임, 신뢰 게임 등 게임이론에 토대를 두고 다양한 실험 방법이 개발되어 적용되고, 또한 그러한 적용의 타당성이 지속적으로 검토되어 왔다.

국내의 연구도 이루어지고 있다. 예를 들어, 김진영 · 신용덕(2011)은 합리성 관점에서 행동경제학의 이론과 사례를 소개하면서 행태경제학이 행정학에서 유용하게 사용될 수 있음을 주장한다. 또한 강은숙 · 김종석(2011)은 최후통첩 게임, 신뢰 게임, 공공재 게임과 같은 기존 실험경제학적 연구를 토대로, 신고전경제학적 인간상에 기초한 기존의 정책분석은 실패 가능성이 높으며, 이에 기존의 인간관에 대한 재검토의 필요성을 지적하고 있다. 이는 곧 행정학의 많은 이론, 그리고 정책에 기저하고 있는 것이 신고전경제학의 인간관에 기초한 부분이 많기 때문일 것이다.

2 연구 필요성과 방향

신고전경제학적인 수많은 연구는 곧 가정에서 비롯되는데, 그 중심 가정이 인간의 본성에 대한 가정이다. 즉, 인간은 이기적이라는 것이다. 그러나 실험경제학적 연구 결과는 인간이 이기심뿐만 아니라 이타심을 지니고 있으며, 공정성 역시 중요한 판단 기준으로 지니고 있다는 것, 그리고 인간이 이기적이기 때문에 언제나 무임승차자라는 가정과 달리 조건적 협력자로서 존재함을 실험은 보여주고 있다.

이러한 연구 결과는 사회과학의 패러다임의 변화를 이끌 만큼 중요한 발견이라 할 만하다. 이 연구는 기존 연구의 연장선에서 아래와 같은 추가적인 연구를 수행하고자 한다.

첫째, 무엇보다 행정학적 관점에서, 실험을 토대로 한 이해와 해석의 필요성이다. 최근 행정학적 관점에서 기존의 이론을 해석하려는 유용한 시도가 있음에도 그동안 대부분의 연구는 주로 경제학 차원에서 이루어져 왔고 또한 해석되어 왔다. 인간의 이기심에 대한 가정이 행정학 및 정책 일반에 미치는 영향을 고려할 때, 실제 실험을 토대로 한 실험 결과의 해석 필요성이 크다 할 것이다.

둘째, 기존의 실험연구들은 주로 학생이나 일반인 등을 대상으로 이루어져 왔으며, 행정학적으로 좀 더 의미있는 실험 주체라 할 수 있는, 연구자의 영향권 밖에 있는 현직 공무원에 대한 연구는 발견하기 어렵다. 현직 공무원에 대한 연구는 단순한 분석 대상의 차별화 이상의 연구 가치를 갖는다. 즉, 기존의 행태경제학적 실험 결과의 일반화를 위하여 필요하며, 공무원에 대한 가정은 단순한 행위자의 가정을 넘어 공공조직의 실계, 공공정책 등에 영향을 미친다는 점에서 좀 더 중요하게 행정학 자체에서 공무원의 가정을 실험과 분석을 통하여 정립할 필요성이 크기 때문이다.

셋째, 이 연구는 기존 연구에서 다루지 않은 이기심의 일관성에 대하여 살펴보고자 한다. 상호성 규범에서 알 수 있듯이, 이기심의 정도는 변화가 가능하다. 이기심의 정도가 고정된 것이 아니라 변화 가능하다는 것이다.

이와 관련하여, 공공재 게임 중 10회 자발적 처벌 의지를 나타낸 9회 실험자들만을 대상으로 한 실험과 공공재 게임이 개인별 기여율 편차 분석을 통하여 공무원마다 이기심의 일관성 여부를 살펴보고자 한다.

넷째, 이기심, 상호성 규범, 영향 요인을 체계적으로 분석할 연구틀을 제공할 필요성이 크다. 즉, 기존의 연구들은 이기심에 대한 가정에서 시작되어 영향 요인까지 연구가 확대되어 왔다. 그러나 연구 결과가 다양함에서 알 수 있듯이, 기존에 분절적인 연구를 체계적이고 통합적으로 살펴볼 필요가 있다. 특히, 현직 공무원에 대한 국내외적 연구를 찾기 어렵고, 또한 국내에서 공무원을 대상으로 한 최초의 실험이라는 점에서 통합적인 연구 필요성은 크다. 이에 이 연구는 최후통첩 게임, 독재자 게임, 공공재 게임을 실험하고, 제안 금액의 차이와 상호 인식 가능성에 따라 조합된 최후통첩 게임과 독재자 게임의 비교분석의 설계틀을 통하여 실험하며, 회귀분석을 통하여 이기심의 정도에 미치는 변수의 고유한 영향력을 분석하고자 한다.

이러한 맥락에서 이 연구는 크게 네 가지 연구 질문에 대한 해답을 최후통첩, 독재자, 공공재 실험을 통하여 증명하고자 한다. 즉, 공무원이 이기심만을 지니고 있는지, 그리고 공무원의 이기심은 상호성 규범에 따르는지, 그리고 공무원의 이기심이 일관적이고 안정적인지, 그리고 공무원의 이기심이 어떠한 요인에 의하여 영향을 받는 것인지를 최후통첩 게임 4회, 독재자 게임 4회, 그리고 공공재 게임 10회 등 총 18회의 반복 실험을 통하여 분석하고자 하였다.

제 3 절 연구가설과 실험설계

1 주요 연구 내용 및 가설

1) 이기심

최후통첩 게임과 독재자 게임, 공공재 게임에서 실험자들은 평균 0 초과의 금액을 제안하거나 공공계정에 기여하였다. 심지어 자신의 비용이 발생하더라도 이기적인 행위자를 처벌하고자 하였다. 이러한 연구 결과는 신고전경제학의 가정을 지지하지 않음을 보여준다.

구체적으로 첫째, 최후통첩 게임의 결과는 이기적이라는 표준 경제이론의 예측과는 극단적으로 상이하며 모순적이다(Camerer & Thaler, 1995; 210-211; Camerer, 2003: 43; Wilkinson, 2008: 333-334). 즉, 이기적인 가정과 달리 대부분의 제안자는 실험 단위에서 가장 적은 돈 이상을 거의 균등한 비율로 제안하였으며, 또한 응답자들은 어떠한 '0' 초과의 제안에 대하여 거부하였다(Kahneman et al., 1986: 288-289; Camerer & Thaler, 1995: 210). 또한 어떤 사람들은 합리적으로 행동하여 모든 제안을 수용하기도 하지만, 어떤 사람들은 균등한 분배에서 벗어난 제안을 거부하기도 한다. 즉, 후자는 불공정성에 대하여 부정적인 반응(negative responses)으로 동기화되었다 할 수 있다(Nowak et al., 2000; Hewig et al., 2011: 507). 특히, 일반적으로 사람들은 균등한 분배가 공정한 결과라고 이해하기 때문에 최후통첩 게임에서 응답자의 거부는 이타적 행동(altruistic acts)이라 할 수 있다. 즉, 낮은 제안에 대한 거부는 응답자 입장에서는 비용이 발생하는 것이나 (그러한 비용을 지불하고서라도) 사회적 규범을 위반한 제안자를 처벌하고자 한다 할 것이다(Falk & Fischbacher, 2003: 786).

둘째, 독재자 게임에서의 제안 금액은 일반적으로 최후통첩 게임보다 제안 금액이 낮고 편차가 큼에도 불구하고 평균적으로 20~30%를 제안하였다(Henrich et al., 2005: 798). 이러한 연구 결과는 독재자가 전략적이면서도 이타적(altruistic)이라는 것을 보여준다(Camerer, 2003: 56; Wilkinson, 2008: 334-335).

셋째, 공공재 게임 또한 1회 공공재 실험(one-shot public goods games)에서 공공계정에의 기여율은 많은 편차가 있음에도 불구하고(예: 100% 기여, 0% 기여) 평균 40~60%이다(Ledyard, 1995; Sally, 1995; Henrich et al., 2005: 798). 이러한 점은 모든 행위자가 이기적이기 때문에 무임승차할 것이라는 가정과 부합되지 않는다. 또한 공공재 실험에 다수의 실험자들은 자신의 비용을 지불하고서라도 무임승차 성향을 갖는(즉, 개인계정에 기여를 많이 하는 이기적인 행위자) 실험자를 처벌하고자 하였다. 이러한 점은 인간이 언제나 이기적이라는 가정으로는 설명하기 어렵다.

이러한 맥락에서 이 연구는 공무원들이 최후통첩과 독재자 게임에서 0원을 초과하여 제시하는지, 공공재 게임에서 공공계정에 0원을 초과하여[4] 기여하는지를 분석한다. 또한 최후통첩 게임과 공공재 게임에서 자신의 비용이 발생되더라도 이기적인 행위자를 처벌하고자 하는지(최후통첩 게임에서 0원 초과의 제안 금액에 대하여 거부자가 존재하는지, 그리고 공공재 게임에서 자발적으로 자신의 비용을 지불하고서라도 이기적 실험자를 처벌하고자 하는지)를 분석하고자 한다. 마지막으로 최후통첩 게임과 독재자 게임을 비교하여 순수한 이기심의 정도를 파악하고자 한다. 즉, 최후통첩 게임에서 반응자가 제안자의 금액을 거부할 경우, 제안자는 한푼의 수익을 얻을 수 없다. 따라서 최후통첩 게임에서 제안자의 제안 금액은 반응자의 반응을 고려한 전략적 행동일 가능성 역시 존재한다. 이에 반응자의 반응 능력을 제거한 독재자 게임과 비교를 통하여 순수한 이기심의 정도를 파악하고자 한다.

2) 상호성 규범

인간은 사회적 동물이며, 그러한 관계 속에서 진화되어 왔다. 즉, 상대방이 나에게 이기적(혹은 이타적)으로 대해 준다면 나 역시 상대방에 대하여 이기적(혹은 이타

4) 이 실험의 최소 단위는 100원이다. 왜냐하면 0.000001원을 제시할 수도 있을 것이나 이는 현실적이지 못하며 또한 분석을 저해한다. 따라서 실험의 편의를 위하여 최소 단위를 설정한다.

적)일 가능성이 크다. 우리는 상대방을 의식하고 또한 대응한다.

공공재 실험은 이를 잘 보여준다. 즉, 동일한 실험자를 대상으로 하여 공공재 게임을 반복 시행할 경우, 공공계정의 기여율은 게임이 반복될수록 낮아졌다(Andreoni, 1988; Fehr & Gächter, 2000; 2002; Henrich et al., 2005: 798). 이러한 현상은 곧 인간이 단순히 이기적이라기보다는 이타성을 지니고 있으며, 동시에 매우 상호성(reciprocity) 규범이 나타남을 보여준다. 즉, 협력에는 협력으로, 배반에는 배반으로 대응하는 강력한 동기를 함축하고 있다. 반복 게임에서 무임승차자의 증가는 상호성의 결과이다. 즉, '눈에는 눈, 이에는 이'로서 대응하다보니 지속적으로 무임승차자가 증가하는 현상으로 나타난 것이다.

실제로 공공재 게임은 이러한 상호성이 사회적 딜레마에 매우 중요한 역할을 수행한다는 증거를 다양하게 제시한다. 즉, 실험연구에서 플레이어들의 기여는 다른 플레이어들의 기여에 대한 기대와 밀접하게 관련되어 있다는 것이다(Bornstein & Ben-Yossef, 1994; Dawes et al., 1977; Komorita et al., 1992; Kurzban & DeScioli, 2008: 141). 즉, 인간은 이기심만을 지니고 있는 것이 아니라 이타성과 이기심을 동시에 가지고 상대방의 행위에 따라 자신의 행동을 결정함을 잘 보여준다.

이러한 점은 곧 공무원들 역시 자신의 이기심(혹은 이타심)을 표현하는 데 상대방을 의식하여 대응할 가능성이 높음을 보여준다. 상대방이 이타적으로 나오면 나도 이타적으로 대하고, 이기적으로 나오면 이기적으로 대한다는 것을 보여준다. 이러한 맥락에서, 공공재 게임에서 상호성 규범에 따른 패턴, 즉 동일인을 대상으로 한 반복 실험에서 지속적인 공공계정에의 감소가 나타나는지를 분석하고자 한다.

3) 일관성과 안정성

기존 연구, 특히 상호성 규범은 이기심의 상대성에 대하여 유용한 연구 결과를 제시한다. 그러나 이기심이 일관적인지, 안정적인지에 대해서는 논의하지 못해 왔다.

여기서 일관성은 이기심에 대한 변화의 정도가 일정한지의 여부를 의미한다. 즉, 어떤 행위자는 이기심의 변화 정도가 클 수 있는 반면, 어떤 행위자의 이기심 변화 정도는 크지 않을 수 있다. 예를 들어, 어떤 행위자는 매우 이기적으로 보이다가도, 어떤 경우는 예상을 뛰어넘어 이타적이게 보일 때도 있는 반면, 어떤 행위자의 이기심 혹은 이타심의 정도는 크게 차이가 나지 않게 보일 수 있다. 다시 말해, 이는 공무원의 이기심 변화 폭은 실험자에 따라 서로 다를 가능성이 높다는 점을 암시한다.

또 다른 면에서, 상호성 규범에 따르면, 실험자끼리 서로 이기적이라는 것을 알고 있는 이기적인 실험자들만을 대상으로 할 경우 좀 더 이기적인 결과만이 발생되어야 하며, 이타적인 실험자끼리 실험한다면 좀 더 이타적인 결과가 나와야 할 것이다(이를 안정성이라 칭한다). 그러나 어떤 사회와 조직도 이기적인 사람만 모여 있거나 혹은 이타적인 사람만 모여 있지 않다. 이타적인 사람들 안에서도 극단적인 이기심을 발현하는 사람이 나타나기도 하고, 극단적인 이기심을 소유한 사람들 안에서도 이타적인 사람이 발견되기도 한다. 인간 진화의 역사가 잘 보여주듯이, 이는 인간의 이기심 정도 자체가 안정적이지 않고 매우 불안전할 수 있음을 보여준다. 즉, 상호성 규범에서 이야기하듯, 상대방을 의식해서가 아니라 인간의 본성, 즉 이기심 자체가 안정적이지 않을 수 있음을 보여준다.

이러한 맥락에서 이 연구는 이기심의 일관성을 살펴보기 위하여, 공공재 게임의 공공계정 기여율에 대하여 실험자별로 이기심의 변화 정도를 분석하여 행위자마다 차이가 있는지를 살펴본다. 또한 이기심의 안정성과 관련하여, 공공재 게임에서 이타적인 행동을 한 실험자들만을 모은 실험을 통하여 이기심이 안정적으로 나타나는 것인지를 살펴보고자 한다. 즉, 공무원의 이기심이 일관적이지도 안정적이지도 않을 것이라는 가정을 증명하고자 한다.

3) 영향 요인

이기심이 고정된 어떤 절대치를 갖는 것인지, 아니면 다양한 조건 하에서 달라질 수 있는 상대적인 것인지는 중요한 분석 대상이다. 아직까지 연구들은 이기심의 정도에 차이가 있음이 지적되어 왔으나, 그 원인이 무엇인가에 대해서는 서로 다른 연구 결과들이 제시되어 오고 있다.

대표적으로, 캐머러(Camerer, 2003)는 최후통첩 게임과 독재자 게임과 관련하여 다섯 가지 변수를 제시한다. 첫째, 방법론적(methodological) 변수로 실험 금액, 익명성, 반복성 등 어떻게 실험이 수행되었는가와 관련되어 있다. 둘째, 인구통계학적(demographic) 변수로, 실험 대상 주체와 관련되며 성, 인종, 외모 등이다. 셋째, 문화(culture)적 변수, 넷째, 게임의 묘사와 관련된 기술적(descriptive) 변수, 다섯째, 게임

구조와 관련된 구조적(structural) 변수이다. 예를 들면, 어떤 문제풀이를 통하여 제안자에게 권리(entitlement)를 부여하거나, 제안자 혹은 응답자를 경쟁 구도로 만들기 등이 포함된다. 이러한 변수 중 방법론적, 인구통계학적, 그리고 기술적 변수들은 큰 영향을 미치지 않는 것으로 나타났으며 또한 일관적이지도 않다. 그러나 문화 및 구조적 변수는 매우 큰 영향을 미친다고 주장한다(Camerer, 2003: 59-83).

헨리히 외(Henrich et al., 2005)는 최후통첩 게임, 독재자 게임, 공공재 게임에서 실험 금액의 크기(Cameron, 1999; Hoffman et al., 1996a; List & Cherry, 2000; Slonim & Roth, 1998)와 실험에 대한 친숙성(Fehr & Gächter, 2002; Knez & Camerer, 1995; List & Cherry, 2000)이 영향을 미치는 것이 아닌가 하는 논란에 대하여 해당 변수들이 유의미한 영향을 미치지 못하였음을 주장한다. 인구통계학적인 변수 역시 일반적으로 존재하지 않거나 비일관적이고, 또한 약하거나 이들 모두를 포함하는 것으로 나타났다. 최후통첩 게임에서 여학생들은 다소 덜 거부하는 것으로 나타났으나 제안에는 차이가 없었다. 독재자 게임에서 성별 차이 역시 중요한 영향 변수로 나타나지 않았다. 한편, 나이의 경우 예외도 존재하지만 어린이들이 더 이기적이었으며, 나이가 들수록 더 공정한 행태가 나타났다고 주장한다(Harbaugh & Krause, 2000; Murnighan & Saxon, 1998; Henrich et al., 2005: 798-799).[5] 한편, 처벌은 최후통첩 게임(Camerer, 2003; Guth et al., 1982), 공공재 게임(Ostrom et al., 1992; Fehr & Gächter, 2000, 2002; Bochet et al., 2006; Herrmann et al., 2008; Gächter & Herrmann, 2009; Page et al., 2005; Chaudhuri, 2010) 등에서 사회적 규범의 강화, 이기심 및 이타성 파악 혹은 사회적 딜레마 해결 방안으로서 유용한 가치가 있음이 제시되어 왔다.

이에 이 연구는 ① 최후통첩 게임과 독재자 게임에서 익명성 여부(FF 형태와 Stranger 형태 비교)와 ② 서로 다른 게임 금액(10,000원, 1,000원)에 따라 어떠한 결과가 나타나는지를 분석한다. 또한 ③ 공공재 게임에서 인구통계학적 변수 및 공무원의 특성을 반영한 변수, 그리고 교육적 영향 변수를 포함하여 어떠한 변수가 영향을 미치는가를 분석하고자 한다. 마지막으로 ④ 자발적 처벌이 공공재 게임에서 공공 기여를 증대시키는지, 즉 이기적 행위가 줄어들고 무임승차자를 줄이는 데 기여

5) 좀 더 구체적인 논의는 크게 방법론적 그리고 구조적 변수, 기술적 변수, 인구통계학적 변수(demographic variables)로 구분해서 제시한 윌킨슨(Wilkinson, 2008: 341-352)의 논의를 참고바람.

하는지를 분석하고자 한다.

2 실험 방법과 게임 설계

1) 실험 방법

이 연구는 최후통첩, 독재자, 공공재 게임을 통하여 크게 공무원의 이기심, 상호성 규범, 이기심의 일관성과 안정성, 그리고 영향 요인을 분석한다. 이 분석에서 위 세 가지 실험 방법을 활용하는 이유는 첫째, 이 실험 방법들이 인간의 이기심을 분석하는 데 그동안 체계적으로 발전되어 오고 또한 실험 방법의 타당성이 검증되어 왔다는 점, 둘째, 특정 실험만으로 이 연구에서 검증하고자 하는 점을 분석할 수 없기 때문이다. 즉, 이 연구에서는 주로, 최후통첩 게임과 독재자 게임은 이기심을 분석하기 위하여, 공공재 게임은 상호성 규범과 이기심의 일관성 및 안정성, 그리고 영향 요인을 고찰하는 데 필요하기 때문이다.

이 연구는 현직 지방자치단체 6급 이하 공무원 32명을 대상으로 실험을 시행하였으며, 남성 8명, 여성 24명,[6] 평균 나이 42.9세(최소 31세~최대 55세, 중위수 42.5세), 평균 재직 기간 16.2년(최소 3년, 최대 34년, 중위수 17.5년)이다. 전공 분야별로 행정학(9명), 기타 인문 계열(15명), 자연과학 및 공학 계열(8명)로 구성되어 있다. 기술통계 결과는 실험을 모두 마친 이후 설문조사를 통하여 수집하였다.

이 실험은 최후통첩, 독재자, 공공재 게임 실험에 앞서 각 실험 방법을 소개하였고, 이해를 돕기 위하여 예시를 들어 설명하였다. 또한 이 실험은 실제 화폐를 통하여 실험함으로써 실험 결과가 자신의 수익에 어떻게 달라지는지를 대학생을 대상으로 한 사전 시연을 보여주었다. 실험 숙지 여부를 거듭 확인한 후 이 게임을 진행하였다. 실험을 설명할 때 실험 결과에 영향을 미칠 수 있는 실험의 취지나 이기심, 이타심을 유추할 수 있는 어떠한 표현도 하지 않았다. 더욱이 실험 대상자들은 실험 기간 내내 상호 대화를 하지 못하도록 하였다.

---

6) 실험자 수에서 남녀간에 차이는 실험 대상자가 현직 공무원을 대상으로 하다보니 발생된 한계이다. 가능하다면, 동등한 남녀 비율이 바람직하나 실험을 위하여 한자리에 실험자를 모아야 하고, 오랜 실험 시간이 소요됨으로 인하여 실험 대상자를 모집하는 데 어려움이 있었다.

이 실험은 컴퓨터 앞에서의 숫자를 실제 화폐로 인식하지 못할 가능성을 고려하여 Z-tree와 같은 프로그램을 활용하지 않고 구조화시킨 엑셀(Excel) 프로그램을 활용하여 직접 수작업으로 진행하였다. 게임 금액은 실제 현금(10,000원, 1,000원)으로 이루어졌다. 각 실험자는 게임 결과에 따라 서로 다른 금액을 현금으로 지급받았다.

2) 구체적인 게임 유형과 설계

이 실험에서 수행한 게임은 최후통첩 게임, 독재자 게임, 공공재 게임이며, 구체적인 게임의 실행 방법은 아래와 같다.

우선 최후통첩 게임과 독재자 게임의 총 실험자 수는 32명이다. 이 게임을 위하여 32명을 2개 그룹, 즉 제안자 그룹 16명과 응답자 그룹 16명으로 각각 분류하였다. 이 게임은 크게 두 가지 차원에서 게임의 구조를 다르게 하였다. 첫째는 제안자와 응답자 간에 상호 인식 가능성(익명성) 여부에 따라 제안자와 응답자(혹은 독재자와 수용자)가 서로 누구인지 상호 인식 가능한 경우인 FF(face-to-face, 면대면) 형태와 서로 모르는 경우인 Stranger 형태로 구분하여 분석하였다. 둘째는, 게임 금액 자체에 변화를 주어, 게임 금액에 따라 차이가 있는지를 분석하고자 하였다. 최후통첩과 독재자 게임 모두 제안 금액을 각각 10,000원과 1,000원인 형태로 구분하여 게임을 시행하였다. 이에 최후통첩 게임 4회, 독재자 게임 4회가 수행되었다.

공공재 게임은 크게 16명씩 2개 그룹으로 구분하여 총 10회[7]를 반복 시행하였다.

표 2-1 최후통첩과 독재자 게임 설계 틀

	시험 횟수	제안 금액	
		10,000원 중 제안 금액	1,000원 중 제안 금액
최후통첩	최후통첩 1(FF)	U1-1	U1-2
	최후통첩 2(Stranger)	U2-1	U2-2
독재자	독재자 1(FF)	D1-1	D1-2
	독재자 2(Stranger)	D2-1	D2-2

7) 이 연구에서 실험 횟수는 네 가지 연구 질문의 해답을 찾기 위한 최소 실험 횟수이다. 실험 횟수는 많을수록 타당성이 높아지나, 실험비 문제와 실험 시간을 고려한 결과이다. 특히, 최후통첩 및 독재자 게임보다 공공재 게임 실험 횟수가 많은 것은 공공재 게임에서 상호성 규범 및 이기심의 일관성과 안정성 여부, 그리고 영향 요인을 분석하기 위해서이다.

공공재 게임은 크게 처벌하지 않는 경우(NP)와 처벌하는 경우(P)로 구분하였다. 이에 5회까지는 처벌하지 않는 경우이며, 6~10회까지는 처벌하는 경우의 게임으로 설계하였다. 여기서 처벌은 자발적 처벌로서, 실험자들이 이기적 행위자에 대한 처벌 여부와 처벌에 필요한 자신의 비용을 자발적으로 결정하도록 하였다. 특히, 마지막 10회는 9회 게임에서 처벌 금액을 제시한 실험자들만 대상으로 하여 자신의 비용이 들더라도 무임승차자를 징계하려는 성향을 나타낸 실험자들만을 대상으로 실험을 하였다. 매회 실험 게임은 10,000원으로 하였다.

공공재 게임은 다음 공식과 같은 전형적인 공공재 게임 구조(Kurzban & DeScioli, 2008: 143)에 따라 수익을 배분하였다. $\Pi i = (W - X_i) + \frac{h\sum X_i}{n}$(여기서, πi = 최종 수익, w=게임 금액(10,000원, 1,000원), xi= 개인계정 기여 금액, n는 게임자 수, h는 2) 즉, 공공계정에 모인 돈 전체를 합하고, 합한 금액을 2배로 불려준 다음, 이를 실험자 수로 공평하게 나누어 실험자에게 나누어 주었다. 따라서 해당 실험자는 개인계정 기여액과 공공계정을 통한 수익을 합하여 최종 수익금을 받을 수 있도록 설계하였다. 이 실험의 모든 게임의 최소 단위는 100원으로 하였다.

제 4 절 연구 결과

1 최후통첩 게임

네 가지 유형(U1-1, U1-2, U2-1, U2-2)의 최후통첩 게임의 결과는 <표 2-2>와 같다. 이 게임 실험 결과를 익명성 여부(FF와 Stranger 형태), 실험 금액, 제안의 거부, 수익 금액별로 비교·제시하면 아래와 같다.

첫째, FF와 Stranger 형태 간 차이를 비교(U1-1과 U2-1, U1-2와 U2-2)해 보면, 전체적으로 FF 형태가 Stranger 형태보다 제안 금액이 높게 나타났다. 구체적으로, U1-1과 U2-1의 평균 제안 금액과 비중은 각각 5,437.5원(54.38%)과 4,687.5원(46.88%)으로 나타났다. 즉, FF 형태가 Stranger 형태에 비하여 평균 제안 금액이

표 2-2 최후통첩 종합

	제안 금액/수락 여부				제안 금액 비중 평균 계	수익 금액		수익 합계 (a+b)
	U1-1		U1-2			U1-1(a)	U1-2(b)	
	10,000원 중 제안 금액	상대방의 수락 여부(수락=1, 거부=2)	1,000원 중 제안 금액	상대방의 수락 여부(수락=1, 거부=2)		10,000원 중 수익 금액	1,000원 중 수익 금액	
평균	5,437.5	1	531.3	1.2		4,562.5	412.5	4,975
비중	54.38%		53.13%		53.76%	45.63%	41.25%	45.23%
총 거부당한 제안 금액과 비중		없음		500, 100, 1,000, 18.8%				
0원 초과 거부 수와 비중		없음		3(18.8%)				
최빈값	5,000		500			5,000	500	5,500
최솟값	4,000		100			1,000	0	1,100
최댓값	9,000		1,000			6,000	700	6,500
중위수	5,000		500			5,000	500	5,500
	U2-1		U2-2		제안 금액 평균 계	U2-1(c)	U2-2(d)	수익 합계 (c+d)
	10,000원 중 제안 금액	상대방의 수락 여부(수락=1, 거부=2)	1000원 중 제안 금액	상대방의 수락 여부(수락=1, 거부=2)		10,000원 중 수익 금액	1,000원 중 수익 금액	
평균	4,687.5	1.2	506.3	1.3		3,625	337.5	3,962.5
비중	46.88%		50.63%		48.76%	36.25%	33.75%	36.02%
총 거부당한 제안 금액과 비중		0,0,3000, 18.8%		1000,0,1000, 400,100,31.3%				
0원 초과 거부 수와 비중		1건(6.25%)		4건(25.0%)				
최빈값	5,000		500			5,000	0	5,500
최솟값	0		0			0	0	0
최댓값	10,000		1,000			6,000	900	6,500
중위수	5,000		500			5,000	500	5,500
제안 금액 비중 평균 계	50.63%		51.88%		51.26%*			

주: * 네 가지 게임 전체 평균임.

750원(7.5%) 더 높게 나타났다. 특히, 특징적인 것은 최솟값이 U1-1은 4,000원이었으나 U2-1에서는 0원으로 제안자와 반응자가 서로 누구인지 아는 경우 최솟값이 크게 차이났다. U1-2과 U2-2의 평균 제안 금액과 비중은 각각 531.3원(53.13%)과 506.3원(50.63%)으로 나타났다. 이 역시 FF 형태가 Stranger 형태에 비하여 평균 제안 금액이 25원(2.50%) 더 높게 나타났음을 보여준다. 이는 곧 FF 형태가 Stranger 형태에 비하여 평균 제안 금액이 더 높음을 보여주며, 또한 최솟값 역시 높다는 것을 제시하고 있다. 표준편차를 고려할 때, Stranger 형태는 제안 금액이 FF 형태에 비하여 좀 더 넓게 분포되어 있었다. 그러나 그러한 차이가 10% 유의 수준에서 통계적으로 유의미하지는 않았다.

둘째, 실험 금액(10,000원, 1,000원)에 따라 차이가 있는지 살펴보기 위하여 U1-1과 U1-2, U2-1과 U2-2를 비교해 보면, 전체적으로 차이가 크지 않았다. 구체적으로, FF 형태인 U1-1과 U1-2의 평균 제안 금액과 비중은 각각 5,437.5원(54.38%)과 531.3원(53.13%)으로 10,000원일 경우가 약 1.25% 높았다. 한편 Stranger 형태인 U2-1과 U2-2의 평균 제안 금액과 비중은 각각 4,687.5원(46.88%)과 506.3원(50.63%)으로 실험 금액이 1000원일 경우 약 3.75% 더 높게 나타났다.

셋째, 제안의 거부에 차이가 있는지 살펴보면, FF 형태보다 Stranger 형태에서 거부율이 높아졌으며, 실험 금액이 10,000원인 경우보다 1,000원인 경우에서 거부율이 높았다. 구체적으로, FF 형태인 U1-1과 U1-2의 제안 금액 거부 여부를 살펴보면, U1-1에서 거부는 단 1건도 발견되지 않았다. 그러나 U1-2에서 거부는 총 3건(18.8%)으로 제안 금액(500원, 100원, 1,000원)이 거부당하였다. 특히 실험 금액 전부인 100%를 제안하였음에도 불구하고 제안을 거부하였다는 것은 매우 특이한 현상이다. Stranger 형태인 U2-1과 U2-2에서 제안 금액 거부 여부를 살펴보면, U1-1과 달리 3건(18.8%)의 제안 거부가 나타났다. 제안 금액 0인 경우가 2건, 제안 금액 3,000원에 대한 거부도 1건 나타났다. 한편, U2-2에서 거부는 총 5건(31.3%)으로 U1-2보다 증가하였다. 제안 금액의 거부는 제안 금액이 0원인 경우 1건, 100원인 경우 1건, 400원인 경우 1건, 그리고 1,000원인 경우가 2건으로 나타나 매우 다양한 제안 금액에서 거부가 나타났음을 보여준다.

넷째, 수익을 비교해 보면, FF 형태가 Stranger 형태보다 수익이 높았다. 구체적으로, FF 형태인 U1-1과 U1-2에서 제안자의 수익 금액은 각각 평균 4,562.5원과

4,12.5원, Stranger 형태인 U2-1과 U2-2에서 수익 금액은 각각 평균 3,625원과 3,37.5원으로 나타났다. 즉, U1-1은 U2-1보다, U1-2는 U2-2보다 각각 9,37.5원(9.38%), 75원(7.50%) 더 높았다.

2 독재자 게임

네 가지 유형(D1-1, D1-2, D2-1, D2-2)의 독재자 게임의 결과는 아래 <표 2-3>과 같다.

표 2-3 독재자 게임 종합

	제안 금액		제안 금액 비중 평균 계	최종 수익 금액		수익 합계 (a+b)
	D1-1	D1-2		D1-1(a)	D1-2(b)	
	10,000원 중 제안 금액	1,000원 중 제안 금액		10,000원 중 수익 금액	1,000원 중 수익 금액	
평균	5,187.5	500		4,812.5	500	5,312.5
비중	51.88%	50.00%	50.94%	48.13%	50.00%	48.30%
최빈값	5,000	500		5,000	500	5,500
최솟값	0	0		0	0	0
최댓값	10,000	1,000		10,000	1,000	11,000
중위수	5,000	500		5,000	500	5,500
	제안 금액		제안 금액 비중 평균 계	최종 수익 금액		수익 합계 (c+d)
	D2-1	D2-2		D2-1(c)	D2-2d)	
	10,000원 중 제안 금액	1,000원 중 제안 금액		10,000원 중 수익 금액	1,000원 중 수익 금액	
평균	3,812.5	312.5		6,187.5	687.5	6875
비중	38.13%	31.25%	34.69%	61.88%	68.75%	62.50%
최빈값	5,000	500		5,000	500	5,500
최솟값	0	0		3,000	300	3,300
최댓값	7,000	700		10,000	1,000	11,000
중위수	4,500	400		5,500	600	6,300
제안 금액 비중 평균 계	45.01%	40.63%	42.82%*			

주: * 네 가지 게임 전체 평균임.

이 게임 실험 결과를 익명성 여부(FF와 Stranger 형태), 실험 금액, 수익 금액별로 비교・제시하면 다음과 같다.

첫째, FF와 Stranger 형태 간 차이 분석(D1-1과 D2-1, D1-2와 D2-2)해 보면, D1-1과 D2-1의 평균 제안 금액과 비중은 각각 5,187.5원(51.88%)과 3,812.5원(38.13%)으로 나타났다. 즉, FF 형태가 Stranger 형태에 비하여 평균 제안 금액이 1,375원(13.75%) 더 높게 나타났다. 이러한 차이는 5% 유의 수준에서 통계적으로 유의미하였다. 특히, 평균뿐만 아니라 최댓값이 10,000원에서 7,000원으로 중위수 역시 5,000원에서 4,500원으로 낮아졌다. D1-2와 D2-2의 평균 제안 금액과 비중은 각각 500원(50%)과 312.5원(31.25%)으로 FF 형태가 Stranger 형태에 비하여 평균 제안 금액이 187.5원(18.75%) 더 높게 나타났다. 또한 제안의 최댓값과 중위수 역시 높음을 알 수 있다. 게다가 이러한 차이는 5% 유의 수준에서 통계적으로 의미있는 차이였다. 이는 독재자 게임에서 FF 형태가 Stranger 형태에 비하여 평균 제안 금액과 비중이 더 높음을 보여준다. 이러한 점은 최후통첩 게임의 결과와 동일하나 절대적인 제안 금액은 낮음을 보여준다.

둘째, 실험 금액에 따른 차이 분석(D1-1과 D1-2, D2-1과 D2-2)을 하면, D1-1과 D1-2의 제안 금액과 비중은 각각 5,187.5원(51.88%)과 500원(50%)으로 비슷하게 나타나 그 차이가 미미함을 알 수 있다. D2-1과 D2-2의 평균 제안 금액과 비중은 각각 3,812.5원(38.13%)과 312.5원(31.25%)으로 실험 금액이 10,000원일 경우 약 6.88% 더 높게 나타나고 있다. 결과적으로 FF 형태에서는 실험 금액의 여부와 크게 관계없이 제안 금액이 나타났으나, Stranger 형태에서는 10000원인 경우보다 1,000원인 경우 제안 금액이 더 낮게 나타났다.

표 2-4 독재자 게임에서 FF와 Stranger 비교(대응표본 T검정)

		평균	N	표준편차	평균의 표준오차	대응차			
						평균	표준편차	t	유의확률
대응 1	D1-1	5,187.5	16	2,810.0	702.5	1,375	2,247.2	2.45	0.03
	D2-1	3,812.5	16	2,400.5	600.1				
대응 2	D1-2	500	16	338.6	84.7	187.5	296.4	2.53	0.02
	D2-2	312.5	16	263.0	65.7				

셋째, 독재자 게임에서 평균 수익을 비교해 보면, FF 형태인 D1-1과 D1-2에서 독재자의 수익 금액은 각각 4,812.5원과 500원이나 Stranger 형태인 D2-1과 D2-2에서 수익 금액은 각각 6,187.5원과 687.5원으로 나타났다. 즉, 독재자 게임에서는 FF 형태보다 Stranger 형태에서 덜 제안하게 되고, 이에 따라 더 많은 수익을 얻는 것으로 나타났다.

3 최후통첩 게임과 독재자 게임의 비교

FF 형태에서 최후통첩 게임과 독재자 게임을 비교해 보면, <표 2-5>에서 제시되고 있듯이, 전반적으로 모든 형태(FF, Stranger)에서 최후통첩 게임이 독재자 게임보다 평균 제안 금액이 높다. 특징적인 것은 FF 형태에서는 최후통첩과 독재자 게임의 평균 제안 금액 차이가 크지 않았으나, Stranger 형태에서는 그 차이가 FF 형태에 비하여 매우 크다는 것이다.

FF 형태로, 실험 금액이 10,000원인 U1-1과 D1-1을 비교하면, U1-1과 D1-1의 평균 제안 금액과 비중은 5,437.5원(54.38%)과 5,187.5원(51.88%)으로 U1-1이 250원(2.5%) 높게 나타난다. 한편, 제안 금액인 1,000원인 U1-2와 D1-2의 평균 제안 금액과 비중은 각각 531.3원(53.13%)과 500원(50.00%)으로 U1-2가 31.3원(3.13%) 높게 나

표 2-5 최후통첩 게임과 독재자 게임 비교(대응표본 T검정 결과)

		평균	N	표준편차	대응차			
					평균	표준편차	t	유의확률
FF 형태 10,000원	U1-1	5,437.5	16	1,315.0	250	3,000	0.3	0.743
	D1-1	5,187.5	16	2,810.0				
FF 형태 1,000원	U1-2	531.3	16	218.2	31.3	373.7	0.3	0.743
	D1-2	500.0	16	338.6				
Stranger 형태 10,000원	U2-1	4,687.5	16	2,441.8	875.0	2,391.0	1.5	0.164
	D2-1	3,812.5	16	2,400.5				
Stranger 형태 1,000원	U2-2	506.3	16	310.8	193.8	356.8	2.2	0.046
	D2-2	312.5	16	263.0				

타나고 있다. 즉, FF 형태에서 최후통첩 게임과 독재자 게임의 평균 제안 금액은 최후통첩 게임이 독재자 게임보다 높으나 그 차이는 매우 미미하다.

Stranger 형태로, 제안 금액이 10,000원인 경우, U2-1과 D2-1의 평균 제안 금액과 비중은 각각 4,687.5원(46.88%)과 3,812.5원(38.13%)으로, U2-1이 875원(8.75%) 더 높게 나타난다. 한편, 제안 금액이 1,000원인 U2-2와 D2-2의 평균 제안 금액과 비중은 각각 506.3원(50.63%)과 312.5원(31.25%)으로 U2-2가 193.8원(19.38%) 더 높게 나타났으며, 5% 유의 수준에서 통계적으로 유의미하였다.

4 공공재 게임

1) 집단별 결과

집단별 공공재 실험 결과는 <표 2-6>과 같다. 1회에서 5회까지는 처벌이 없는 경우, 5회부터 10회까지는 처벌이 있는 경우이며, 특히 10회는 9회에서 자신의 비용을 지불하고서라도 처벌하고자 한 실험자들만을 대상으로 하여 실험한 결과이다.

A집단의 경우, 공공계정에 대한 평균 기여액은 1회에서 5회까지 각각 4,562.5원, 3,781.3원, 3,812.5원, 3,531.3원, 2,718.8원으로 횟수가 거듭될수록 지속적으로 감소하고 있음을 보여준다. 한편, 한편 처벌이 도입된 6회에 4,718.8원으로 증가하였으며, 이후 10회 6,262.5원으로 가장 높은 기여율을 보여주었다. 이에 따라 공공계정의 수익 역시 1회 9,125원에서 5회까지 지속적으로 감소하다가 6회부터 증가하여 10회에 최댓값인 12,525원을 보여주고 있다. 6회에서 10회까지 자신이 비용이 들더라도 처벌하고자 한 자발적 처벌자 수와 모집단에서의 비율은 각각 9명(56.3%), 8명(50.0%), 9명(56.3%), 8명(50.0%), 7명(87.5%)을 보여주었고, 이들의 평균 자발적 처벌 기여액은 6회 344.4원에서 9회 1,288.9원, 10회 322.2원으로 다양하게 나타났다. 이 게임을 통하여 총 수익 금액도 공공계정의 기여 정도에 따라 달라졌다. 1회 17,125원, 5회 14,937.5원, 6회에 15,437.5원, 그리고 10회 17,925원으로 나타났다.

B집단의 경우 역시 집단 A와 유사한 결과를 보여준다. 공공계정에 대한 평균 기여액을 살펴보면, 1회 4,250.0원에서 5회 2,625.0원으로 지속적으로 감소하였다. 이후 처벌이 도입된 6회에 다시 4,468.8원으로 증가하였으며, 이후 10회까지 4571.4원의

표 2-6 공공재 실험 결과(그룹 A)

	그룹 A									
처벌 유무	비처벌(NP)					자발적 처벌(P)				
실험 횟수	1회	2회	3회	4회	5회	6회	7회	8회	9회	10회
개인계정 기여 평균	5,437.5	6,218.8	6,187.5	6,468.8	7,281.3	5,281.3	4,843.8	5,375	4,781.3	3,737.5
중위수	6,000	6,000	6,000	6,750	7,500	5,000	5,000	5,250	5,000	4,500
최빈값	5,000	6,000	6,000	7,000	8,000	5,000	5,000	6,000	6,000	5,000
최솟값	0	5,000	3,000	4,000	5,000	4,000	2,000	3,000	1,000	0
최댓값	8,000	7,500	10,000	8,000	9,500	8,000	7,000	9,000	6,500	6,000
공공계정 기여 평균	**4,562.5**	**3,781.3**	**3,812.5**	**3,531.3**	**2,718.8**	**4,718.8**	**5,156.3**	**4,625.0**	**5,218.8**	**6,262.5**
중위수	4,000	4,000	4,000	3,250	2,500	5,000	5,000	4,750	5,000	5,500
최빈값	5,000	4,000	4,000	3,000	2,000	5,000	5,000	4,000	4,000	5,000
최솟값	2,000	2,500	0	2,000	500	2,000	3,000	1,000	3,500	4,000
최댓값	10,000	5,000	7,000	6,000	5,000	6,000	8,000	7,000	9,000	10,000
비율(개인계정/전체)	54.38%	62.19%	61.88%	64.69%	72.81%	52.81%	48.44%	53.75%	47.81%	37.38%
비율(공공계정/전체)	**45.63%**	**37.81%**	**38.13%**	**35.31%**	**27.19%**	**47.19%**	**51.56%**	**46.25%**	**52.19%**	**62.63%**
공공계정 수익	9,125	7,562.5	7,625	7,062.5	5,437.5	9,437.5	10,312.5	9,250	10,437.5	12,525
자발적 처벌 기여액(총계)						3,100	3,800	4,800	11,600	2,900
자발적 처벌자 수(명)						9	8	9	8	7
자발적 처벌 금액 평균						344.4	422.2	533.3	1,288.9	322.2
자발적 처벌자 수/전체 수 비율						56.3%	50.0%	56.3%	50.0%	87.5%
실험모집단 수	16	16	16	16	16	16	16	16	16	8
수익 금액의 평균	14,562.5	13,781.3	13,812.5	13,531.3	12,718.8	14,331.3	14,681.3	14,025.0	13,768.8	15,537.5
수익 금액의 최솟값	9,125	12,562.5	10,625	11,062.5	10,437.5	12,437.5	12,312.5	12,150	3,437.5	11,525
수익 금액의 최댓값	17,125	15,062.5	17,625	15,062.5	14,937.5	15,437.5	16,312.5	15,250	16,437.5	17,925

표 2-7 공공재 실험 결과(그룹 B)

	그룹B									
처벌 유무	비처벌(NP)					자발적 처벌(P)				
실험 횟수	1회	2회	3회	4회	5회	6회	7회	8회	9회	10회
개인계정 기여 평균	5,750.0	6,343.8	7,312.5	6,843.8	7,375.0	5,531.3	5,406.3	5,281.3	5,831.3	5,428.6
중위수	5,500	6,500	7,500	7,000	8,000	6,500	6,000	5,500	6,000	6,000
최빈값	4,000	8,000	8,000	7,000	8,000	7,000	6,000	6,000	6,000	6,000
최솟값	1,000	3,000	5,000	3,500	1,000	0	1,000	2,000	3,000	3,000
최댓값	9,000	9,000	9,000	9,000	10,000	8,000	8,000	7,000	10,000	8,000
공공계정 기여 평균	**4,250.0**	**3,656.3**	**2,687.5**	**3,156.3**	**2,625.0**	**4,468.8**	**4,593.8**	**4,718.8**	**4,168.8**	**4,571.4**
중위수	4,500	3,500	2,500	3,000	2,000	3,500	4,000	4,500	4,000	4,000
최빈값	6,000	2,000	2,000	3,000	2,000	3,000	4,000	4,000	4,000	4,000
최솟값	1,000	1,000	1,000	1,000	0	2,000	2,000	3,000	0	2,000
최댓값	9,000	7,000	5,000	6,500	9,000	10,000	9,000	8,000	7,000	7,000
비율(개인계정/전체)	57.5%	63.4%	73.1%	68.4%	73.8%	55.3%	54.1%	52.8%	58.3%	54.3%
비율(공공계정/전체)	**42.5%**	**36.6%**	**26.9%**	**31.6%**	**26.3%**	**44.7%**	**45.9%**	**47.2%**	**41.7%**	**45.7%**
공공계정 수익	8,500.0	7,312.5	5,375.0	6,312.5	5,250.0	8,937.5	9,187.5	9,437.5	8,337.5	9,142.9
자발적 처벌 기여액(총계)						12,500	3,900	3,500	1,800	2,200
자발적 처벌자 수(명)						11	10	9	7	4
자발적 처벌 금액 평균						1,136.4	354.5	318.2	163.6	200.0
자발적 처벌자 수/전체 수 비율						68.8%	62.5%	56.3%	43.8%	25.0%
실험모집단 수	16	16	16	16	16	16	16	16	16	7
수익 금액의 평균	14,250.0	13,656.3	12,687.5	13,156.3	12,625.0	12,906.3	14,106.3	14,281.3	13,943.8	13,942.9
수익 금액의 최솟값	9,500	10,312.5	10,375	9,812.5	6,250	937.5	9,187.5	10,437.5	10,337.5	11,142.9
수익 금액의 최댓값	17,500	16,312.5	14,375	15,312.5	15,250	15,937.5	16,187.5	15,437.5	16,537.5	15,142.9

결과를 보여주었다. 그룹 A에 비하여 그룹 B의 공공계정에 대한 기여 수준은 1회부터 10회 전체에 이르기까지 전반적으로 낮으나 처벌이 도입되기 전과 후 공공계정에 대한 기여 패턴의 변화는 비슷하게 나타났다. 공공계정에 대한 수익은 1회 8,500.0원, 5회 5,250.0원으로 지속적으로 감소하였으며, 6회부터 처벌이 도입되자 공공계정에 대한 기여가 증가하면서 공공계정에 대한 수익도 증가하였다. 이에 6회에는 8,937.5원, 9회 8,337.5원, 10회에 9,142.9원을 나타냈다.

자발적 처벌자 수는 6회 11명, 7회 10명, 8회 9명, 8회 7명, 10회 4명으로 그룹 A에 비하여 감소폭이 컸다. 한편 자발적 처벌자의 처벌 금액 평균은 각각 6회 1,136.4원, 7회 3,900원, 8회 3,500원, 8회 1,800원, 10회 2,200원을 나타냈다. 이러한 개인 계정과 공공계정에 대한 기여액의 변화에 따라 매 실험마다 수입 금액의 평균값이 변화하였다. 총 수입 금액의 평균값을 보면, 최소 12,625.0원에서 최대 14,281.3원으로 나타났다. 결과적으로 공공계정에 대한 평균 기여 금액은 집단별로 미미 차이가 존재한다. 그러나 전반적인 공공계정의 평균 기여액과 처벌 유무에 따른 변화 패턴은 유사하게 나타나고 있다.

2) 집단 전체

두 집단의 전체에 대한 평균값은 <표 2-8>과 같다. 우선 개인계정에 대한 평균 기여액은 1회 5,593.8원에서 지속적으로 증가하여 5회에는 7,328.1원이 되었다. 처벌이 도입된 6회에 다시 개인계정에 대한 기여가 감소하여 5,406.3원, 이후 전반적으로 불규칙하게 변화하다가 9회 5,306.3원, 10회 4,583.0원을 나타냈다. 한편, 공공계정에 대한 평균 기여액은 1회 4,406.3원에서 지속적으로 감소하여 5회에 2,671.9원이 되었다가 처벌이 도입된 6회 다시 4,593.8원, 7회 4,875.0원, 8회 4,671.9원, 9회 4,693.8원, 10회 5,417.0원을 나타냈다.

공공계정에 대한 수익 평균을 살펴보면, 1회 8,812.5원에서 5회 5,343.8원으로 지속적으로 감소하였고, 이후 6회 9,187.5원으로 증가하였다. 이후 6회에서 10회까지 각각 9,750.0원, 9,343.8원, 9,387.5원, 10,833.9원을 보여주었다. 자발적 처벌자 수는 6회에서 10회까지 각각 20명, 18명, 18명, 15명, 11명으로, 실험모집단 대비 각각 62.5%, 56.3%, 56.3%, 46.9%, 73.3%이며, 처벌 금액의 평균값은 각각 780.0원, 427.8원, 461.1원, 893.3원 463.6원이다. 수익 금액의 평균값 역시 다양하였으며, 최솟값은

표 2-8 공공재 실험(집단 전체)

	비처벌(NP)					처벌(P)					평균			
실험 횟수	1회	2회	3회	4회	5회	6회	7회	8회	9회	10회	1-5회	6-9회	6-10회	1-10회
개인계정 기여 평균	5,593.8	6,281.3	6,750	6,656.3	7,328.1	5,406.3	5,125	5,328.1	5,306.3	4,583	6,521.9	5,291.43	5,149.74	5,898.191
공공계정 기여 평균	4,406.3	3,718.8	3,250	3,343.8	2,671.9	4,593.8	4,875.0	4,671.9	4,693.8	5,417	3,478.2	4,708.6	4,850.3	4,101.9
비율(개인계정/전체)	55.90%	62.80%	67.50%	66.60%	73.30%	54.10%	51.30%	53.30%	53.10%	45.80%	0.6522	52.95%	51.52%	58.99%
비율(공공계정/전체)	44.10%	37.20%	32.50%	33.40%	26.70%	45.90%	48.80%	46.70%	46.90%	54.20%	0.3478	47.08%	48.50%	41.02%
공공계정 수익 평균	8,812.5	7,437.5	6,500	6,687.5	5,343.8	9,187.5	9,750	9,343.8	9,387.5	10,833.9	6,956.26	9,417.2	9,700.5	8,203.7
자발적 처벌 기여액 (총계)						15,600	7,700	8,300	13,400	5,100		11,250	10,020	10,020
자발적 처벌자 수(명)						20	18	18	15	11		17.75	16.4	16.4
자발적 처벌 금액 평균						780	427.8	461.1	893.3	463.6		640.6	605.2	605.2
자발적 처벌자 수/전체 수 비율						62.50%	56.30%	56.30%	46.90%	73.30%		55.50%	59.06%	59.06%
실험모집단 수	32	32	32	32	32	32	32	32	32	15	32	32	28.6	30.5
수익 금액의 평균	14,406.3	13,718.8	13,250	13,343.8	12,671.9	13,618.8	14,393.8	14,153.1	13,856.3	14,740.2	13,478.2	14,005.5	14,152.4	13,784.7

12,671.9원, 최댓값은 14,740.2원을 나타냈다.

3) 공공계정 기여에 미치는 영향 요인 분석

공공계정에 인구통계학적 변수 및 전공 여부가 영향을 미치는지를 분석하기 위하여 다중 회귀분석을 시행하였다. 공공계정에 대한 평균 기여율을 종속변수로 하여 성별, 나이, 공직 재직 기간, 전공을 독립변수로 한 회귀분석을 시행하였다.

모집단 32명의 성별은 남자 8명, 여자 24명이다. 나이는 평균 42.9세이며, 최소 31세, 최대 55세까지 분포하고 있다. 공직 재직 기간은 평균 16.2년으로 최소 3년, 최대 34년이다. 전공은 행정학 9명, 경영학 1명, 기타 인문 계열 14명, 자연과학 및 공학 계열 8명이며, 행정학과 경영학 및 인문 계열을 포함하여 인문 계열 24명과 자연과학 및 공학 계열(이하 자연 계열) 8명으로 집단을 재코딩하였다.

분석을 위한 회귀모형은 'lnpa = β1 + β2sex + β3age + β4ep + β5mj + ε(식 1)'이다.

여기서 lnpa는 공공계정에 대한 기여금에 대한 자연로그, sex는 성별, age는 나이, ep는 공직 재직 기간, mj는 전공을 의미한다. 분석 과정에서 나이와 공직 재직 기간은 상관 관계가 높게 나타남에 따라 분석 결과를 <표 2-9>와 같이 세 가지 모형으로 다양하게 제시하였다. 분석 결과, 모든 분석 모형에서 성별, 나이, 공공기관 재직 연수와 같은 변수들은 종속변수에 유의미한 변수로 나타나지 않고 있음을 보여준다. 반면, 대학 전공이 인문인가, 자연 및 공학 전공인가 여부는 유의미하게 영향을 미침을 보여준다. 즉, 대학 전공이 인문인 경우가 자연 및 공학인 경우보다 공공계정에 대한 기여율이 높으며, 통계적으로 유의미함을 보여준다.

표 2-9 회귀분석 결과

	Model 1		Model 2		Model 3	
	계수	표준오차	계수	표준오차	계수	표준오차
sex	0.052	0.079	0.060	0.083	0.063	0.082
age	-0.006	0.005			-0.011	0.010
ep			-0.003	0.004	0.004	0.007
mj	-0.195**	0.079	-0.188**	0.082	-0.185**	0.082
con.	8.699***	0.344	8.453***	0.232	8.792***	0.386
R2(adj.)	0.125		0.096		0.103	
N	32		32		32	

**p <.05, ***p <.01

5 소결

아직까지 세 가지 핵심 연구 질문에 대한 해답을 찾기 위하여 수행한 세 가지 실험의 연구 결과는 아래와 같다.

1) 이기심

첫째, 공무원들은 최후통첩 게임과 독재자 게임에서 0원 초과의 금액을 제안하였고, 공공재 게임에서는 0원 초과의 금액을 공공계정에 기여하였다. 구체적으로, 최후통첩 게임의 제안자는 최소 46.88%에서 최대 54.38%를 제시하였으며, 네 가지 유형의 게임 평균(비중) 51.26%를 제안하였다. 독재자 게임에서 독재자는 최소 31.25%에서 최대 51.88%로 네 가지 유형의 게임 평균(비중) 42.82%를 제시하였다. 공공재 게임에서 공공계정에의 평균 기여 비중은 최소 26.7%(5회)에서 최대 54.2%(10회)로, 1~10회 전체 평균 41.02%를 나타냈다.

둘째, 최후통첩 게임과 공공재 실험에서 실험자들은 자신의 비용이 발생됨에도 불구하고 이기적인 행위자를 처벌하고자 하였다. 최후통첩 게임에서 0원 초과 제안 금액에 대한 거부는 최소 1건(U2-1)에서 최대 4건(U2-2)으로 나타났다. 공공재 게임에서 공무원들은 자신의 비용이 발생하더라도 무임승차자를 처벌하고자 하였다. 실제 6~10회(6~9회) 자발적 처벌자 전체 평균은 59.06%(55.50%)에 이른다. 즉, 실험자의 반 이상이 자신의 비용이 유발되더라도 이기적인 무임승차 성향의 행위자를 처벌하고자 하였다.

셋째, 최후통첩 게임의 제안 금액(전체 평균 51.26%)은 독재자 게임의 제안 금액(전체 평균 42.82%)보다 높았으며, 이는 실험 금액 및 익명성 여부(FF, Stranger)와 상관없이 높았다. 특히 Stranger 형태, 게임비 1,000원인 경우 차이는 통계적으로도 유의미하였다. 이러한 점은 최후통첩 게임에서 제안 금액이 순수한 이타심에 따른 제안 금액이라기보다는 반응자를 고려한 전략적 제안 금액임을 보여준다. 그러나 독재자 게임에서 전체 평균 제안 금액이 42.82%라는 점은 공무원이 오직 이기적이라는 가정을 지지하지 않음을 보여준다.

2) 상호성 규범

공공재 게임 결과는 공무원의 이기심(혹은 이타심)은 상호성 규범에 따르는 것으로 절대적인 것이 아님을 보여준다. 처벌 없는 공공재 게임을 1~5회까지 반복 시행한 결과, 공공계정에 대한 평균 기여는 지속적으로 감소(1회, 55.9%→5회, 26.7%)하였다. 이러한 감소 패턴은 처음에 공공계정에 기여를 많이 한 실험자가 상대적으로 개인계정에 많이 기여한 실험자 때문에 손해를 본다는 것을 알게 되면서, 자신도 이기적인 행동을 하게 되는 것을 보여준다. 이에 따라 실험이 반복될수록 이기적인 행위자들이 늘어나 공공계정에 대한 기여율이 지속적으로 하락함을 보여주고 있다. 즉, 처음부터 이기심의 정도가 결정되기보다는 상대방이 어떻게 나오는가에 따라 자신의 이기적 행동 범위를 결정하고 있음을 보여준다.

그림 2-1 **공공재 실험 결과: 개인 및 공공계정 기여 평균 비교**

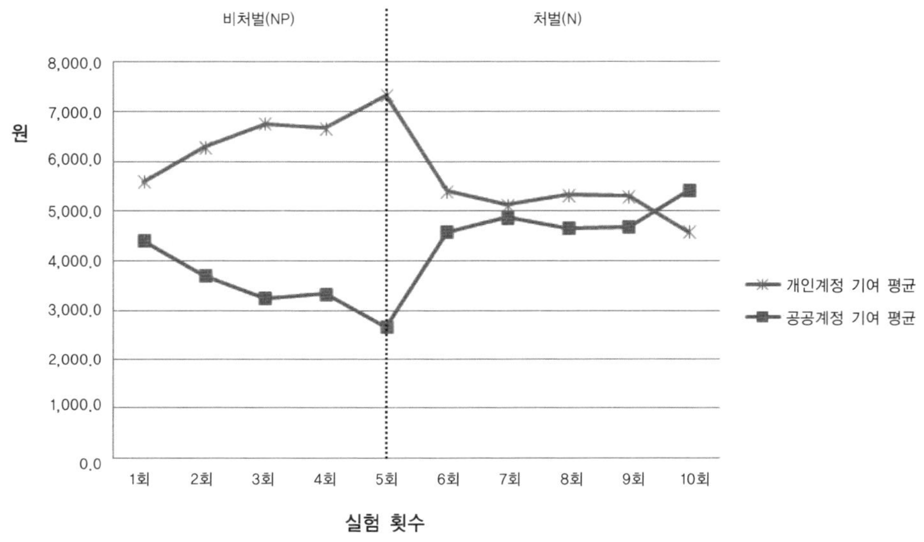

3) 이기심의 일관성과 안정성

첫째, 이기심의 변화 정도가 일정하지 않음을 보여준다. 즉, 이기심의 일관성과 관련하여, 공공재 실험 9회에 대한 실험자별 공공계정 기여액의 표준편차를 보면 [그림 2-2]와 같다. 표준편차는 그림에서 알 수 있듯이, 실험자별로 매우 다양하며, 최솟값은 471.04원, 최댓값은 2,929.21원으로 나타나고 있다. 즉, 공무원의 이기심의 변화 정도가 행위자별로 서로 다르며, 어떤 실험자는 크고(29번), 어떤 행위자는 작다(16번)는 것을 보여준다. 즉, 이기심에 대한 변화 정도는 일정하지 않으며, 행위자별로 서로 다름을 보여준다.

그림 2-2 공공재 실험(9회) 실험자별 공공계정 기여액 표준편차

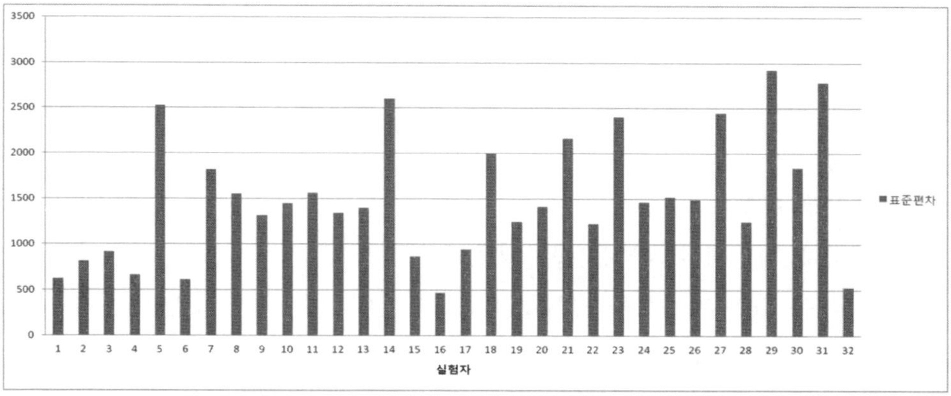

둘째, 이기심의 안정성과 관련한 연구 결과는 안정적이지 않음을 보여준다. 즉, <표 2-6>, <표 2-7>에서 알 수 있듯이, 공공재 게임 9회에서 자발적 처벌 의사를 제시하고 처벌 금액을 제시한 실험자들만을 대상으로 한 10회 게임 결과를 보면, 15명 중 자발적 처벌자 수는 11명으로 나타나, 4명은 자발적 처벌 의사를 보여주지 못하였다. 심지어 실험자 중 5명은 9회 때 실험보다 더 적은 공공계정 기여액을 제시하였다. 즉, 이타적인 것으로 이해되는 실험자들만을 대상으로 한 실험 결과, 모두 이타적인 결과를 보이는 것이 아니라 이 중에서 또 이기적인 행위자가 나타난다는 것이다. 다시 말해, 이기심·이타심은 안정적이라 할 수 없음을 보여준다.

3) 영향 요인

첫째, 익명성(FF, Stranger)과 관련하여, 최후통첩 게임에서 FF와 Stranger 형태 간 제안 금액의 비중 차이는 최소 2.50%에서 최대 7.50%로, 제안 금액이 1,000원일 때가 10,000원일 때보다 컸으나 이러한 차이는 통계적으로 유의미한 차이는 아니었다. 반면, 독재자 게임에서 FF와 Stranger 형태 간 제안 금액의 비중 차이는 최소 13.75%, 최대 18.75%로 1,000원일 경우가 10,000원일 경우보다 컸으며, 이들의 차이는 유의 수준 5%에서 통계적으로 유의미하였다.

둘째, 최후통첩 게임과 독재자 게임에서 서로 다른 게임 금액(10,000원, 1,000원)에 따른 제안 금액의 비중은 FF 형태(U1-1과 U1-2의 비중 차이는 1.25%, D1-1과 D1-2는

1.88%)에서 크지 않았으나, 상대적으로 Stranger 형태(U2-2의 비중 차이는 3.75%, D2-1과 D 2-2는 6.88%)에서는 상대적으로 컸다.

셋째, 공공재 게임에서의 영향 변수와 관련하여, 공공재 게임에서 공공계정에의 기여에 성별, 나이, 공직 재직 기간은 유의미한 영향을 미치지 않았으며, 서로 다른 학문적 배경, 즉 행정학이 포함된 인문 계열이 자연 계열에 비하여 공공계정에의 기여에 긍정적 영향을 미쳤다

넷째, 공공재 게임에서 처벌은 공무원들의 이기적 행위를 제약하여, 사회적 딜레마를 해결할 수 있는 가능성을 제시한다. 즉, 처벌이 없는 실험이 반복될수록 공공계정에 대한 기여는 감소(1~5회 평균 3,478.16원)하나, 자발적 처벌이 도입된 이후 공공계정에 대한 기여 평균은 증가하였다. 즉, 자발적 처벌이 도입된 6회 공공계정에의 평균 기여율이 1회 기여율 44.1%보다 높은 45.9%로 상승하였으며, 이후 48.8%, 46.7%, 46.9%를 유지하였다. 9회에 처벌 의사를 제시한 공직자들만을 대상으로 한 10회 실험에서는 54.2%로 최대 기여율을 나타냈다.

제 5 절 결론

행정학 및 정책학에 막대한 영향을 미쳐온 다양한 경제이론들에 기저하고 있는 것은 인간의 본성에 대한 전제이다. 일반적으로 신고전경제학은 인간을 (언제나, 오직) 이기적인 존재로 가정한다. 그러나 최근 행태경제학은 이러한 가정이 잘못될 수 있음을 지적하는 강건한 연구들을 제시해 오고 있다. 이 연구는 이러한 맥락에서 우리나라 공무원을 대상으로 인간의 본성에 대한 신고전경제학의 가정을 최후통첩 게임, 독재자 게임, 공공재 게임을 통하여 검증하고자 하였다.

이 연구 결과는 ① 공무원이 오직 이기적이라는 것을 지지하지 않으며, ② 상호성 규범에 따르고, ③ 이기심의 일관성과 안정성이 낮고, ④ 공무원의 이기심은 고정된 것이 아니라 이기심의 수준과 정도는 어떤 변수에 의하여 영향을 받을 수 있음을 보여준다.

구체적으로 첫째, 모든 공무원이 오직 이기심만을 지니고 있다는 가정을 지지하

지 않는다. ① 공무원들은 최후통첩 게임과 독재자 게임에서 0원 초과의 금액을 제안하였고(최후통첩과 독재자 게임의 네 가지 유형의 게임 평균(비중)은 각각 51.26%, 42.82%, 공공재 게임 10회 공공계정 기여 평균(비중)은 41.02%), 공공재 게임에서는 0원 초과의 금액을 공공계정에 기여(1~10회 평균 41.02%)하였다. 심지어 ② 최후통첩 게임과 공공재 실험에서 실험자들은 자신의 비용이 발생됨에도 불구하고 이기적인 행위자를 처벌하고자 하였다. 물론, ③ 최후통첩 게임보다 독재자 게임의 제안 금액이 평균적으로 낮았으나, 독재자 게임에서의 전체 평균 제안 금액(비중 기준)이 42.82%[8]라는 점은 공무원이 오직 이기적이라는 가정을 지지하지 않음을 보여준다.

둘째, 상호성 규범을 발견할 수 있다. 즉, 처벌이 없는 게임이 반복될수록 공공계정의 기여는 지속적으로 감소하였다. 즉, 이기적인 행위자가 수익을 더 많이 얻게 되자 이타적인 행위자들 역시 이기적인 행위를 하게 됨을 보여준다. 즉, 처음부터 이기심의 정도가 결정되기보다는 상대방이 어떻게 나오는가에 따라 자신의 이기적 행동 범위를 결정하고 있음을 보여주고 있다.

셋째, 이기심의 일관성과 안정성에 대한 공공재 실험 결과는 이기심의 일관성과 안정성이 매우 낮음을 보여준다. 즉, ① 공무원의 이기심의 변화 정도가 실험자별로 매우 다르고, ② 이타적(혹은 이기적)인 것으로 이해되는 실험자들만을 대상으로 한 실험 결과, 모두 이타적(혹은 이기적)인 결과를 보이는 것이 아니라 이 중에서 또 이기적(혹은 이타적)인 행위자가 나타난다는 것이다.

넷째, 이기심에 미치는 영향 요인과 관련하여, ① 익명성(FF, Stranger)과 관련하여 최후통첩 게임에서는 익명성 여부에 따라 차이가 크지 않았고 통계적으로 유의미하지도 않았으나, 독재자 게임에서는 차이가 났으며 통계적으로 유의미하였다. 또한, ② 게임에 영향을 미칠 수 있는 게임 금액(10,000원과 1,000원)은 FF 형태에서 차이가 크지 않았으나, Stranger 형태에서는 상대적으로 컸다. ③ 공공재 게임의 경우는 서로 다른 학문적 배경, 즉 인문 계열이 자연 계열에 비하여 공공계정 기여에

8) 각 실험의 구체적인 수치 결과들(예: 최후통첩, 독재자 게임에서의 기여율, 공공재 게임의 공공계정 기여율 등)은 기존의 연구 결과들과 유사하지만 동일하지는 않다. 이는 기존 연구에서도 나타나는 현상인데, 이는 실험 대상자의 특성, 문화적 요인, 또는 실험장의 분위기 등 다양한 요인이 영향을 미치기 때문인 것으로 이해된다. 실제로 영향 요인에 연구는 이러한 차이에 대한 설명 필요성에서 제기된 것으로 판단된다.

긍정적인 영향을 미치는 것으로 나타났다. 또한 ④ 공공재 게임에서 자발적 처벌이 도입된 반복 실험 결과는 높은 수준의 공공계정 기여 수준을 유지시킴을 보여준다. 즉, 자발적 처벌이 이기적인 행위를 제약함으로써 사회적 딜레마를 해결할 수 있는 가능성을 제약한다.

이 연구 결과는 공무원의 이기심을 실험연구를 통하여 증명하고 있다는 점에서 의미를 지니며, 동시에 이 연구 결과는 다양한 이론을 개발하고 혹은 기존의 이론을 검토하는 데 활용될 수 있을 것으로 판단된다. 특히 정책적으로 유용성을 지니고 있다.

첫째, 모든 공무원이 오직 이기심만 지니고 있다는 가정 하에 설계되고 적용된 다양한 정책 및 제도에 많은 고민을 해야 함을 보여준다. 이기심만이 있다고 가정하고 설계된 제도는 단기적으로 성과를 얻을 수 있을지 모르나 인간의 다른 본성을 제약 혹은 침해하여 또 다른 문제를 유발할 수 있음을 보여준다.

예를 들어, 이타심과 성과연봉제에 대하여 실험자 32명을 대상으로 한 설문 결과는 이를 잘 보여준다. <표 2-10>에서 제시되듯이, 실험자들은 이타심의 존재에 긍정적으로 응답(평균 3.88)하고 있으며, 이타심과 이기심 간에(극한) 갈등을 경험(32명 중 30명)한 것으로 나타난다. 또한 공직을 수행하는 데 이타심이 영향을 미치고 있

표 2-10 공직자의 본성과 성과연봉제(응답자 수 = 32명)

질문항과 척도	최솟값	최댓값	평균	표준편차
이타심 존재 여부(5점 척도)	2	5	3.88	0.66
이기심과 이타심 간 갈등 경험 여부(예(1), 아니오(2))	1(30명)	2(2명)	1.06	0.25
이기심과 이티심 간 극한 갈등 경험 여부(예(1), 아니오(2))	1(30명)	2(2명)	1.06	0.25
공직을 수행하는 데 이타심의 영향 정도	2	5	3.63	0.75
공정성이 공직 수행에서 판단과 행동에 미친 정도	3	5	4.06	0.62
성과연봉제와 본성과의 충돌 경험(예(1), 아니오(2))	1(28명)	2(4명)	1.25	0.44
성과연봉제의 이기적 행동 조장 정도(5점 척도)	3	5	4.00	0.67
성과연봉제의 자발적인 동기와 의욕 저해 정도(5점 척도)	2	5	3.75	0.92
성과연봉제의 이타적 행동 제약 정도(5점 척도)	1	5	3.47	1.08
성과연봉제가 협력적 조직문화에 미친 부정적 영향 정도(5점 척도)	2	5	4.06	0.76

으며, 공정성 같은 다른 가치 역시 중요하게 영향을 미침을 보여준다. 특히, 32명 중 24명이 성과연봉제와 본성과의 충돌 경험이 있다고 응답하고 있으며, 이기적 행동 조장(평균 4.00), 자발적인 동기와 의욕 저해(평균 3.75), 이타적 행동 제약(평균 3.47), 협력적 조직문화에의 부정적 영향(4.06)에 긍정적인 응답을 보여주고 있다.

다시 말해, 이는 성과연봉제가 실험자들에게, 첫째, 이기심 · 이타심을 지닌 실험자들에게 내적 충돌을 유발하고 있고, 자발적 동기와 의욕을 저해하고 있으며, 이기적 행동을 조장하고, 협력적 조직문화에 부정적 영향을 미치고 있음을 보여준다. 이는 곧 이기심뿐만 아니라 다른 본성을 고려한 성과연봉제의 설계가 필요함을 보여준다.

둘째, 공공재 게임의 결과는 공무원들의 이기심을 통제하고 어떤 바람직한 방향으로 제도와 정책을 설계할 수 있다는 점을 제시한다. 즉, 이기심은 고정된 것이 아니며 상대적이고 영향을 받을 수 있다는 점은 통제 가능하다는 점을 보여주고 있다.

예를 들면, 극단적인 이기심으로 공직사회 전체에 피해를 유발함에도 불구하고 이를 통제하지 않거나 방조하게 되면, 결국 집단 전체는 사회적 딜레마에서 보여주듯이, 바람직한 결과를 얻지 못한다. 따라서 이러한 경우는 분명하고 명료한 처벌체계를 설계하고 집행하여야 한다. 한편, 공공의 이익을 위하여 자신의 이기심을 통제하는 공무원이나 어떤 조직의 구성원들이 자발적으로 이기심을 통제하는 협력 체계를 만들어낸다면, 이러한 구성원들에게는 어떤 개입(혹은 규제)보다 많은 재량과 인센티브를 부여할 필요가 있다. 이러한 점은 특히 공무원 인사제도뿐만 아니라 사회적으로 다양한 법체계를 설계하는 데 유용한 기준으로 활용될 수 있을 것이다.

우리가 공무원이 언제나, 오직 이기적일 것이라고 가정하고 이기심을 촉진시키는 제도와 정책을 설계할지, 아니면 이기심뿐만 아니라 이타심 · 공정성 등을 지니고 있다고 가정하며, 이기적인 행위자를 통제하는 제도와 정책을 설계할지 이 연구는 고민과 더불어 해답을 제시하고 있다.

이 연구는 실험연구로서 여러 가지 한계를 지니고 있으며, 해석 역시 이러한 한계가 고려되었으면 하는 바람이다. 무엇보다 더 많은 수의 실험자를 확보하지 못하였다. 이는 현직 공무원을 대상으로 하는 직업의 특수성과 특정 공간으로 실험자들을 모아놓고 많은 시간 실험을 해야 하는 실험의 특수성, 특히 실제 현금을 지급해야 하는 실험비의 한계에 기인하였다. 또한 일반화의 한계를 지니고 있다. 특정 지자체 공무원을 대상으로 실험자를 추출하였고, 성비 불균형에서 볼 수 있듯이, 실험 표본 자체가 공무원 일반을 대표하지 못하였다. 향후 더 많은 공무원을 대상으로 한 연구, 공무원집단 간 연구, 공직과 민간 간, 국가 간 비교 연구 등 다양한 연구를 기대해 본다.

제 3 장 합리성과 제한된 합리성, 절차적 합리성

제 1 절 합리성과 제한된 합리성

합리성(rationality)만큼이나 쉽게 자주 사용되는 개념은 찾아보기 어렵다. 그러나 역설적으로 합리성에 대한 일반화된 개념적 정의는 사실상 불가능에 가깝다. 합리성은 학문 분야별로 상이하게 이해되고 있으며, 합리성을 주제로 한 방대한 연구들은 합리성이 얼마나 난해한 개념인지를 확인시켜 준다.

다시 말해, "합리성을 서투르게 정의한다면, 실제 모든 인간의 행동은 합리적이다"라는 사이먼(Simon, 1995: 45)의 주장처럼, 합리성은 정의 자체가 난해하고 정의된다 하더라도 그러한 정의가 일반적으로 수용될 수 있을 것인가는 또한 다른 문제로 남는다.

대표적으로 사이먼(Simon, 1997: 84)은 합리성을 거칠게 정의하면, "행동의 결과가 평가되는 어떤 가치 시스템 면에서 선호된 행동 대안의 선택과 관련되어 있다"라고 주장한다(Simon, 1997: 93). 한편, 이종범(2005: 2)은 합리성을 감정이 배제된 지적 통찰에 의하여 사건 또는 사건 간의 관계 또는 결과의 의미를 분석하고 판단하는 것이라 하고 있다(김태은 · 박종수, 2008: 372-373). 사이먼과 이종범의 합리성에 대한 정의는 합리성의 개념적 정의가 얼마나 상이할 수 있는지를 보여준다.

합리성에 대한 정의의 어려움과 의미의 다양성 문제를 해결하기 위하여 합리성에 대한 유형화 작업이 진행되었다. 베버(M. Weber)는 실천적(practical), 이론적(theoretical), 실질적(substantive), 형식적(formal) 합리성으로 구분하고, 만하임(K. Mannheim)은 실질적(substantial), 기능적(functional) 합리성으로, 사이먼(Simon, 1976)은 실질적(substantive), 절차적(procedural) 합리성으로, 디싱(Diesing, 1962)은 기술적, 경제적, 사회적, 법적, 정치적 합리성으로 구분한다(백완기, 1983: 396-402).

한편, 임의영(2006)은 합리성의 다의성을 고려하여, 합리성이 무엇인가에 초점을 맞춘 존재론적 차원의 합리성, 합리성을 어떻게 알 수 있는가에 초점을 맞춘 인식론적 차원의 합리성, 그리고 어떻게 하는 것이 규범적으로 타당한가라에 초점을 맞춘 윤리적 차원의 합리성으로 구분하기도 한다. 최종원(1995)은 엘스터(Elster, 1983)의 분류에 따라 완전한 의미의 합리성을 크게, 개인적 합리성과 집단적 합리성으로 구분하고, 각각을 다시 협의와 광의로 구분하였다. 이러한 완전한 의미의 합리성이 현실에서 실현 불가능하기 때문에 대안적 합리성으로 사이먼의 절차적 합리성(procedural rationality)과 프리드만(Friedman, 1953)의 진화론적 합리성(evolutionary rationality)을 제시하고 있다.

이 중 사이먼은 실질적 합리성에 대하여, 행태가 주어진 조건과 제약에 따라 부과된 한계 내에서 주어진 목적의 성취에 적절할 때 실질적으로 합리적이다(Simon, 1973: 130)라고 말하며, 이러한 실질적 합리성은 전통 경제학적(classical economic analysis) 맥락에서 이해될 수 있다고 한다(Simon, 1973: 131). 이 실질적 합리성은 사이먼이 말하는 객관적 합리성이고 동시에 신고전경제학에서 말하는 합리성이다.

부연하면, 사이먼(Simon, 1997: 84-85)이 완전한 합리성으로 이해될 수 있는 객관적 합리성(objective rationality)을 ① 의사결정에 앞서 파노라마 형식으로 행동 대안들을 개관하고, ② 각각의 선택에 따라 유발될 수 있는 모든 결과의 복잡성을 고려하며, ③ 일련의 모든 대안 중에서 선택한 준거 기준으로서 가치 시스템을 갖는다는 점을 핵심적으로 지적하고 있음에서 알 수 있듯이, 완전한 합리성 하에서는 의사결정자들이 잘 정의된 문제, 고려될 수 있는 대안의 완벽한 배열, 완벽한 정보, 각각의 대안의 결과에 대한 완벽한 정보, 시민들의 선호나 가치에 관한 완전한 정보, 충분한 시간, 기술, 자원의 보유를 지니고 있음을 가정한다(김태은 · 박종수, 2008: 373).

좀 더 경제학적으로, 완전한 합리성은 "선호(preferences)는 결과(outcomes)에 따라 결정되며, 그러한 결과는 알려져 있고 정해져 있다. 그리고 결정자는 자신에게 가장 높은 편익을 주는 대안을 선택함으로써 자신의 순편익 혹은 효용을 극대화한다. 의사결정자는 기대효용(expected utility)을 극대화하며, 경쟁적 목표 간의 선택은 무차별곡선(indifference curves)에 의하여 이루어진다”(Jones, 1999: 299; 김태은, 2010b: 12)고 이해할 수 있다.

이러한 합리성을 갖춘 인간은 세상에 존재할 수 없다. 신이 존재한다면, 오직 ‘신’만이 갖출 수 있는 조건이다. 따라서 이러한 합리성에 대한 가정은 이론의 일반화를 추구하는 경제학의 성격에서 비롯되었다 할 수 있으며, 이에 따라 합리성에 대한 비판이 지속적으로 제기되어 왔다.

완전한 합리성이 존재할 수 없다는 점은 일찍이 사이먼(Simon, 1947)에서 대표적으로 논의되었으며, 이후 제한된 합리성(bounded rationality)이라는 용어가 보편적으로 수용되어 왔다.

합리성이 제한받는다는 의미를 갖는 용어들은 다양하게 사용되어 온 것 같다. 즉, “administrative rationality”, “approximate rationality”, “boundedly rational”, “constrained rationality”, “finite intelligence”, “finite rationality”, “incomplete rationality”, “limited intelligence”, “limited rationality”, “procedural rationality”, “restricted rationality”와 같은 유사 개념이 혼용되다가 사이먼(H. A. Simon)의 연구 이후 제한된 합리성으로 수렴되어 온 것으로 이해된다(Klaes & Sent, 2005: 27-49; 김태은, 2010a: 87).

사이먼(Simon, 1957: 198)이 정립한 제한된 합리성은 신고전경제학에서 가정하는 합리성에 대한 비판이 중심에 있다(Klaes & Sent, 2005: 37-38). 즉, 계산 능력과 지식의 한계에 의한 의사결정자의 인지적 한계를 강조한 사이먼의 제한된 합리성은 신고전경제학의 가장 핵심적인 가정인 합리성에 대한 전면적 비판이라 할 수 있으며, 이는 곧 당시 주류 경제학의 기본적 토대에 대한 도전이었다. 물론 당시 경제학에서는 사이먼의 이론이 적극적으로 수용되지 못하였다. 이는 경제학에서 합리성의 가정의 위치를 고려할 때 당연스럽게 경제학 일반이론에 대한 전면적 수정을 요구하기 때문이다(김태은, 2010a: 87).

이러한 제한된 합리성은 수많은 합리성을 제한하는 (나열하기 어려울 정도로 많은)

요소들의 제시로 그 타당성을 인정받아 왔다.

우선, 사이먼(Simon, 1995)은 합리성이 제약받을 수밖에 없는 이유를 잘 정리한다. 즉, 행동이 이성적이라 하더라도, ① 어떤 상황과 시간의 지남에 따른 상황의 잠재적 변화에 대한 불완전하고 잘못된 정보를 갖고 있으며, ② 정보가 정확하다 하더라도 행위자들은 행동 결과의 모든 것을 계산할 수 없으며, ③ 행위자들은 일반적으로 하나 이상의 양립할 수 없는 목표를 지니고 있어 하나의 목표 실현은 다른 하나의 목표 실현을 방해하고, ④ 행위자들은 가능한 행동방침을 무시하거나 혹은 이용 가능한 것보다 너무 많은 자원을 사용함에 따라 목표에 도달하지 못하지 못하지 못하기 때문에 행동과 목표 성취 간에는 간격(gap)이 존재함을 주장한다(Simon, 1995: 46-47). 즉, 사이먼(Simon, 1995)은 행위자가 하나 이상의 양립할 수 없는 목표를 지니고 있어, 하나의 목표 실현은 다른 하나의 목표 실현을 방해한다는 지적한다. 특히, 그러한 양립 불가능성(incompatibility)은 하나의 목표 실현을 위한 노력이 한정된 자원을 소비하여 다른 목표를 더 이상 추구할 수 없게 될 때 발생된다고 주장한다(김태은 · 박종수, 2008: 374).

초기 인지적 한계에 중심을 둔 제한된 합리성은 이후, 인지 수준의 한계를 넘는 영역에서의 합리성 제약 요인들이 강조되고 있다. 예를 들어, 포리스터(Forester, 1984: 24-30)는 제한된 합리성을 좀 더 체계화하여 왜곡의 우연성(contingency of distortion)과 왜곡 원천의 자율성(autonomy of source of distortion)에 따라 네 가지 유형으로 구분한다. 즉, 인지 한계에 의한 제한(대표적으로 사이먼), 사회적 분화에 의한 제한, 다원주의(pluralist)에 따른 제한(대표적으로 린드블롬), 구조적인 왜곡에 따른 제한(대표적으로 하버마스)으로 제한된 합리성을 체계화하고 있다(김태은 · 박종수, 2008: 374). 또한 신제도주의(new intitutionalism)는 인간의 합리성이 본질적으로 제약될 수밖에 없으며, 인간의 행태는 곧 제도적 맥락에서 이해될 수밖에 없음을 명료하게 제시하기도 한다. 더욱이 딜레마 이론(dilemma theory)은 가치 상충에 의하여 합리성이 제한될 수밖에 없음을 체계적으로 증명해 왔다.

즉, 딜레마(dilemma)는 한 대안의 선택으로 인하여 포기된 다른 대안이 가져올 기회 손실이 큰 상황(이종범, 1994: 216)이다. 부연하면, "두 개의 대안이 존재할 때, 두 개의 대안을 동시에 선택할 수 없으며, 그 중 한 개의 대안을 선택하기도 곤란하지만, 제한된 시간 내에 선택을 하지 않을 수도 없는 상황"(윤견수, 2006: 73)을 말한다.

딜레마 조건의 핵심은 두 개의 대안 존재, 대안 간 단절성(분절성), 대안 간 상충성, 결과 가치의 등가성 및 선택을 전제(선택의 불가피성)로 한다는 특성을 지니고 있다는 것으로, 이러한 딜레마 상황에서는 합리적인 선택이 제한받는 다는 것이다(이종범 외, 1992; 소영진, 1999; 김동환, 1999; 최흥석 · 윤견수, 2000; 김태은 · 윤견수, 2011: 69; 김태은, 2013a: 104-105).

제한된 합리성은 이후 사이먼에 의하여 모델(model)로 발전하였고, 거래비용이론, 그리고 최근의 행태경제학(behavioral economics)에까지 영향을 미쳤다. 주인-대리인 간의 정보의 비대칭은 그 자체로 합리성이 제한받음을 의미하며, 거래비용 경제학 역시, 특히 윌리엄슨(O. E. Williamson)의 연구에서 제한된 합리성은 연구의 기본적 가정(assumption)으로 설정되고 있다(김태은, 2010a: 88).

제 2 절 합리성과 절차적 합리성

합리성이 제한받는다는 것은 왜 예산 결정 및 정책 결정 등에서 점증주의적 결정, 혹은 경로 의존적 결정이 보편적으로 발생하는가를 잘 설명한다. 즉, 인간이 합리성을 추구한다 하더라도, 합리성이 제약받음에 따라 기대하였던 최적의 결과를 얻는 것은 사실상 어려운 일이다. 따라서 의사 결정의 결과보다 과정에 대한 관심이 증대되었다. 과정은 통제가 용이한 반면, 결과는 제한된 합리성으로 인하여 결과를 통제하기 어렵기 때문이다. 물론 과정 역시 어떠한 과정이 합리적인가에 관해서는 추가적인 질문을 유발하고 또한 적절한 대답을 제시하기는 어렵다. 다만, 결과에 비하여 과정의 합리성을 추구하는 것이 좀 더 용이하고 제한된 합리성 하에서 유용한 선택인 것은 분명하다.

이런 점에서 사이먼이 의사결정에서 의사결정의 외적 · 사회적 제약과 내적 · 인지적 제약을 강조하고, 이에 따라 의사결정의 결과(outcome)보다는 과정(process)을 강조하는(Klaes & Sent, 2005: 38) 절차적 합리성(procedural rationality)이 사회과학의 중심 주제로 등장하였다(김태은, 2010a: 88).

사이먼(Simon, 1976, 1997), 마치와 사이먼(March & Simon, 1958), 마치(March, 1978)

가 지적하듯이, 완전한 합리성 혹은 내용적 합리성의 추구는 현실적이지 못하다. 따라서 제한된 합리성 하에서, 주어진 목표를 달성하는 데 최선의 대안을 선택하는 것이 현실적으로 어렵기 때문에, 결과보다는 과정의 중요성을 강조함으로써 가능한 적절한 결과를 얻고자 하는 절차적 합리성이 강조되어 왔다. 같은 맥락에서 사이먼은 경제학의 합리성을 내용적 합리성으로, 심리학에서의 합리성을 절차적 합리성으로 이해하기도 한다. 합리성에 대한 비교 논의는 사이먼(Simon, 1976; 1985; 1986)의 연구가 유용하다(김태은, 2013a: 108-109).

물론, 합리성에 대한 개념적 정의의 어려움만큼이나 절차적 합리성에 대한 개념적 정의 역시 난해하다. 대표적으로 사이먼은 행태가 적절한 숙고(appropriate deliberation)의 산물일 때 절차적으로 합리적이라 말한다. 사이먼은 심리학적 관점에서 절차적 합리성을 이성적 추론이라 불리는 특별한 사고 과정(thinking process)으로 이해하며(Simon, 1976: 131), 선택의 과정(특히, 효율적인 절차)을 선택의 결과보다 중요시한다(Simon, 1976; 최종원, 1995: 146-147; 임의영, 2006: 12-13). 한편, 이종범(2005: 2)은 절차적 합리성을 체제가 목적을 달성하기 위하여 제도나 절차에 따라 행동하는 것으로 보았다(김태은, 2013a: 108). 김태은(2013a: 108)은 절차적 합리성을 (인간은 제한된 합리성으로 인하여 최선의 결과를 얻는다는 것은 불가능하므로) 만족할 만한 수준의 결과를 얻기 위한 절차나 과정의 충족으로 정의하고 있다.

물론, 어떠한 절차가 합리적인가는 다양하게 이해되고 있다. 행태가 적절한 숙고의 결과일 때 절차적으로 합리적이라고 말할 수도 있을 것이고(Simon, 1976: 131), 디싱(Diesing, 1962)의 정치적 합리성에 강조하듯이, 사회적 합의를 도출할 수 있는, 정당성을 갖추고자 노력하였는지를 중요하게 바라볼 수도 있다(김태은, 2013a: 108). 물론 이러한 정의가 완벽한 것은 아니다. 예를 들어, 임의영(2006: 13)은 사이먼의 절차적 합리성은 도구적 합리성의 한 범주에서 바라보기 때문에 무한회귀에 빠질 수 있다는 비판을 제시한 바 있다.

경제학의 수많은 이론은 그 대부분 합리성이라는 전제에 기초하고 있다. 따라서 현실 적합성을 넘어 일반화를 추구하는 경제이론에서 합리성은 포기하기 어려운 핵심 전제이다. 그러나 행정학과 정책학, 특히 문제 해결 능력을 강조하는 정책학에서 완전한 합리성의 인정은 현실과 동떨어진 메아리이다. 실제, 합리성에 기초한 공공관리에 대한 비판이 이루어져 왔다. 예를 들어, 모이니헌(Moynihan, 2008)은 성과정보 이용의 상호작용적 담론 모형을 제시하고 있는데, 이 모형은 기본 가정은 성과정보는 모호하며, 주관적이고 불완전하며, 맥락, 제도적 결합이며, 개인적 믿음은 성과정보의 사용에 영향을 미친다는 것으로 대부분 성과관리 개혁에 기저하고 있는 합리적 전제에 대하여 도전하고 있다. 또한 바커리와 메클린(Vakkuri & Meklin, 2006)은 모호성(ambiguity)의 관점에서 성과측정 방법의 개선에 대하여 고찰하면서, 여기서 모호성 관점은 합리적 선택과 달리 제한된 합리성에 기초한 의사결정 과정의 모호성 측면을 의미하며, 조직 의사결정 내에서의 인과 관계와 의도성, 일관성, 명료성의 부족 상황을 전제로 함을 의미한다(Vakkuri & Meklin, 2006: 237; 김태은, 2010a: 88-89).

제 3 절 행태경제학과 제한된 합리성*

행태경제학은 앞서 논의한 사이먼, 그리고 카토나, 이후 1970년대 트버스키와 카너먼, 탈러 등에 의하여 발전되어 왔다. 특히, 이들의 연구는 신고전경제학에서 설정하고 있는 합리성, 기대효용 극대화, 선호 가정에 대한 도전이다.

즉, 인간의 인지상 제약(인지 편향, 인지 오류, 특정 성향 등)으로 인하여 합리성이 제약받는다는 다양한 연구가 일찍이 제기되어 왔다(예: Simon. 1947; Katona, 1951).

> 소비자 선호는 세 가지 주요 공리(axioms)를 갖는다(이준구, 2010: 68-69). 즉, 완전성(completeness): 어떤 두 개의 상품묶음을 놓고 비교한다 하더라도 하나가 다른 것보다 더 선호된다든가 아니면 양자 사이에 아무런 차이를 느끼지 못한다는 판단을 내릴 수 있다. 이행성(transitivity): 세 개의 상품묶음 F, G, H가 있다고 할 때, F를 최소한 G만큼 좋아하는 동시에 G를 최소한 H만큼 좋아하고 있다면, 이는 F를 최소한 H만큼 좋아한다는 것을 뜻한다. 즉, 선호의 일관성이 있음을 의미한다. 연속성(continuity): 소비자의 선호가 변화해 나갈 때 연속적으로 변화해 가며 갑작스러운 변화는 나타나지 않는다.

---

* 이 절은 김태은(2010a). 공공 부문 성과관리, 이론 그리고 이론적 대응: 정책학 자리 찾기를 위한 논의. 「한국정책학회 동계학술대회 발표 논문집」, 75-110 중 89-91의 내용을 기초로 재구성한 것이다.

구체적으로 이는 트버스키와 카너먼(Tversky & Kahneman, 1974)의 불확실성 하에서 휴리스틱(heuristic)과 인지 편향(cognitive bias), 탈러(Thaler, 1980)와 크네취(Knetsch, 1989)의 보유 효과(endowment effect)와 새뮤얼슨과 젝하우저(Samuelson & Zeckhauser, 1980)의 현상 유지 바이어스(status quo bias), 트버스키와 카너먼(Tversky & Kahneman, 1981)의 프레임 효과(framing effects), 탈러(Taler, 1985)의 심적 회계(mental accounting), 손실 회피(loss aversion)의 아이디어가 포함된 카너먼과 트버스키(Kahneman & Tversky, 1979)와 트버스키와 카너먼(Tversky & Kahneman, 1992)의 전망이론(prospect theory), 스쿨러 외(Schooler et al., 2003)의 기대 효과(expectations effects) 등에서 잘 제시되어 왔다(김태은, 2013a; 106).

대표적인 예로 트버스키와 카너먼을 현대적 행태경제학을 구축하였다 할 수 있다. 이들의 연구는 크게 첫째, 불확실성 하에서 판단적 휴리스틱(judgemental heuristic)과 인지 편향에 관한 연구(Kahneman & Tversky, 1973; Tversky & Kahneman, 1974; Kahneman et al., 1982)와 둘째, 전망이론과 관련되어 위험(risk) 하에서 선택 모델(Kahneman & Tversky, 1979; Tversky & Kahneman, 1992)과 안전한 선택에서의 손실 회피(loss aversion) 연구(Kahneman et al., 1990; Tversky & Kahneman, 1991), 셋째, 프레임 효과와 합리적 행위자 모델에 대한 함의 연구(Tversky & Kahneman, 1981)로 진행되어 왔다(Kahneman, 2003b; 1449).

특히, 트버스키와 카너먼(Tversky & Kahneman, 1974)은 불확실성 하에서 확률 원칙에 따른다는 신고전경제학과 달리, 불확실성 하에서의 의사결정과 판단을 이해하기 위하여 판단적 휴리스틱에 의한 인지 편향을 제시한다. 저자들은 불확실성 하에서 대표적인 세 가지 휴리스틱, 즉 대표성(representativeness), 유용가능성(availability of instances or scenarios), 기준점을 통한 조정(adjustment from anchor)을 제시한다. 이러한 휴리스틱은 실제 매우 경제적이고 효과적이나, 체계적이고 예측 가능한 오류를 유발함을 실험을 통하여 제시하였다.

여기서 알고리즘(algorithm)은 어떤 해답을 찾아낼 수 있는 방법과 경로가 제시된 경우에 활용되는 방법으로 수학 혹은 물리학, 정보공학 등 일반적으로 폐쇄 시스템을 가정한 실험 조건에서 활용된다. 반면, 휴리스틱은 불확실성, 정보 및 시간 제약 등에 따라 완전한 합리성에 의하여 의사결정을 할 수 없는 상황에서 현실적인 만족할 만한 수준에서 결정하는 방법으로 사이먼(Simon, 1972)의 만족모형(satisficing approaches)을 의미한다. 즉, 만족모형은 그럴듯한(plausible) 대안을 찾는 데 사용되는 휴리스틱(heuristic) 또는 시행착오 방법(trial-and-error methods)과 같은 모형을 사용한다(Simon, 1972: 163-170).

또한 카너먼과 트버스키(Kahneman & Tversky, 1979)는 위험 하에서 의사결정의 모델로서 기존의 기대효용이론(expected utility theory)을 전면적으로 비판하고 대안적인 모델로서 전망이론을 제시하였다. 특히, 카너먼과 트버스키(Kahneman & Tversky, 1979: 263-273)는 기대효용을 극대화하는 방식으로 선택행위가 나타나지 않는 현상들을 실험을 통하여 제시한다. 즉, 확실한 결과에 더 높은 가중치를 두는 확실성 효과(certainty effect), 긍정적 전망 간의 선호와 부정적 전망에서의 선호가 거울상(mirror image)처럼 반대로 나타난다는 반사 효과(reflection effect), 서로 다른 분해(decomposition)(어떤 선택이 서로 다른 형태로 표현되었을 때)가 서로 다른 선호를 갖는다는 고립 효과(isolation effect)를 제시한다.

카토나(Katona, 1951) 역시 사이먼과 유사한 시점에서 신고전경제학의 합리성 가정을 전면적으로 비판하였다. 행태경제학은 소비자 및 기업가의 동기(motives), 태도(attitudes), 기대(expectations)가 이들의 소비, 저축, 투자에서 중요한 역할을 지니며, 이러한 점에서 현대 심리학은 경제적 행태를 조사하는 데 개념적 · 방법론적 도구를 제공함을 주장한다(Katona, 1975: 4).

행태경제학에서는 소비자 선호 체계가 잘 정의되고 안정적인 선호 체계를 갖고 이에 따라 선택이 일어난다는 신고전경제학과 가정과 다르다는 여러 현상을 제시한다. 즉, 어떤 물건을 소유하는 사람이 그것을 포기하기 싫어하는 성향이 있기 때문에 나타나는 부존 효과(endowment effect), 사람들이 의사결정을 할 때 특정한 결정(decision frame)을 한다는 틀짜기 효과(framing effect)(Tversky & Kahneman, 1981 참고), 그리고 사람들이 돈을 벌 때나 쓸 때 모든 돈이 똑같다고 보는 것이 아니라 어떤 범주에 있는냐에 따라 다르게 취급하는 심적 회계 방식과 같은 현상을 제시한다(이준구, 2010: 708-712).

탈러(Thaler, 1980: 39) 또한 소비자 선택에 관한 규범이론에 대한 배타적 신뢰는 경제학자들로 하여금 소비자 선택을 예측하고 묘사는 데 체계적이고 예측 가능한 오류를 유발하고 있다고 지적한다. 탈러(Thaler, 1980)는 카너먼과 트버스키의 전망이론의 맥락에서 특이 현상(anomalis)으로서 기회비용의 낮은 가중, 매몰비용 무시

실패, 후회의 고려 영향, 자기통제 문제 등을 제시한다.

결론적으로 인간의 합리성은 제한받고 있다 할 것이다. 이는 인간은 합리적이라는 가정 하에 수립된 이론에 대한 적절성에 의문을 제기한다. 수많은 신고전경제학의 인간상에 기초한 이론들, 특히 공공정책에 막대한 영향을 미쳐온 이론들은 상당수는 합리적 인간관에 기초하고 있다.

물론, 인간은 합리성을 추구한다. 그러나 합리성을 추구하는 것이 합리적이라는 것을 의미하는 것은 아니다.

제 4 장 제한된 합리성, 전망이론의 새로운 가치*

제 1 절 서론

최근 행태경제학적 연구 논의에 대한 관심은 국내·외적으로 크게 증가하고 있다. 이는 무엇보다 행태경제학적 연구 결과들이 지극히 상식적이라는 데 있다. 기존의 주류 경제학적 관점에서 형성된 다양한 이론들은 주로 현실에서의 인간이기보다는 비현실적인 인간을 가정하고 수립되었기에, 현실에서의 적용 및 설명력이 낮았기 때문일 것이다.

행태경제학이 기존 주류 경제학과의 주장과는 다를 수 있지만, 보통 사람들의 눈으로 보면 지극히 당연스러운 결과를 제시하고 있다는 점은 행정학과 정책학에 시사하는 바가 매우 크다. 왜냐하면, 우리 행정학과 정책학의 많은 부분에 기존 주류 경제학이 심심하지 않게, 어떤 부분에서는 과도하게 영향을 미쳐 왔기 때문이다. 특히, 1980년대 신자유주의 흐름 속에서 경제이론이 행정학과 정책학에 미친 영향은 지대할 정도이다. 특히, 주류 경제학이 원형에 가깝게 구현된 정책분석 영역에서는 더욱이 그러하다.

행정학과 정책학의 대상으로 인간은 현실에서 존재하기 어려운 가정에 범벅이

* 이 장은 김태은(2013b). 전망이론과 정책분석, 그 새로운 가치와 과제. 「한국정책학회 춘계학술대회 발표 논문집」. 405-428의 내용을 수정 보완한 것이다.

된 인간이 아니라 현실에서의 인간일 필요가 있다. 이에 좀 더 현실적인 인간에 가까운 연구 결과들을 제시하고 있는 행태경제학적 연구에 대한 고찰의 중요성이 크다 할 것이다.

이 장에서는 이러한 맥락에서 현대적인 행태경제학을 이끌어 왔던 핵심 이론으로 전망이론(prospect theory)과 이와 관련된 보유 효과를 이론적 수준에서 검토함으로써 유용한 함의를 도출하고자 하였다.

이 장에서는 2절에서 전망이론과 이 이론과 관련된 보유 효과, 그리고 이에 따라 WTP와 WTA의 차이가 존재할 수 있다는 점을 이론적으로 소개하였다. 3절에서는 2절의 이론적 논의를 토대로, 행정학 및 정책학에서 새로운 가치가 무엇인지를 다섯 가지로 구분하여 제시하였고, 4절에서는 3절의 연구를 토대로 정책적 함의와 적용상의 과제들을 제시하였다.

이 연구는 일찍이 소개된 카너먼과 트버스키(Kahneman & Tversky, 1979)의 전망이론과 보유 효과와 관련된 이론적 논의와 더불어 다양한 실험연구 결과에 대한 문헌연구를 토대로 수행하였다.

제 2 절 이론적 배경

1 전망이론

불확실성 속에서 사람들은 어떻게 선택하는가에 대하여 기존의 기대효용이론(expected utility theory)은 지배적인 이론으로서 그 자리를 지켜왔다. 폰 노이만(John von Neumann)과 모르겐슈테른(Oskar Morgenstern)의 기대효용이론은 불확실성 속에 있는 의사결정자의 선호 체계가 공리(axioms)를 만족시킨다면, 합리적인 의사결정자는 기대효용(expected utility)을 극대화하려는 태도를 보인다고 주장한다(이준구, 2010: 186). 그러나 카너먼과 트버스키(Kahneman & Tversky, 1979)는 기대효용이론을 확실성 효과(certainty effect), 반사 효과(reflection effect), 고립 효과(isolation effect)를 제시하며 기존의 기대효용이론으로 설명되지 않는 현상들을 단순한 실험을 통하여 비판한다.

저자들은 이러한 특이 현상들을 토대로, 기존의 기대효용이론과 다른 전망이론을 제시한다.

첫째, 확실성 효과는 사람들이 상대적으로 확실한 결과에 가중치를 부여하는 것을 의미하며, 이는 통화뿐만 아니라 비통화적 결과에서도 나타난다(Kahneman & Tversky, 1979: 265-267). 확실성 효과는 기대효용이론에서 주장하는 것처럼 기대되는 확률을 통하여 선호가 결정되는 것이 아닐 수 있음을 보여준다. 아래는 확실성 효과의 예로, 모리스 알레의 예(Maurice Allais' example)와 실험이다.

Problem 1:	다음 중 선택		
	A: (2,500, .33) (2,400, .66) (0, .01)		B: 확실하게 2,400
	N= 72 [18]		[82]*
Problem 3			
	A: (4,000, .80)	or	B: (3,000)
	N= 95 [20]		[80]*
Problem 4			
	C: (4,000, .20)	or	D: (3,000, .25)
	N=95 [65]*		[35]

자료: Kahneman & Tversky(1979: 265-266).

둘째, 반사 효과는 긍정적인 기대(positive prospects)에서의 선호가 부정적인 기대에서의 선호와 거울의 이미지처럼 반대로 나타나는 현상을 의미한다(Kahneman & Tversky, 1979: 268). 이러한 반사 효과는 이득과 관련된 선택에서는 위험 회피(risk aversion) 성향을 나타내고, 반대로 손실과 관련된 선택에서는 위험 선호(risk seeking) 성향이 나타남을 보여준다.

셋째, 고립 효과는 서로 다른 분해는 서로 다른 선호를 이끌 수 있다는 것이다.

표 4-1 긍정적 및 부정적 전망 간 선호의 차이

긍정적 전망(positive prospects)				부정적 전망(negative prospects)			
Problem 3:	(4,000,.80)	<	(3,000)	Problem 3:	(−4,000,.80)	>	(−3,000)
N = 95	[20]		[80]*	N = 95	[92]*		[8]
Problem 4:	(4,000,.20)	>	(3,000,.25)	Problem 4:	(−4,000,.20)	<	(−3,000,.25)
N = 95	[65]*		[35]	N = 95	[42]		[58]
Problem 7:	(3,000,.90)	>	(6,000,.45)	Problem 7:	(−3,000,.90)	<	(−6,000,.45)
N = 66	[86]*		[14]	N = 66	[8]		[92]*
Problem 8:	(3,000,.002)	<	(6,000,.001)	Problem 8:	(−3,000,.002)	>	(−6,000,.001)
N = 66	[27]		[73]*	N = 66	[70]*		[30]

자료: Kahneman & Tversky(1979: 268).

아래는 어떻게 선택이 결과의 표현 방식이 달라짐에 따라 바뀌는지를 제시한다.

Problem 11　당신이 갖고 있는 재산에 추가로 1,000의 보너스가 주어졌다고 할 때, 아래 둘 중 선택하세요.

A: (1,000, .50)　and　B: (500)

N=70　[16]　[84]*

Problem 12　당신이 갖고 있는 재산에 추가로 2,000의 보너스가 주어졌다고 할 때, 아래 둘 중 선택하세요.

C: (−1,000, .50)　D: (−500)

N=68　[69]*　[31]

자료: Kahneman & Tversky(1979: 273).

위 사례는 동일한 선택 상황에서 서로 다른 선택이 나타남을 보여준다. 사실 위 두 선택 문제는 동일하다.

A = (2,000, .50; 1,000, .50) = C, and B = (1,500) = D

이는 보너스에 대한 고려가 이루어지지 않음을 보여주며, 현재 재산을 포함하여 최종적인 자산의 상태(final asset positions)보다는 재산의 변화(changes of wealth)가

효용 또는 가치에 중요하다는 것을 보여준다(Kahneman & Tversky, 1979: 273). 이러한 현상을 토대로, 카너먼과 트버스키는 이를 설명하기 위한 이론, 즉 전망이론을 제시한다. 전망이론의 기본적인 공식(Kahneman & Tversky, 1979: 276)은 아래와 같다.

공식

$$V(x, p ; y, q) = \pi(p)v(x) + \pi(q)v(y)$$

V는 전망에 대하여 정의되는 가치함수, v는 결과(outcomes)에 의하여 정의되는 함수로 주관적 가치를 나타냄. π는 결정가중치(decision weight), π (p)는 가중치 함수(weighting function), $p+q<1$, or $x \geq 0 \geq y$, $x \leq 0 \leq y$, $v(0) = 0$, $\pi(0) = 0$, $\pi(1) = 1$

전망이론은 가치함수(value function) 그래프를 통하여 잘 드러난다.

그림 4-1 가설적 가치함수

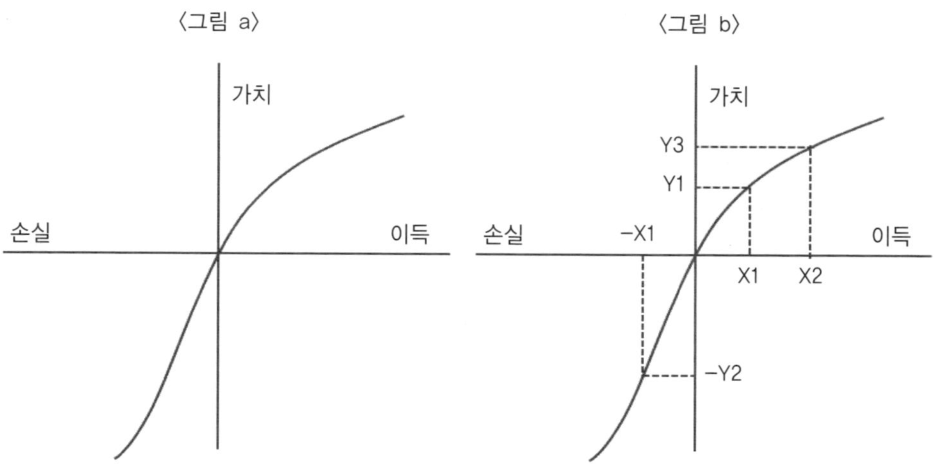

자료: Kahneman & Tversky(1979: 279).

[그림 4-1]에서 알 수 있듯이, 가치함수는 첫째, 기준점(reference point)을 갖고, 둘째, 이득에 대해서는 오목(concave)하고 손실에 대해서는 볼록(convex)하며, 이득에

비하여 손실이 더욱 가파르다는 특징을 지닌다(Kahneman & Tversky, 1979: 279). 아래 식은 이득이 관련된 상황(문제 13)에서는 이득에 대해서는 오목하고 손실에 대해서는 볼록함을 보여준다(Kahneman & Tversky, 1979: 278).

Problem 13:

	(6,000, .25),	or	(4,000, .25; 2,000, .25).
N = 68	[18]		[82]*

Problem 13':

	(−6,000, .25),	or	(−4,000, .25; −2,000, .25).
N = 64	[70]*		[30]

Applying equation 1 to the modal preference in these problems yields

$$\pi(.25)v(6,000) < \pi(.25)[v(4,000) + v(2,000)] \text{ and}$$

$$\pi(.25)v(-6,000) > \pi(.25)[v(-4,000) + v(-2,000)].$$

$$\Rightarrow v(6,000) < v(4,000) + v(2,000) \text{ and } v(-6,000) > v(-4,000) + v(-2,000)$$

자료: Kahneman & Tversky(1979: 278).

부연하면, 첫째, 이득과 손실에서 어떤 준거점이 존재함을 보여준다. 이는 어떤 절대적 수준이 가치를 결정하는 것이 아니라, 개인별로 어떤 심적 기준이 존재한다는 것을 의미한다. 절댓값, 예를 들어 어떤 공무원의 소득이 500만 원인 사람보다 소득이 300만 원인 사람의 준거점은 각각 500만 원, 300만 원이라는 것으로, 사람에 따라 준거점이 상대적임을 보여준다. 또한 500만 원인 사람이 300만 원인 사람보다 항상 높은 수준의 가치를 지니고 있다고 볼 수 없음을 보여준다. 준거점에서의 가치 수준은 500만 원이나 300만 원 모두 영(0)이기 때문이다.

이러한 점은 우리 현실 세계의 특성을 잘 보여준다. 실제로 소득 수준에 따라 서로 다른 효용 수준을 지니고 있다. 예를 들어, 만약 가치, 즉 효용이 절댓값에 따른다면, 연봉 10억인 사람은 연봉 1억인 사람에 비하여 10배 더 효용이 높아야 하고, 1,000만 원인 사람에 비해서는 100배 더 높아야 한다. 그러나 현실에서 소득의 절댓값은 효용의 수준과 절대적으로 비례한다고 할 수 없다.

둘째, 이득과 손실에서 서로 다른 가치를 지닐 수 있음을 보여준다. 특히, 손실과 이득 모두, 손실과 이득의 한 단위 증가에 따라 가치의 변화폭이 초기값의 변동에 크게 나타남을 알 수 있으며, 또한 이러한 변동의 폭이 이득보다 손실에서 더욱 크다는 것을 알 수 있다.

이러한 부분 역시 현실의 인간을 잘 묘사하고 있다. 즉, 사람들은 1단위 이득 변화보다 1단위 손실 변화에 더욱 큰 가치 변화를, 다시 말해 동일한 양의 이득 변화보다 손실 변화에 더 민감할 수 있음을 보여준다. 예를 들어, 월급 100만 원인 철수가 보너스로 10만 원 더 받아 110만 원을 받게 될 때 얻는 만족감보다 월급 100만 원에서 10만 원의 임금이 삭감되어 90만 원을 받게 될 때 얻게 되는 불만족감이 훨씬 크다는 것이다. 이러한 점은 사람들이 기준점에서 이득에 비하여 손실에 매우 민감함을 보여주며, 이러한 것은 불확실성 속에서의 선택에서 이득보다는 손실을 고려하여 선택이 이루어질 가능성이 높다는 것을 보여준다.

셋째, 이익이나 손실의 변화가 준거점을 기준으로 가까운 경우에는 이익이나 손실의 변화에 따라 가치의 변화 역시 크나 준거점에서 멀어질수록 이익이나 손실의 변화에 따라 가치의 변화폭은 적어진다.

이러한 손실 회피(loss aversion)는 위험과 불확실성 속에서 이루어지는 선택의 기본적 현상 중 하나이며, 이득과 손실 간의 관측된 비대칭은 기존에 수입 효과 등으로 설명되기에는 너무 크다는 것이다(Tversky & Kahneman, 1992: 298).

2 보유 효과

전망이론에서 제시된 이득과 손실 간 가치의 비대칭은 탈러(Thaler, 1980)의 보유효과(endowment effect)와 새뮤얼슨과 젝하우저(Samuelson & Zeckhauser, 1980)의 현상 유지 바이어스(status quo bias)와 개념을 통하여 잘 설명되고 있다(Kahneman et al., 1991: 194).

보유 효과는 사람들은 물건을 얻기 위하여 지불하는 금액보다 가지고 있는 물건을 포기함에 따라 받고자 하는 금액이 더 크다는 것을 의미한다. 다시 말해, 어떤 물건은 소유하고 있는 경우, 그러한 물건의 가치를 소유하지 않은 경우에 비하여 높게 평가한다는 것이다. 다시 표현하면, A, B가 있고, A가 자동차를 갖고 있다면, A가 자동차에 대하여 갖는 가치가 B가 A의 자동차에 대하여 느끼는 가치보다 높다는 것이다.

보유 효과에 대한 가장 일반적인 설명은 손실 회피이다. 즉, 사람들은 어떤 것을 얻을 때 기쁨보다 어떤 것을 잃어버릴 때 고통이 더욱 크다는 것이다. 이외에도 중요한 감정(Peters et al., 2003), 거래의 특징(Carmon & Ariely, 2000), 판매자와 구매자 간의 아이템에 대한 매력의 차이(Strahilevitz & Loewenstein, 1998), 사물에 대한 소유권으로 인하여 유발되는 인지 편향(Gawronski et al., 2007; Morewedge et al., 2009) 등이 제시되어 왔다(Maddux et al., 2010: 1910).

이러한 보유 효과는 WTP(willingness-to-pay)와 WTA(willingness-to-accept)가 같지 않음을 제시하고 있다. 즉, 어떤 물건을 소유한 주체가 그러한 물건을 포기함에 따라 받고자 하는 금액(수락 용의액)과 어떤 물건을 소유하지 않은 주체가, 그러한 물건을 사고할 때 지불하고자 하는 가격(지불 용의액) 간에 격차가 존재한다는 것이다.

물론, WTP와 WTA 간 차이의 원인은 보유 효과 외에도 다양하게 설명되어 왔다. 예들 들어, 수입 효과는 재화를 구매할 때에는 수입에 의하여 제한을 받지만, 재화를 포기할 때에는 수입에 영향을 받지 않는다는 것이다. 또한 거래비용(tranaction costs)도 중요한 변수로 제기된다. 즉, 거래비용이 사는 사람과 파는 사람에게 서로 다르게 영향을 미친다는 것이다. 한편, 암시된 가치(implied value)도 중요 영향변수로 고려될 수 있다. 즉, 어떤 재화를 팔고자 한다면 그 자체에 그 재화를 원하지 않는다는 어떤 신호가 내재되어 있는 것으로 재화의 가치를 낮추게 된다. 반면, 어떤 재화를 얻고자 한다면, 그 자체에 그 재화를 원한다는 어떤 신호가 내재되어 있는 것으로 재화의 가치를 강화시킨다는 것이다. 이들 간의 차이에 따라 WTA와 WTP 간에 차이가 발생한다는 것이다. 이외에도 이익 추구, 정당성, 모호성, 책임성 역시 WTA와 WTP 간 차이의 원인으로 고려될 수 있다(Brown & Gregory, 1999: 326-329).

WTA와 WTP 간 차이의 원인을 설명하는 가장 대표적인 것은 손실 회피의 아이디어가 포함된 전망이론이다(참고: Kahneman & Tversky, 1979; Tversky & Kahneman, 1991; Tversky & Kahneman, 1992; Knetsch, 1989). 다만, 이 이론은 차이의 정규성을 설명하지 못한다(Biel et al., 2011: 909). 부연하면, 다양한 연구들은 WTA와 WTP 간 서로 다른 차이를 제시해 왔는데, 이러한 차이는 전망이론으로 설명되지 않으며, 다

표 4-2 WTA와 WTP 간 차이 예

연구와 연구 대상	평균			중위값		
	WTP	WTA	Ratio	WTP	WTA	Ratio
Hypothetical surveys:						
Hammack & Brown(1974): marshes	$247	$1,044	4.2			
Sinclair(1978): fishing				35	100	2.9
Banford et al.(1979):						
Fishing pier	43	120	2.8	47	129	2.7
Postal service	22	93	4.2	22	106	4.8
Bishop & Heberlein(1979): goose hunting permits	21	101	4.8			
Rowe et al.(1980): visibility	1.33	3.49	2.6			
Brookshire et al.(1980): elk hunting	54	143	2.6			
Heberlein & Bishop(1985): deer hunting	31	513	16.5			
Real exchange experiments:						
Knetsch & Sinden(1984): lottery tickets	1.28	5.18	4			
Heberlein & Bishop(1985): deer hunting	25	172	6.9			
Coursey et al.(1987): taste of sucroseocta-acetate	3.45	4.71	1.4	1.33	3.49	2.6
Brookshire & Coursey(1987): park trees	10.12	56.6	5.6	6.3	12.96	2.1

자료: Kahneman et al.(1990: 1325).

만, 전망이론이 이들 간 차이의 핵심적인 원인으로서 제기되어 왔다는 것이다.

기존의 연구들은 WTP와 WTA 간의 차이를 실험적으로 증명해 오고 있다. 우선, 쇼그렌 외(Shogren et al., 1994)는 WTP와 WTA 간 격차에 대한 유용한 연구를 수행하였다. 이들은 대체재, 비시장재를 대상으로 한 두 가지 실험을 통하여 대체재의 경우 실험을 반복할수록 격차가 줄어들어 수렴되나, 비시장재의 경우는 실험을 반복하더라도 격차가 지속된다는 점을 보여주었다.

호로위츠와 맥코넬(Horowitz & McConnell, 2002)은 WTP와 WTA 간의 차이가 발

생하는 현상에 대한 비판이 타당한지를 30여 년 동안 수행된 기존의 45개 연구물에 대한 메타분석을 수행하였다. 즉, WTP와 WTA 간의 차이에 대하여 크게 두 가지 문제가 지적되었다. 하나는 가상적인 보상, 주로 학생을 대상으로 했다는 점, 금액 도출 방법 등 실험 설계 자체에 문제가 있었다는 지적과 또 하나는 다양한 행태 패턴을 포함하고 있는가 하는 점에서 지적받아 왔다. 이에 대하여 저자는 분석을 통하여 첫째, 실험설계와 관련하여 실험설계와 관련이 없었고, 둘째, 관측 비율에서의 패턴과 관련하여 WTA/ WTP 비율의 평균치는 7.17(표준오차 0.93, N=201)이었으며, 이러한 비율의 차이는 <표 4-3>에서 보여주듯이, 공공재나 비시장재가 가장 높았고, 다음으로 보통재가 높았으며, 통화를 포함한 형태의 실험이 가장 낮았다고 주장한다. 또한 이러한 패턴의 일반화는 서베이 디지인의 차이를 고려했을 경우에도 유지된다고 주장하였다.

이 연구는 매우 의미있는 결과를 보여준다. 즉, WTA/WTP 비율이 모든 재화에서 동등한 비율로 나타나는 것이 아니라, 공공재나 비시장재(예: 환경재)가 시장재에 비하여 높게 나타난다는 것을 보여준다.

실제, 하네만(Hanemann, 1991)은 WTA와 WTP 간의 차이가 발생되는 이유를 대체 가능성에서 찾고 있다. 예를 들어, 비시장재의 경우는 대체가능성이 낮거나 불가능하기 때문에 둘 간에 차이가 발생하나 시장재의 경우는 대체가능성이 매우 높아 사실상 둘 사이에 차이가 거의 없다는 것이다.

표 4-3 실험 결과

재화 유형	평균 비율(WTA/WTP)	표준오차	실험 수
Public or non-market goods	10.41	2.53	46
Health and safety	10.06	2.28	32
Ordinary private goods	2.92	0.30	59
Lotteries	2.10	0.20	25
Timing	1.95	0.17	39
All goods	7.17	0.93	201

자료: Horowitz & McConnell(2002: 433).

그림 4-2 **WTA/ WTP 간 비율의 다양성**

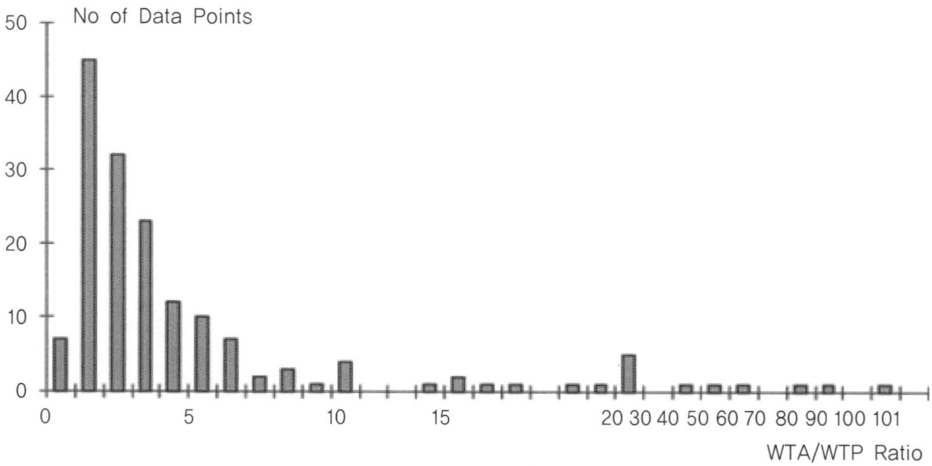

자료: Sayman & Öncüler(2005: 302).

세이만과 왼퀼러(Sayman & Öncüler, 2005)는 WTA와 WTP 간 차이를 측정한 39개 연구물에서 데이터 포인트 164개를 구하여 메타 분석을 수행하였다. 32개 연구는 다양한 재화(예: 초콜렛 바, 복권, 환경재 등)에서 이루어졌으며, WTA/WTP 간 비율은 최소 0.14에서 113에 이르기까지 매우 다양하였음을 제시하였다.

그림 4-3 **꼬리원숭이에 대한 보유 효과 실험**

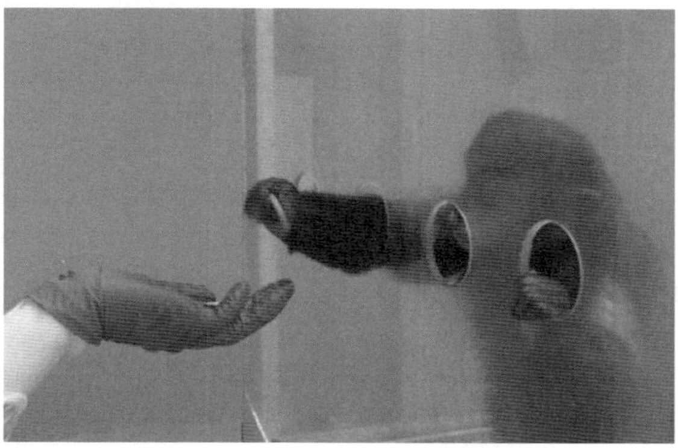

주: 꼬리원숭이의 보유 효과 실험을 위한, 토큰(token) 교환 방법 묘사.
자료: Lakshminaryanan et al.(2008: 3840).

보유 효과는 인간뿐만 아니라 원숭이에게서도 발견된다. 라크쉬미나리아난 외(Lakshminaryanan et al., 2008)는 꼬리원숭이(capuchin monkey)를 대상으로 보유 효과를 실험하였다. 즉, 훈련된 원숭이를 대상으로 이들이 좋아하는 실험물(fruit discs versus cereal chunks)을 통하여 실험하여 보유 효과가 존재함을 증명하였다.

최근 매덕스 외(Maddux et al., 2010)는 보유 효과가 문화적인 차이에 따라 영향을

표 4-4 WTA와 WTP 간 차이가 있는지 여부에 대한 기존 연구 예

차이 있음	차이 없음
Knetsch & Sinden(1984; test 1) Knetsch & Sinden(1984; test 3) Corsey et al.(1987; part 1) Corsey et al.(1987; part 2) Brookshire & Corsey(1987; exp 1) Singh(1991; test 1 before learning) Dubourg et al.(1994) Brookshire & Corsey(1987; exp 2) Knetsch(1989; test 1) Bateman et al.(2001) Shogren et al.(1994; stage 1, round 1) Boyce et al.(1992) Knetsch(1989; test 2) Morrison(1997; part 2) Shogren et al.(1994; stage 2) Bateman et al.(1997; exp 2) Bateman et al.(1997; exp 1) Knetsch & Sinden.(1984; test 2) Brookshire & Corsey(1987; exp 3) Kahneman et al.(1990; exp 6 & 7) Franciosi et al.(1996; exp 1) Kahneman et al.(1990; exp 1 & 2) Kahneman et al.(1990; exp 4) Kahneman et al.(1990; exp 3) Loewenstein & Issacharoff(1994; exp 1) Kahneman et al.(1990; exp 5) Shogren et al.(2001; BDM)	Knetsch & Sinden(1984; test 4) Singh(1991; test 2 before learning) Singh(1991; tests 1 and 2 after learning) Shogren et al.(1994; no available substitute) Corsey et al.(1987; part 3) Morrison(1997; part 1) Shogren et al.(1994; stage 1, rounds 2-5) Shogren et al.(1994; available substitute) n Arlen et al.(2002) Shogren et al.(2001; Vickrey) Loewenstein & Issacharoff(1994; exp 2) Harless(1989)

자료: Plott & Zeiler(2005: 533) 재편집 부분 인용.

받을 수 있음을 실험을 통하여 증명하였다. 이러한 점은 보유 효과의 존재 여부를 떠나 현재에는 보유 효과에 영향을 미칠 수 있는 다양한 조건에 대한 연구가 진행되고 있음을 보여준다.

보유 효과에 다양한 증거에도 불구하고 이에 대한 비판 역시 존재한다. 대표적으로, 리스트(List, 2004)는 보유 효과에 대한 실험을 통하여 시장 거래의 경험이 부족한 소비자의 경우는 보유 효과가 나타남을 보여주나(전망이론이 시장 경험이 없는 소비자들의 경우 강력한 예측력을 제공한다는 것이다), 시장 거래의 경험이 있는 사람들의 경우는 보유 효과가 거의 나타나지 않아, 신고전경제학적 접근이 타당하다고 주장한다. 이는 시장 경험이 많은 사람들의 경우는 그들이 갖고 있는 재화를 내놓는 것을 손실(loss)이 아닌 기회비용(opportunity cost)으로 인식하기 때문이라고 주장한다(List, 2004: 624).

또한 플롯과 자일러(Plott & Zeiler, 2004)는 WTP와 WTA 간 격차가 존재하는 주장에 대하여 비판적이다. 이들은 기존의 연구물들이 WTP와 WTA 간 격차가 존재한다는 것에 대하여 강건한 합의를 찾기 어려우며, 실험 절차와 통제 방법에 따라 서로 다른 결과가 나타날 수 있음을 주장한다. 이들은 기존의 연구된 실험 결과를 조정한 실험을 통하여 WTA가 WTP보다 유의미하게 크다는 가설을 지지하지 않으며, 또한 WTA와 WTP 간 관측된 차이가 보유 효과로서 해석될 수 있다는 점을 지지하지 않는다고 주장한다.

기존의 연구들은 보유 효과의 존재를 다양한 실험을 통하여 증명하고 있다. 물론 보유 효과가 언제나 어떠한 조건에서도 나타나고 동일한 수준에서 나타나는지 등, 보유 효과의 강건성에 대해서는 논란의 여지가 분명히 존재한다. 그러나 이러한 논란의 여지에도 불구하고 보유 효과의 존재 자체는 받아들여지는 것으로 보인다. 현재 연구의 초점은 보유 효과가 어느 부분에서 있는지, 또 어떠한 변수들이 보유 효과에 영향을 미치는지에 대한 연구가 지속되고 있다.

만약, 보유 효과의 존재에 따라 WTP와 WTA 간에 차이가 존재한다면, 이는 경제학적 관점뿐만 아니라 행정 및 정책학적으로 매우 중대한 고민거리를 제시한다. 신고전경제학에 영향을 받은 기존의 다양한 접근이 WTA와 WTP가 동일하다고 가정하고 있기 때문이다.

제 3 절 전망이론과 보유 효과, 그리고 새로운 가치

1 공리주의와 칼도-힉스의 보상 기준

공리주의는 비용편익분석에서 가장 기본이 되는 철학이다.

비용편익분석은 현시선호이론을 바탕으로 정책 대상자의 지불 용의액(WTP)을 측정해서 정책의 우선순위를 정하는 분석 방법이다. 비용편익의 추정에서 소비자 잉여의 개념은 지불 용의액의 중요성을 이해하는 데 매우 유용한다. 즉, 소비자 잉여(consumer surplus)는 경쟁적인 시장에서 일정한 단위의 재화를 얻기 위하여 소비자가 지불할 의사가 있는 최대한의 지불 용의액(WTP)과 그가 실제로 지불하는 지불액과의 차이라고 규정한다(김동건, 2004: 26).

즉, 비용편익분석은 경제성을 평가하는 방법으로, 특정 사업의 긍정적 영향과 부정적 영향을 화폐 단위로 환산한다. 이에 WTP가 중요한 개념으로 작용하며, 동시에 편익에서 비용을 뺀 순편익, 혹은 편익과 비용의 비율을 근거로 의사결정을 하는 한 비용편익분석은 공리주의적 특성을 지니게 된다(오정일, 2011: 33-34).

벤담(Jeremy Bentham)으로 대표되는 공리주의(功利主義)는 최대 다수의 최대 행복을 주장한다. 즉, 도덕의 최대 원칙은 행복을 극대화하는 것, 쾌락이 고통을 넘어서도록 하여 전반적으로 조화를 이루는 것이라는 주장이다. 벤담에 따르면, 옳은 행위는 공리를 극대화하는 행위이며, 그가 말하는 공리란 쾌락이나 행복을 가져오고, 고통을 막는 것 일체이다(롤스/이창진 옮김, 2009: 54-55).

벤담의 공리주의는 크게 두 가지가 암묵적으로 내재되어 있다. 첫째는 쾌락과 고통을 측정할 수 있다는 것이다. 둘째, 측정된 쾌락과 고통은 동일한 척도로 비교 가능하다는 것이다. 이는 다시 말해, 쾌락의 1과 고통의 1이 동일하다는 것이다. 즉, 숫자로 표기해서 쾌락이 10이고 고통이 9이면, 10-9=1로 양의 효용을 나타낸다. 이러한 공리주의적 접근은 비용편익분석의 전제이다. 여기서 쾌락은 편익이고, 고통은 비용으로 치환 가능하다. 따라서 대안의 비교는 상대적으로 쾌락이 고통보다 큰 대안, 즉 편익이 비용보다 큰 대안이 바람직한 대안이라 할 수 있다.

이러한 관점은 곧 효율성의 개념과 관련된다. 대안 간 비교평가의 가치 기준으로서 효율성은 경제학에서 파레토 효율성(Pareto efficiency)으로 나타난다. 즉, "하나의 자원 배분 상태가 있다고 가정할 때, 어느 누구에게도 손해가 가지 않으면서 어떤 사람에게는 이득이 되도록 이를 변화시키는 것이 불가능한 자원 배분의 상태"를 파레토 효율, 파레토 최적(Pareto optimal)이 달성된 상태라 할 수 있다.

이러한 파레토 최적 상태는 완전경쟁 하에서 달성될 수 있으나 시장이 불완전하면 달성되기 어려우며 현실 세계에서는 사실상 불가능에 가깝다. 따라서 대부분의 조건에서는 파레토 비효율성(Pareto inefficiency) 상태이며, 이는 곧 파레토 개선(Pareto improvement)의 여지가 있는 상태이다. 즉, 어떤 정책을 통하여 어떤 사람에게도 손해가 발생되지 않으면서도 동시에 최소한 한 사람 이상에게 이득을 가져다주는 상황이라 할 수 있다.

그러나 파레토 개선 역시 정책환경, 정책 상황과는 부합되기 어려운 가정이다. 대부분의 정책은 파레토 개선보다는 특정 주체에게는 쾌락(편익)을, 동시에 특정 주체에게는 고통(비용)을 유발한다. 따라서, 칼도(Nicholas Kaldor)와 힉스(John Hicks)는 기준(criterion)을 제시하는데, 이들이 말하는 효율성은 편익 주체가 비용 주체의 비용을 보상하고도(실제 보상 여부와는 관계없이) 양의 값을 갖게 된다면, 이는 사회적으로 효율적이라 할 수 있다는 것이다. 실제 대부분의 정책이 비용과 편익 주체를 유발한다는 점에서 현실적용성이 높은 기준이라 할 수 있다.

그러나 칼도-힉스의 보상 기준 역시 공리주의의 연장선상에 있다. 즉, 사회 전체적으로 순편익을 따질 뿐이지, 실제 비용 주체가 얻는 비용을 편익 주체가 보상하는 것은 아니다. 보상이 이루어진다면 사회적 개선으로 이해될 수 있을 것이나 현실에서 보상이 적절이 이루어지지 않는 경우 사회적 개선이 있는 것으로 말하기 어렵다.

여기서 중요한 점은 정책의 편익 주체와 정책의 비용 주체 간에 동일한 평가 기준(예: 화폐)으로 비교 가능하다는 점뿐만 아니라, 공리주의의 가정과 동일하게 비용과 편익의 1이 각각 동일하다고 가정하고 있다는 점이다. 이에 따라 비용과 편익 간에는 사칙연산이 가능하다.

그러나 WTP와 WTA가 다르다면, 이러한 사칙 연산은 매우 심각한 문제를 유발할 수 있다. 예를 들어, 어떤 토지주가 있다고 가정하자. 토지주는 선조로부터 해당 토지를 상속받아 지니고 있다. 해당 토지에는 오랜 선조의 땀과 역사가 담겨져 있고 동시에 선조의 선산 역시 함께 있다. 이 토지주가 해당 토지를 팔고 받고자 하는 최소 금액(혹은 토지 보상비)과 해당 토지를 구매하여 산업단지를 건설하고자 하는 주체가 인식하는 구매를 위한 지불 용의액은 서로 극단적으로 상이할 수 있다. 토지주는 어떤 금전적 보상으로도 이 토지를 팔지 않으려 할 정도로 높은 가치를 부여하는 반면, 산업단지를 조성하고자 하는 주체는 해당 토지를 현 시가, 혹은 공시지가 기준으로 책정하려 하기 때문이다.

결론적으로, WTP와 WTA가 차이가 있다면, 공리주의 접근, 그리고 칼도-힉스의 보상 기준에 따른 연산이 의미가 있기 위해서는 행복과 고통, 그리고 비용과 편익을 서로 다른 개념으로 측정해야 할 필요가 있다. 즉, WTP에 부합되는 것은 WTP로, WTA에 부합되는 것은 WTA로 측정하고 이를 하나의 기준에서 비교 가능하게 하여야 한다.

2 비시장재화의 측정과 WTP와 WTA

WTP는 비용편익 추정에 근간을 이루고 있다. 실제로 비용편익 분석을 수행하여 비용과 편익의 추정 모두 시장재이든 비시장재이든 WTP에 의존한다. 여기서 크게 문제될 수 있는 것은 비시장재의 경우, WTP와 WTA가 차이가 생각보다 크게 발생할 수 있다는 점이다.

실제로 다양한 연구들은 두 측정치 간에 차이가 있음을 제시해 왔다. 특히, 환경재의 가치 추정에서 이는 극명하게 나타나고 있다.

WTP는 환경적 개선 혹은 이득을 추정하는 데 활용될 수 있고, 이는 개념적으로도 적절하다. 그러나 만약 환경적 손실에 대한 경제적 가치를 추정한다면, WTP보다는 WTA가 개념적으로 타당하다. 그러나 실제 WTA에 대한 활용은 거의 이루어지지 못하였다. 이는 전통적인 경제이론에서 이 둘 간의 추정 가치를 동일하게 가정하고 있기 때문이다. 즉, 전통 경제이론에서는 소득 효과(income effects)와 거래비용 효과(transaction effects)를 제외한다면, WTP와 WTA 간 차이는 무시할 만한, 사

표 4-5 CVM 추정에서의 WTA와 WTP 추정의 예

연구자	재화	절차	실제 현금	평균 또는 중위수		
				WTA	WTP	비율
환경재						
Hammack & Brown(1974)	Waterfowl hunting	Mail CV	No	1044	247	4.2
Banford et al.(1979)	Fishing pier	Interview CV	No	120	43	2.8
Bishop & Heberlein(1979)	Goose hunting permit	Mail CV	No	101	21	4.8
Brookshire et al.(1980)	Elk hunting quality	Interview CV	No	19	13	5.4
Rowe et al.(1980)	Air visibility	Interview CV	No	14	5	5.2
Brookshire & Coursey(1987)	Park tree density	Interview CV	No	155	14	61
Brookshire & Coursey(1987)	Park tree density	Smith auctiond	Yes	18	7	2.4
Bishop et al.(1988)	Deer hunting permit	Mail/phone bids	Yes	153	31	4.9
Boyce & McCollum(1993)	Bison hunting permit	Market price exch.	Yes	12133	215	56.9
MacDonald & Bowker(1994)	Industrial plant odor	Interview CV	No	135	105	7

주: CV= contingent valuation, BDM= random price auction.
자료: Brown & Gregory(1999: 325).

실상 동일할 수 있다고 가정했기 때문이다(Willing, 1976; Henderson, 1941; Randall, 1987; Brown & Gregory, 1999: 323-324).

구체적인 예로, 국립공원에 캐이블을 설치하는 사업의 경우, 이 사업의 편익은 시장가치 측정법이나 혹은 다양한 WTP를 통하여 추정할 수 있다. 반면, 이 사업에 따라 경관 훼손의 피해는 시장재화가 아니기 때문에 다른 평가기법을 활용해야 한다. 예를 들어, 비시장재화에 대한 평가기법으로 조건부 가상가치법(contingent valuation method: CVM)이 유용하게 활용되고 있는데, 조건부 가상가치법은 주로 WTP와 WTA 간에 동등하다는 가정 하에 WTP로 추정하고 있다. 그러나 WTP와 WTA가 서로 다르다면, WTP에 따른 조건부 가상가치법의 추정값은 해당 비시장재화를 정확하게 추정하였다고 보기 어렵다. 특히, 대규모 토목사업에 따른 환경의 피해를 WTP로 추정할 경우, WTA로 추정한 것에 비하여 과소 추정될 가능성이 매우 크다. 즉, 환경의 피해에 따른 비용이 과소 추정될 수 있음을 보여준다.

이러한 점은 비시장재화, 특히 환경 가치에 대한 추정에서 그것이 손실을 전제로

한다면, WTP보다는 WTA로의 추정이 이루어질 필요가 있다. 물론, 환경가치의 경우 이 둘 모두 개인의 주관적 가치를 측정하기 때문에 일반화의 어려움이 존재한다. 이러한 측면에서 민감도 분석은 유용한 해결 도구로서 활용될 수 있을 것이다.

3 상이한 기준점과 서로 다른 비용과 편익 인식

비용과 편익에 대하여 행위자들이 서로 다른 기준점을 지니고 있다고 가정한다면, 이는 참으로 난감한 과제를 제시한다.

어떤 이득과 손실에 대한 절댓값이 존재하는 것이 아니라, 행위자에 따라 서로 다른 기준이 존재한다면, 비용과 편익의 절댓값을 구한다는 것이 사실상 불가능에 가깝기 때문에 비용과 편익의 추정을 어렵게 한다. 예를 들어, 어떤 이는 100만 원이 기준값일 수 있고, 어떤 이는 1,000만 원이 기준값일 수 있다. 이런 경우, 10만 원의 변화는 기준값이 100만 원인 사람에게는 비용 혹은 편익으로 인식될 수 있으나, 1,000만 원을 기준값으로 갖는 사람에게는 기준값에서 너무나 미미해서 비용과 편익으로 인식하지 못할 수 있다. 또 다른 예로, 이는 교통 정체에서 쉽게 발견된다. 업무로 시간에 쫓기는 사람 A에게 교통 정체는 심각한 스트레스로 다가오지만, 특별히 할 일 없이 드라이브나 즐기고자 나온 사람 B는 큰 스트레스를 받지 않을 것이다. 시간의 기준점이 서로 다르기 때문이다. 즉, 이는 곧 시간의 기회비용 추정에 서로 다른 결과가 나타날 수 있음을 보여준다.

이는 다시 말해, 행위자마다 지니고 있는 어떤 기준값(예: 소득)에 따라 비용과 편익의 강도, 또는 비용과 편익의 금액이 달라질 수 있음을 의미한다. 실례로, 부유한 사람과 가난한 사람에게 동일한 세금을 부과한다 하더라도, 이들이 인식하는 손실의 가치, 즉 비용은 서로 다르다는 점이다. 따라서 이는 소득계층에 따라 서로 다른 비용편익의 산정 필요성을 제시한다.

소득계층에 따른 비용과 편익의 산정에서 특히 문제될 수 있는 것은 저소득층이 비용 발생 주체인 경우이다. 일반적으로 저소득층은 상품과 서비스에 대한 기준값 자체가 낮을 가능성이 크다. 고소득층에 비하여 기준값 자체가 낮기 때문에 가격의 미미한 인상도 매우 큰 비용 인상으로 인식될 가능성이 크다. 예를 들어, 담배 가격의 인상은 이러한 점을 잘 보여줄 수 있다. 현재 가격 자체가 매우 높다고 인식하는 저소득층에게 가격 인상과, 현재 가격 자체는 기준점 이하에 있다고 생각하는 고소득층에게 담배 가격 인상의 비용은 서로 다르다.

현재 제도 역시 소득에 따라 차별적인 제도들이 운용되고 있다. 그러나 소득 기준의 설정 기준은 매우 모호하다. 어떠한 기준에 따라 소득 구간이 설정되는지, 또 소득 구간에 따라 어떠한 근거로서 그러한 부담(혹은 할인) 규모가 책정되는지는 모호하다.

기준점에 대한 체계적인 분석, 특히 소득계층별 기준점에 대한 체계적인 분석은 사회적 정의를 구현하고, 제도에 대한 사회적 순응을 높이며, 사회적 갈등을 최소화하는 데 기여할 수 있을 것이다.

4 코즈 정리와 자발적 협상

WTA와 WTP 간 차이가 존재한다는 점은 자발적 협상을 강조하는 기존 이론적 논의에 새로운 접근을 제시한다. 또한 왜 이론에서와 달리 현실에서 자발적 협력과 협상이 이루어지기 어려운지에 대한 일단의 해답을 제시하기도 한다.

자발적 협상의 강조는 거래비용이론 및 공공선택이론 등 신제도경제학에서 주로 제시되어 왔다. 특히, 거래비용이론에서는 코즈 정리(Coase Theorem)를 활용하여 거래비용을 낮춤으로써 협상과 협력이 강화될 수 있음을 주장해 왔다.

의미있는 유용한 이론임에도 불구하고, 거래비용이론은 현실에서 발생되는 다양한 갈등과 분쟁을 설명하는 데 한계를 지녀왔다. 실제로 경제학적인 공간이 아닌 현실에서 갈등과 분쟁을 해결하는 데에는 거래비용이론 외에 좀 더 근본적인 원인이 내재되어 있을 수 있다.

근본적인 원인 중 하나로서 WTA와 WTP 간에 차이는 현실의 갈등과 분쟁을 이해하고 설명하는 데 매우 유용하다.

부연하면, 코즈 정리는 “권리의 초기 획정이 확립되지 않고서는 권리의 이전 및 재결합을 하기 위한 시장 거래를 할 수 없으므로, 피해를 일으킨 기업이 피해에 대한 책임이 있는지 없는지에 대하여 알 필요가 있다. 그러나 가격 시스템이 비용 없이 작동한다면, 생산가치의 극대화라는 궁극적인 결과는 법적 상황에 독립적이다"(Coase, 1960: 8)라고 정의된다. 이러한 코즈 정리는 그동안 거래비용이론, 신제도 경제학의 핵심 개념으로 그 역할을 수행해 왔다.

그러나 카너먼 외(Kahneman et al., 1990)는 보유 효과의 존재로 인하여 코즈 정리가 적용되기 어렵다는 것을 지적한다. 부연하면, 부정적 외부 효과를 갖는 A와 B가 있다고 가정할 때, 거래비용이 제로라고 가정한다면, 자발적 협상이 가능하다고 가정하는데, 여기서 자발적 협상이 가능한 이유는 권리 혹은 물건을 내놓는 주체와 이를 사는 주체 간에 인식하는 WTA와 WTP가 동일하다는 가정에 기초한다. 그러나 만약 이 둘 간에 차이가 있다면 협상이 이루어질 가능성은 매우 낮아진다.

결론적으로, 파는 주체가 느끼는 WTA와 사고자 하는 주체의 WTP 간에 격차가 크게 존재한다면, 거래비용이 0이거나 자발적 협상이 가능하다 하더라도 둘 간에 사고파는 일, 즉 교환은 이루어지지 않을 가능성이 크다.

실례로, 2009년 1월 20일 새벽 서울의 심장부 용산에서는 용산 개발을 위한 철거에 반대하는 사람 5명과 경찰 1명이 사망하는 참극이 발생하였다. 철거에 반대하는 사람들이 망루에 올라 극한 저항을 지속한 이유는 자신들이 이미 가지고 있는 재산권에 비하여 보상액이 턱없이 적었다고 인식한 데에 있었다. 즉, 개발론자들이 생각

그림 4-4 용산 철거 현수막

자료: ohmyphoto.

하는 보상액과 철거 대상 세입자들이 생각하는 보상 금액과는 너무 큰 괴리가 존재하였다. 다시 말해, 철거민들이 가지고 있다고 생각하는 권리를 포기하고 받고자 하는 금액(WTA)과 개발론자들이 철거민들의 권리를 구입하기 위하여 지불하고자 했던 금액(WTP) 간에 현저한 차이가 그 원인이라 할 것이다.

용산 참사에서 알 수 있듯이, WTA와 WTP 간에 막대한 차이, 그리고 이를 조정하지 못하고 혹은 이러한 차이를 오히려 강화 유지시키는 일방향적인 제도는 현실에서 발견되는 극단적인 선택의 원인이 되고 있다.

5 무차별곡선의 비가역성과 재화와 서비스의 선택

소비자에게 동일한 효용을 주는 서로 다른 상품의 집합을 그림으로 나타낸 무차별곡선(indifference curve)은 미시경제학에서 매우 중요한 개념이다. 이러한 무차별곡선은 익히 잘 알려진 바와 같이, 우하향하고 교차하지 않으며, 원점에 대하여 볼록하고, 서로 교차할 수 없으며, 원점에서 멀어질수록 더 높은 효용 수준을 나타내는 등의 기본적 성격을 지니고 있다.

특히, 무차별곡선은 서로 교차할 수 없다는 핵심적 가정을 지니고 있다. 무차별곡선이 가역적(reversible)이라는 것이다(Kahneman et al., 1991: 196; Knetsch, 1989: 1277). 다시 말해, 무차별곡선에서 한계대체율(marginal rate of substitution; $MRS = -\frac{\Delta y}{\Delta x}$)은 어느 방향에서 측정하든 간에 동일하다. 만약, 무차별곡선이 서로 교차하게 되면(비가역적이라면), 상품 묶음과 상관없이 동일한 만족 수준을 갖게 되는 모순이 발생된다([그림 4-6]의 그림 B 참조).

그러나 보유 효과가 존재한다면, 이러한 가역성은 유지되기 어렵다. 이러한 점을 크네취(J. L. Knetsch)는 실제 머그컵과 캔디, 캔디바와 머니 실험 및 화폐와 건강의 설문조사를 통하여 무차별곡선의 비가역성이 존재할 수 있음을 제시하였다. 즉, 실험 참여자들의 선호는 교환의 방향에 독립적이지 않다는 것이다(Knetsch, 1989: 1278).

비가역성이 존재한다는 것은 무차별곡선이 굴절할 수 있거나 심지어는 교차할 수 있음을 보여주며, 이는 기존에 무차별곡선의 가역성에 기초한 수많은 경제이론

그림 4-6 무차별곡선과 가역성, 비가역성

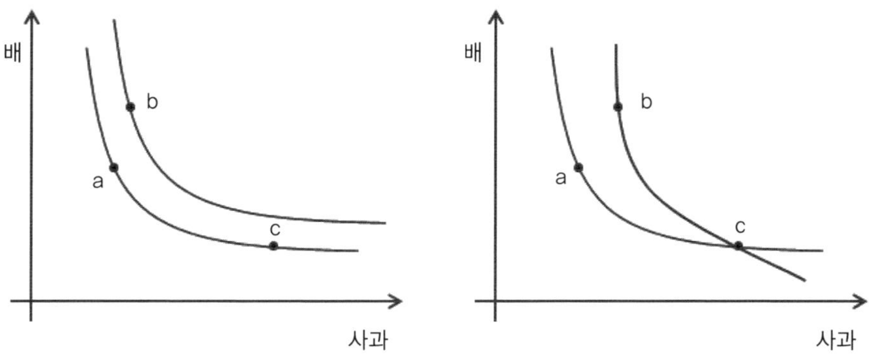

그림 4-7 실험을 통한 무차별곡선의 교차

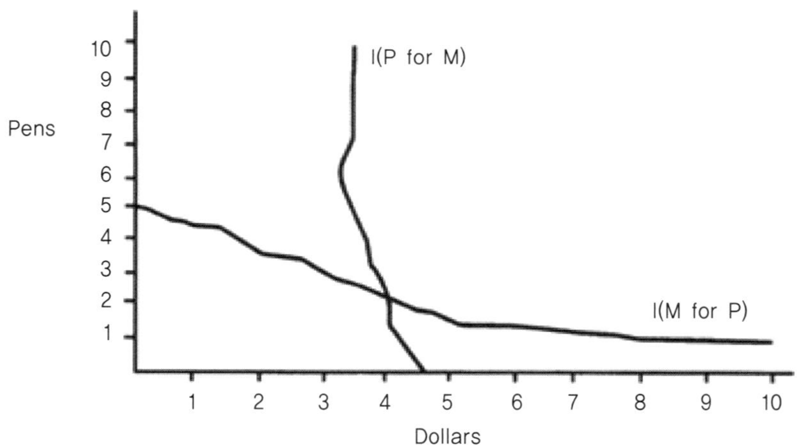

자료: Kahneman et al.(1991: 197).

이 근본적으로 흔들릴 수 있음을 제시하고 있다.

무차별곡선에서 한계대체율이 상이할 수 있다는 것, 예를 들어 무차별곡선상 A에서 B로의 한계대체율이나 B에서 A로의 한계대체율이 서로 동일하지 않고 상이할 수 있다는 점은 정책적으로 유용한 함의를 제공한다. 예를 들어, 공공선택이론은 공공 부문이나 민간 부문의 행위자가 사적 이익을 극대화하는 주체로 차이가 존재하지 않기 때문에, 일반 국민은 소비자와 같이, 공공 부문이 생산한 재화(공공재화)와 사적 부문이 생산한 재화(사적 재화)와 서비스 중에서 자신들의 이익을 극대화하는 재화와 서비스를 선택할 수 있어야 한다고 주장한다. 그러나 여러한 주장에는 공공재화와 사적 재화에 대한 보유 효과는 고려되지 않았다.

만약, 무차별곡선이 가역적이라면, 공공재화를 포기하고 사적 재화를 선택할 때의 한계대체율과 사적 재화를 줄이고 공공재화를 추가적으로 얻고자 할 때의 한계대체율은 서로 같아야 한다. 그러나 보유 효과에 따라 이들 간의 한계대체율은 서로 다를 수 있다.

그림 4-8 공공 및 민간 우편 서비스 간 무차별곡선

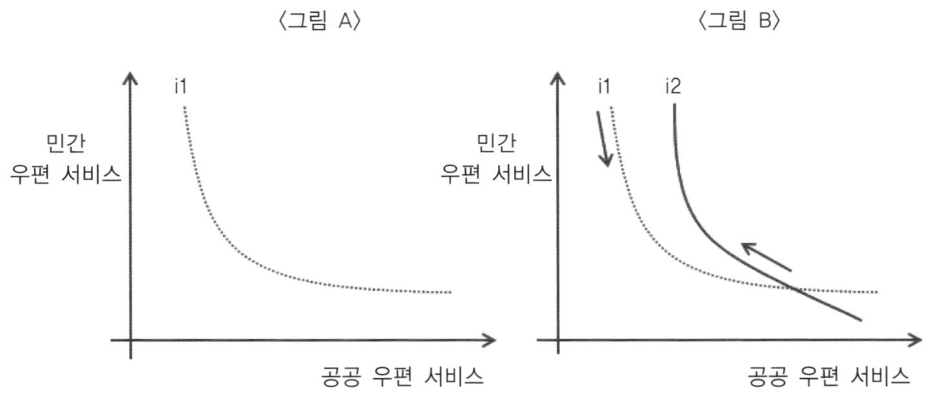

주: <그림 B>는 보유 효과에 의하여 서로 다른 진행 방향에 따라 MRS가 달라질 수 있음을 보여줌.

다시 말해, 공공재화와 사적 재화 간에 한계대체율이 5일 수 있는 반면, 사적 재화와 공공재화 간의 한계대체율은 2일 수 있다. 즉, 사적 재화 5를 포기하고 공공재화 1개를 얻는다면 효용에 변화가 없고, 공공재화 2개를 포기하고 사적 재화 1개를 얻는다면 효용에 변화가 없다는 뜻이다. 이는 부연하면, 공공재화에서 사적 재화로의 한계대체율과 사적 재화에서 공공재화로의 사적 대체율이, 공공재화와 사적 재화에 대한 서로 다른 보유 효과에 따라 달라질 수 있음을 의미한다.

따라서 만약 공공재화이든 사적 재화이든 서비스의 질과 내용에 차이가 없더라도, 어떤 재화를 보유하고 있었는가에 따라 서로 다른 한계대체율을 갖는다는 것이다. 이러한 점은 매우 중요하다. 아직까지 신공공관리의 다양한 처방은 동일한 서비스와 질이라면 공공과 민간에 차이가 없는 것으로 가정해 왔고, 이에 따라 공공 부문에서 제공하였던 다양한 재화와 서비스(예: 전력, 철도, 상하수도, 교육 등)를 민간 부문에 위탁하거나 혹은 민영화하였다. 즉, 국민들의 재화와 서비스의 선택에서 보유 효과는 고려하지 않아 왔다.

만약, 공공 부문에서 제공하는 재화와 서비스에 대한 보유 효과가 민간 부문에서 제공하는 재화와 서비스에 대한 보유 효과와 다르다면, 재화와 서비스의 운영 및 생산 주체에 따라 서로 다른 보유 효과를 지니고 있다면, 이는 체계적인 논의가 필요할 수 있음을 보여준다. 예를 들어, 만약 사적 재화에 비하여 상대적으로 높은 공공재화에 대한 보유 효과를 지닌 갑돌이에게 어느날 서비스 주체가 민영화되었으니(서비스 내용에는 차이가 없더라도) 민영화된 주체에게 서비스를 받으라고 한다면, 궁극적으로 갑돌이에게는 피해, 고통이 될 것이며, 이는 갑돌이에게 비용으로 인식될 수 있다. 물론, 공공재화에 대한 보유 효과가 민간재화보다 높지 않다면, 혹은 더 낮다면, 이는 편익이 될 수 있다. 서비스의 내용과 관계없이 주체의 변화만으로도 어떤 사람에게는 비용으로, 어떤 사람에게는 손해로 인식될 수 있다는 점이다.

실례로, 이명박 정부는 수서발 KTX 경쟁 체제, 즉 일부 구간 민영화를 추진하였다. 이는 국민들 입장에서 보면, 공공 부문에서 제공하는 철도(공공 철도)를 포기하고 민간 부문에서 제공하는 철도(민간 철도)를 구매하는 것과 동일하다. 다른 모든 조건이 동일하다고 가정하더라도, 공공 부문에서 제공하는 철도를 포기하고 민간 부문에서 제공하는 철도를 얻는 것과 그 반대의 경우의 한계대체율이 동일하다는 가정이 기초한다. 그러나 공공 철도와 민간 철도에 서로 다른 보유 효과가 존재한다면, 한계 대체율은 서로 다를 수밖에 없다.

만약, 공공 철도에 대한 보유 효과가 높은 경우, KTX 민영화는 다른 모든 조건(서비스의 질 등)이 동일하다 하더라도 손해로 인식될 것이다. 철도와 같은 사회기간산업이 오랫동안 공공 부문에서 담당해 왔고, 또한 공공의 주체, 즉 국민의 세금으로 키워오고 만들어져 왔다는 점에서 공공 철도에 대한 보유 효과가 상대적으로 높을 수 있다. 만약 공공 철도에 대한 보유 효과가 높다면 KTX 민영화에 대하여 사회적으로 느끼는 비용은 매우 높을 것이며, 비용으로 인식하는 주체는 이에 적극적으로 저항하게 될 것이다.

신자유주의 물결 속에서 민영화의 당위성은 효율성의 논리를 앞세워 확보되어 왔다. 물론, 그것이 정말 효율적인가 여부는 증명되지 못한 것 같다. 그동안 다양한 부문에서 지속된 민영화 속에서, 많은 대중이 자기의 것을 잃어버린 느낌, 상대적인 손실감, 박탈감을 느낀 것이 혹시 공공 부문에 대한 보유 효과가 높았기 때문은 아닐지 고민스럽게 연구할 필요가 있다. 왜냐하면 공공재, 정부 자산은 누구의 것도 아니지만 나의 것일 수도 있기 때문이다.

제 4 절 결론과 정책적 함의

전망이론과 보유 효과는 행정학·정책학적으로, 특히 다양한 정책을 분석을 수행하는 데 유용한 함의를 제공한다.

이 장에서는 전망이론과 보유 효과를 통하여 WTP와 WTA가 차이가 존재할 수 있음을 이론적으로 논의하였다. 이러한 차이의 존재는 ① 비용편익분석의 기본 전제라 할 수 있는 공리주의와 칼도-힉스의 보상 기준이 심각한 문제에 직면할 수 있다는 점, ② 비시장재화, 특히 환경재는 WTP와 WTA 간 격차가 크기에 환경 가치의 손실 시 WTA 추정이 필요하고, ③ 기준점이 서로 다를 있기 때문에 비용과 편익의 인식이 달라질 수 있고, ④ 보유 효과로 인하여 WTP와 WTA 간에 격차가 발생하여 자발적 협력이 일어나지 않을 수 있으며, ⑤ 보유 효과는 무차별곡선이 비가역적으로 될 수 있어, 무차별곡선이 가역적이라는 전제에서 이루어진 소유와 운영 주체가 변화될 경우 다양한 사회 문제가 발생될 수 있음을 지적하였다.

이러한 연구 결과는 현재의 정책과 제도를 개선하는 데 유용한 방향을 제시한다. 즉, 기존의 제도는 WTP와 WTA 간의 차이를 반영하고 있지 못하다. 따라서 이를 반영하기 위한 정책적·제도적 노력이 필요하다.

무엇보다 비용편익분석이 광범위하게 활용되는 규제영향분석과 예비타당성분석의 개선 필요성이 크다. WTP와 WTA 간에 차이가 있다면, 다수의 비용편익분석 결과는 달라질 수밖에 없다. 특히, WTA가 고려된다면, 비용이 크게 증가될 가능성이 크며, 이는 곧 경제적 타당성을 낮출 것이다.

첫째, 규제영향분석에서 WTA 적용이 필요하다. 우리나라 규제영향분석에서 수행하는 비용편익분석은 규제영향분석에서 중요한 부분을 차지하고 있음에도 불구하고 체계성은 매우 미약하다.

규제영향분석은 일반적인 대규모 공공사업에 비하여 비용과 편익 추정이 난해하다. 이는 비용과 편익 항목에 사회적 비용과 편익이 포함될 수 있는 가능성이 높고, 직접적인 비용과 편익뿐만 아니라 간접적인 비용과 편익을 고려해야 하는 특성을 지니고 있어 과대 및 과소 추정된 비용과 편익분석이 가능하다.

또한 규제의 비용과 편익 추정에는 비시장적 요소들을 화폐로 추정해야 하는 부분이 많다. 게다가 거시적인 규제를 다룰 경우(예: 출자총액제한 제도, 수도권 공장총량제 등) 고려해야 할 변수가 매우 많고 복잡하며, 상호 연계되어 있어 이에 대한 비용편익분석 그 자체는 막대한 분석을 요구한다. 이 중에 특히 비시장적 요소에 대한 비용편익 측정은 특히 어려운 부분이다. 이 부분은 환경재와 같은 비시장 재화에 대한 측정보다 사실상 더욱 어렵다. 이는 이것이 사회적 가치, 혹은 감정 등이 포함되어 있을 수 있기 때문이다.

이러한 부분에서 체계적인 논의가 필요함에도 현 규제영향분석은 규제의 신설과 강화[1)]에 따라 고려될 수 있는 비시장재 혹은 공공재 영역 등에서의 비용편익 추정에 대해서는 그 논의가 거의 이루어지지 않았거나 혹은 매우 간단히 기술되어 있다(국무총리실, 2012 참고). 또한 WTA에 대한 논의는 사실상 부재하다. 정부 규제에 따라 무엇인가(재산 혹은 권리 등)를 손실하게 되는 주체인 피해자를 유발하게 되는 이 피해자들이 인식하는 1단위의 손실의 가치는 상대적으로 수혜자들이 얻는 1단위의 이득 가치에 비하여 클 가능성이 크다.

일반적으로 규제가 수혜자와 피해자를 유발한다는 점에서, 특히 피해자의 입장에 WTA에 대한 접근이 필요하다. 이러한 점이 고려되지 않는다면, 규제에 대한 순응도뿐만 아니라 사회적 갈등을 유발하는 계기로 작용할 수 있다. 물론 집단에 대한 규제의 영향은 규제를 강화할 때뿐만 아니라 규제를 완화할 때 역시 나타난다. 따라서 규제 강화뿐만 아니라 규제 완화 시에도 규제영향분석은 시행될 필요가 있으

---

1) 현 규제영향분석에서 좀 더 큰 문제는 규제 완화에 대해서는 영향평가를 하지 않는다는 것이다. 규제의 특성을 고려할 때 규제 강화에 대해서만 영향평가를 시행하는 것은 이 제도의 취지에 대한 의구심을 갖게 한다.

며, 두 경우 모두 WTA에 대한 고려가 이루어질 필요가 있다. 특히, 특정 이익집단들이 집단이익을 극대화하기 위하여 관련 규제를 완화시키고자 하는 경우 규제영향분석은 반드시 이루어져야 한다.

둘째, 예비타당성조사의 경제성 분석에 활용될 수 있다. 예비타당성조사는 정부의 대규모 신규 사업에 대한 사전적인 타당성 조사로서, 총사업비가 500억 원 이상이고 국가의 재정 지원 규모가 300억 원 이상인 신규 사업(건설사업, 정보호사업, 국가연구개발사업), 중기 재정 지출이 500억 원 이상 수반되는 신규 사업(사회복지, 보건, 교육, 노동, 문화 및 관광, 환경 보호, 농림해양수산, 산업·중소기업 분야의 사업)을 대상으로 수행하고 있다(국가재정법 38조[법률 제11614호, 2013.1.1], 국가재정법 시행령[대통령령 제24368호, 2013.2.15] 13조).

예비타당성조사의 핵심으로 경제성 분석은 비용편익분석에 의하여 수행되는데, 아직까지 비용과 편익의 추정에서, WTP와 WTA가 동일하다는 가정하에 분석되고 있다.

> 공공사업에 의한 이득을 얻거나 손실을 방지하기 위한 WTP는 가처분 소득의 범위 내에서 상한선을 생각해 볼 수 있지만, 이득을 포기하거나 손실을 감내하는 것을 수용하기 위한 WTA에 대한 이론적 상한을 매길 수가 없다. 이러한 이유로 CVM 등의 비시장가치기법을 사용하여 편익을 측정할 때, 이득을 확보하기 위한 WTP를 측정하고, 손실을 측정하고자 할 때에도 WTA 개념 대신에 손실을 방지하기 위한 WTP를 측정하는 것이 관행으로 되어 있다(KDI, 2008: 298).

이는 곧 WTA와 WTP 간 차이를 인식하지 못해서가 아니라 WTA 추정상의 이론적·방법론적 한계에 기초한다. 그러나 이러한 한계에도 불구하고 ① 그 차이가 유의미하게 클 것으로 판단되는 영역, 또는 WTA 인식 주체가 주로 저소득층인 경우는 이에 대한 측정과 반영을 고려할 필요가 있다. ② 환경가치의 손실, 혹은 악화의 경우 필수적으로 WTA의 추정이 반영될 수 있도록 제도의 개선이 요구된다. 환경 파괴를 유발하는 대부분의 사업에서 지속되는 오랜 갈등, 그에 따른 막대한 사회적 비용이 초래되고 있다. 즉, WTA의 추정 비용은 사회적 비용보다 결코 높지 않을 것이다.

셋째, 상이한 기준점은 소득에 따른 차별적 제도 형성의 필요성을 제시한다. 다양한 조세제도, 연금제도, 의료제도, 공공 서비스 이용료, 소비자 물가 책정 등 전반에 걸쳐 행위자에 따라 상이한 기준점이 존재한다는 점을 반영할 필요가 있다. 특히, 정책적으로 소득은 유용한 기준점으로서 활용될 수 있을 것이다. 따라서 서로 다른 소득을 기준으로 차별적 제도를 운영하는 것은 형평성을 확보하는 수단이면서 동시에 정책의 순응도를 향상시키는 데 기여할 수 있다.

넷째, WTA와 WTP 간의 격차를 해소시킬 수 있는 제도 구축의 필요성이 크다. 자발적 협력의 촉진은 사회적으로 매우 바람직하고 유용하다. 그러나 현실에서 자발적 협력은 발견하기 쉽지 않다. 이는 자발적 협력을 저해하는 핵심적인 요인이 내재되어 있다는 것을 보여준다. 기존에 이와 관련하여 거래비용이론은 유용한 함의를 제공해 왔다. 즉, 거래비용을 낮추는 제도를 설계함으로써 자발적 협력이 촉진될 수 있다는 것이다. 이와 같은 맥락에서, 어떤 권리나 물건을 팔고자 하는 주체가 느끼는 WTA와 사고자 하는 주체가 느끼는 WTP 간의 격차를 줄여주는 제도의 설계를 고려할 필요가 있다. 거래의 주체 간에 WTA와 WTP 간의 격차를 줄이는 제도 설계는 ① WTA와 WTP를 객관적으로 측정하고, ② WTA와 WTP 간의 격차의 원인을 찾아낸다면, 이들 간의 격차를 해소시킬 수 있는 제도의 형성이 가능할 것이다. 예를 들어, 토지보상제도 등 다양한 보상제도 개선에 활용될 수 있다.

다섯째, 민영화 등 소유 및 운영 주체의 변화를 유발시키는 정책에서 보유 효과를 고려할 필요가 있다. 보유 효과를 고려한다면, 소유 주체를 변화시키는 다양한 정책에서 WTA를 반영해야 할 필요성을 제시한다. 특히, 공공 부문에서 신공공관리의 이름으로 수행된 다양한 민영화, 외부위탁 등은 다른 모든 조건이 동일하다 하더라도, 소유 및 운영 주체가 공공에서 민간으로 이전된 것만으로도 손실 및 손해로 인식될 수 있으며, 이렇게 인식하는 주체에게는 이는 막대한 상실감, 박탈감을 초래하여 궁극적으로 사회적 갈등을 증폭시킬 수 있다.

이러한 점은 ① 공공 부문에서 민간 부문으로 소유 및 운영 주체를 변화시키고자 할 때, 하나의 판단 지표로서 보유 효과가 고려될 필요가 있다. 예를 들어, 민영화의 대상(예: 철도, 전력 등)의 보유 효과를 국민적 차원에서 측정하여 민영화 추진 여부에 하나의 판단 기준으로 활용할 수 있다. ② 공공 부문에서 민간 부문으로 소유 및 운영 주체를 변화시키기로 결정한 이후라도, 변화의 방식을 선택하는 데 활용될 수 있다. 예를 들어, 소유 주체가 결과적으로 대기업이 갖는 형태가 있을 수 있고, 아니면 다수의 국민이 소유할 수 있는 방식(예: 국민주 형태)으로 전환시킬 수 있다. 만약 해당 대상물의 보유 효과가 크다면, 전자보다는 후자의 방식이 더 바람직할 것이다. 이러한 과정을 체계화하여 공공 부문의 소유 및 운영 주체의 변화 시에 활용할 수 있도록 제도화할 필요가 있다.

전망이론과 보유 효과는 다양한 함의를 지니고 있음에도 불구하고 해결해야 할 여러 가지 난제 역시 존재한다. 특히, 이론 경제학이 아닌 현실의 문제를 해결해야 할 행정학과 정책학에서 이에 대한 중요성은 더욱 크다. 또한 미시적 수준에서 어려움은 아래와 같다.

첫째, 기준값의 상이함을 어떻게 측정하고 또한 객관화시킬 수 있는가 하는 점이다. 정책의 효과는 기준값이 달라짐에 따라 서로 다른 영향을 미칠 것이다.

둘째, 무엇보다 공공재나 혹은 비시장 재화 등 부분에서 WTP와 WTA의 측정의 문제이다. 현재에도 이 영역에서의 WTP 측정 역시, 측정의 타당성 논란이 지속되고 있다. 이러한 상황에서 WTP와 WTA 간에 차이가 있다는 것은 측정의 어려움을 가중시킨다.

셋째, 공공재나 비시장 재화 등에서 WTP나 WTA 모두 인지 수준을 측정한다는 것이다. 다양한 편의(bias)를 해결하는 것도 문제이나, 특히 동일한 대상에 대한 서로 다른 WTA 결과를 어떠한 표준화시킬 것인가도 매우 중요한 과제이다. 즉, WTP와 달리 WTA는 소유하고 있는 것을 포기해야 하는 전제가 있기 때문에 일반적인 표준화가 쉽지 않다.

넷째, 기존 연구에서 알 수 있듯이, 보유 효과에 따른 WTA값은 매우 큰 분산을 지니고 있어 그 차이가 매우 심하다는 것이다. 이러한 큰 분산은 표준화의 어려움뿐만 아니라 표준화시킨다 하더라도 결과에 대한 타당성을 침해할 가능성이 크다.

이 연구의 가치는 기존에 제기된 이론을 행정학 및 정책학 차원에서 재해석하고자 시도하였다는 점이다. 행태경제학적인 다양한 연구물은 주류 경제학적 관점에서는 도전일 수 있으나, 행정학이나 정책학적 관점에서는 오히려 당연스럽게 받아들여질 수 있는 연구 결과들이다. 이는 행태경제학이 인간의 심리를 연구한 심리학적 연구 결과를 활용하고 있기 때문일 것이다. 특히, 이 이론과 개념들은 현실적인 정책 형성, 집행, 평가에 활용될 수 있을 것이며, 더 크게는 인간의 본성인 마음에 기초하고 있다는 점에서 사회적 갈등과 통합에 활용될 수 있기를 기대한다.

행위자 간 거래, 그리고 거래비용이론

- 코즈와 윌리엄슨 이론의 재고찰 -

제 3 부

제 1 장 연구 개관*

기업의 존재의 이유가 무엇인가(Coase, 1937)에서 시작된 거래비용이론(transaction cost theory)은 한동안 경제학의 중심축에서 벗어나 있었으나 스티글러(G. J. Stigler)가 중심이 된 시카고 학파의 적극적인 활용과 1980년 이후 신자유주의 흐름 속에서 이 이론의 가치가 크게 증가해 왔다. 단순히 기업 차원, 좀 더 넓게 보면 시장에 대한 연구에서 비롯된 거래비용이론은 현재 경제학, 행정학 등 사회과학 전반에 영향을 미쳐왔다.

신제도경제학의 출현을 이끌어 내면서 공공 부문에 대한 좀 더 큰 영향력을 행사해 온 거래비용이론은 행정학적으로 그동안 조직과 정책, 그리고 정부간 관계 및 협력 등 다양한 분야에서 깊게 연구되고 활용되어 왔다. 무엇보다 이 이론은 정부의 역할 설정에 근본적인 영향을 미치기도 하였으며, 구체적으로는 신공공관리의 중심 이론으로서 성과관리, 민영화 등 다양한 처방의 내재된 기준이 되기도 하였다. 학문적 영역뿐만 아니라, 경제단체 혹은 자유시장주의적 관점에 있는 다양한 이해집단들 역시 거래비용이론을 자신들의 이해와 논리를 대변해 주는 중요한 도구로 활용하기도 하였다.

그러나 거래비용이론이 영향력을 확대해 보는 과정에서 특징적인 현상이 발견된다.

---

* 제3부는 김태은(2010b). 거래비용과 정부 역할: 행정학 자리 찾기를 위한 이론적 재접근. 「한국행정학회 추계학술대회 발표논문집」. 1-28의 내용을 수정 보완한 것이다.

첫째는 정부 역할과 관련된 것이고, 둘째는 이론을 만든 연구자와 이론을 활용하는 연구자 간에 서로 다른 견해가 나타난다는 것이다.

전자와 관련하여, 거래비용이론 핵심 연구자인 코즈(R. H. Coase)와 윌리엄슨(O. E. Williamson)의 연구는 사회과학의 수준을 한 단계 진전시킨 기념비적인 연구물임에 이의를 달 학자는 없을 것이다. 특히, 당시의 경제학 주류에 맞서 거래비용의 개념을 주창한 코즈의 업적은 가히 위대하다는 말이 부족할 정도이다. 이들로 대표되는 거래비용이론은 정부 역할과 관련하여 많은 함의를 지니고 있다. 그럼에도 자유시장 지상주의(이하 자유시장주의)적 관점의 연구들은 이들의 연구를 정부 역할의 축소 또는 제한의 논리로 활용해 왔다.

특히, 코즈 정리(Coase theorem)는 시장에 대한 정부의 개입을 제약하는 데 활용되었고, 윌리엄슨의 지배구조와 관련된 논의는 대기업의 독점 옹호 논리로 활용되어 왔다.

후자와 관련하여 코즈 정리는 대표적인 예이다. 즉, 거래비용이론에서 가장 많은 인용과 활용, 그리고 중심적 개념으로 자리 잡은 코즈 정리에 대하여, 정작 코즈는 코즈 정리가 현실 세계를 반영한 것이 아니므로, 코즈 정리에서 벗어나기를 지속적으로 요구해 왔다. 이는 거래비용이론의 핵심 개념에 대한 이해가 어떤 특정 프레임(예: 자유시장주의)을 통하여 선택적으로 해석 및 활용되었을 수 있음을 의미한다.

거래비용이론과 관련된 이러한 현상들은 이 이론에 대한 재고찰의 필요성이 높음을 보여준다. 이러한 맥락에서 이 연구는 공공 부문에 영향을 미친 코즈와 윌리엄슨의 거래비용이론의 핵심 개념과 이론들에 대한 탐구를 통하여 정부 역할의 함의가 무엇인지를 연구하고자 하였다.

이를 위하여 거래비용이론과 관련된 세 가지 연구 질문을 제시하고, 이에 대한 해답을 이론 및 문헌연구를 통하여 찾고자 하였다. 이 연구는 이론적·문헌적 연구로서 이론 자체에 충실하기 위하여 크게 세 가지 관점을 유지하고자 하였다.

첫째, 이론의 해석자의 주장이 아닌 이론 개발자의 주장에 충실하고자 하였다. 이는 연구자마다 이론을 이해하는 렌즈가 서로 다를 가능성이 있기 때문이다.

둘째, 이론이 만들어진 장(무대)이 어디인지에 대한 이해를 갖추고자 하였다. 이는 이론을 관통하고 있는 중심적 기제 혹은 가치가 무엇인지를 이해하게 해 주고, 다른 부분으로 적용하는 데 조심스러운 태도를 갖게 한다.

셋째, 이론에서 제시하는 개념과 조건을 정확히 파악하고자 하였다. 즉, 이론 개발자가 제시한 개념은 개발자가 설정한 범위와 가정 내에서 이해하고자 노력하였다.

제 2 장 이론적 배경

제 1 절 거래비용이론이 정부 역할 설정에 미친 영향

1 거래비용이론

시장 거래에서 거래비용이 존재한다는 매우 상식적이고 일반적일 수 있는 발견에서 비롯된 거래비용이론(transaction cost theory)은 "아마도 사회과학에 가장 큰 영향을 미친 단일 이론은 거래비용 경제학이다"(Carroll & Teece, 1999: 3)라는 주장처럼, 이후 시대를 대표하는 사회과학의 핵심 이론으로 발전되어 공공 부문을 설명하고 정부 역할을 설정하는 데 커다란 영향을 미쳐왔다.

코즈(Coase, 1937: 390)가 거래비용을 "가격 메커니즘 이용 비용(cost of using the price mechanism)"으로 정의하면서 촉발된 거래비용이론의 핵심은 신고전경제학과 달리 거래비용을 인정한다는 점과 행태 가정(behavioral assumptions)에 있다. 첫째, 거래비용을 주장하는 학자들은, 조직의 생산 선택은 전통적 생산 요소(고정자산, 노동, 자본) 비용과 거래비용을 반영해 이루어진다고 주장한다. 둘째, 완전한 합리성을 가정한 신고전경제학과 달리, 거래비용이론에서는 기본적으로 제한된 합리성(bounded rationality)과 기회주의적(opportunism) 행태를 가정한다(이러한 점에서 대리인이론과 일치한다). 즉, 거래비용은 제한된 정보와 불확실성에 의하여 증가되며(Coase, 1937; Williamson, 1981; 1985; 1996), 거래 주체는 미래에 대하여 완벽한 예측이 불가능하기 때문에 완벽한 계약을 할 수 없다. 이러한 상황에서 계약하는 조직은 거래 주체가 기회주의적으로 행동함에 따른 위험을 관리해야 한다는 것이다.

이러한 특성을 갖는 거래비용이론은 산업조직 영역, 경제학의 대부분 응용 연구(노동, 재정, 비교경제 시스템, 경제 개발과 개혁)뿐만 아니라 사회학·정치학 등 인접 사회과학, 기업에 대한 공공정책(민영화, 반독점, 규제, 협력 거버넌스), 경제 및 정치 개혁 등에 많이 적용되어 왔다(Williamson, 2009: 466; Macher & Richman, 2008: 38-39).

윌리엄슨(Williamson, 2009: 472)은 거래비용이론이 4단계(informal, pre-formal, semi-formal, fully formal stages) 발전 과정을 거쳐 왔다고 주장한다.

비공식적 단계는 1930년대(특히, Commons & Coase) 연구로 신고전경제학의 오류에 대한 고찰이라 할 수 있다.

선(先)공식 단계는 1970년대 연구들로, 수직적 통합에 대한 재해석, 수직적 시장 제약, 노동시장 조직, 자연독점에서의 독점판매권(franchise bidding), 효율적인 배열을 위한 조건 등에 대한 연구가 진행되었다.

준(準)공식 단계는 1980년대로 혼합 방식(hybrid modes), 거래와 거버넌스 구조의 차원화, 그리고 경영학 및 경제학과 인접 학문에서의 응용이 나타났다.

완벽한 공식주의는 1980년대 이후 진행되어 오고 있다.

특히, 거래비용이론은 전통적으로 사적 기업의 내적 생산 또는 위탁과 관련된 결정에 적용되어 왔음에도 불구하고, 그동안 정부 조직설계, 역할, 규모를 설정하는 결정적인 역할을 수행해 왔다. 즉, 이 이론은 공공 서비스 공급을 위한 특정한 조직 형태의 효율성을 설명하거나 경제적인 분석을 수행하는 데 중요한 역할을 수행하였으며, 공공 서비스의 감시, 규제, 제공에서 가능한 단순한 모형의 선택을 강조해 왔다(Obermann, 2007: 493).

이러한 관점에서 정부는 거래에 가장 효율적인 조직구조를 가져야 한다는 규범적 논의가 제시되어 왔고, 현재의 정부구조를 거래비용 관점에서 평가하고 이에 따라 새로운 구조로의 이행을 강요하기도 하였다. 또한 재산권 이론과 결합되면서, 정부의 시장 개입을 극소화되거나 불필요하다는 주장까지 제기되기도 하였다. 한편에서는 대리인이론, 공공선택이론 등과 결합되면서 다양한 처방이 제시되어 왔다.

정부 역할 설정에서 거래비용이론의 영향력은 대표적으로 신제도경제학과 신공공관리의 이론적 토대로서 이 이론이 가장 중심에 있다는 점에서 잘 드러난다.

2 신제도경제학과 거래비용이론

우선, 신제도경제학(new institutional economics)은 신고전경제학적 관점에서 제시된 정부 역할까지 변화시킬 만큼 커다란 영향력을 행사해 왔다. 신제도경제학은 신고전경제학과 몇 가지 차이가 있다. 신고전경제학이 가치의 극대화를 위한 최적 조건을 찾는 규범적 이론(normative theory)의 성격이 강하다면, 신제도경제학은 현실세계에서 인간의 지식과 인식의 한계를 인정하고 인간의 선택과 행동을 설명하는 실증적 이론(positive theory)을 지향한다(Pejovich, 1998: 13; 최병선, 2006a: 196). 구체적으로, 제한된 합리성 인정(Simon, 1947; Williamson, 1975), 파레토 최적 기준을 이용한 정부 개입의 정당화에 비판적(예: Demsetz, 1969; De Alessi, 1983), 배분적 효율성보다 생산적·동태적 효율성의 강조(North, 1984) 등이다.

태초에 시장이 있었다는 윌리엄슨(Williamson, 1975: 20)의 언급에서 알 수 있듯이, 신고전파의 영향을 받은 제도경제학자들은 국가를 포함한 각종 비시장제도와 조직들을 시장기구가 실패할 때 나타나는 인위적 대용물로 취급하며, 시장제도가 여타의 제도들에 실제적·개념적으로 우선하는 것으로 상정한다(장하준, 1996: 210). 시장우월성에 대한 도그마적 인식(dogmatic perception)을 지니고 있는 신제도주의 경제학 옹호자들은 사회적 문제에 대한 시장 해결에 대한 뚜렷한 편향과 시장의 고유한 우월성(superiority)에 대하여 믿음을 지니고 있다.

> 이는 윌리엄슨뿐만 아니라 현대 주류 경제학이라 할 수 있는 신고전경제학의 기본 입장이다. 이들은 인간의 이기심과 시장이 태초부터 존재한다는 점을 기본 전제로 하고, 시장이 국가와 대립되며, 시장이 최상의 체제라는 점을 가정하고 있다. 따라서 신고전학파는 시장의 효율성을 믿고 국가의 개입이 최소한으로 설정되어야 한다고 주장한다(홍윤, 2007: 404-405).

신제도경제학은 정부 개입의 조직적 형태(예: 정부부처를 통한 정부 개입, 독립 공공기관, 위탁(contracting out) 등)를 결정하는 데 이론적으로 지원하고 있으며, 규제에 대해서도 시장 인센티브를 방해하는 규제보다는 시장 경쟁에 호의적이다. 또한 거래비용 접근은 효율성을 제공하기 때문에 반독점법보다는 수평적 · 수직적 통합에 더욱더 관대하다(Dollery, 2001: 206). 이와 관련하여, 최병선(2006a)은 신제도경제학적 관점에서 규제는 재산권의 제약이며, 신고전경제학에서 말하는 시장실패 요인들, 즉 독점, 공공재, 정보의 불완전성, 외부 효과에 대한 처방(정부 개입)에 대하여 비판적임을 소개한 바 있다.

이러한 신제도경제학의 이론적 토대는 다양한 견해가 존재한다. 그러나 신제도경제학의 중심이론은 재산권이론과 거래비용이론이라는 주장(최병선, 2006a: 181)처럼, 재산권이론 역시 거래비용이론과 밀접하게 연계되어 있다는 점에서 신제도경제학의 핵심을 이루는 것은 거래비용이론이라 할 수 있다(Boston et al., 1996; Dollery, 2001; Furubotn & Richter, 2008; Rutherford, 1996; 김관보, 1998; 최병선, 2006a).

3 신공공관리와 거래비용이론

한편, 정부 역할 설정에서 거래비용이론의 영향은 신공공관리에서도 잘 드러난다. 신공공관리(new public management: NPM)는 1970년대 후반 이후 OECD 국가들에서의 행정 개혁 의제 혹은 개혁의 원칙들을 포괄하는 것으로 이해할 수 있다. 주요 국가마다 중심적 관심 영역(예: 민영화, 분권화, 탈규제)은 약간씩 상이하였으나 (Peters & Pierre, 1998), 여러 국가의 신공공관리적 원칙[1]은 상당 부분 서로 유사하였다(Light, 1997; Box et al., 2001: 612). 실제 OECD(1990; 1993)는 22개 OECD 국가에서 관리적 개혁이-비용 의식적, 더 나은 고객 서비스 제공, 성과 예산, 인적 자원 관리, 정보기술, 성과 통제, 결과의 평가-보편적이고도 지배적인 경향임을 보여준다. OECD(1995)는 이러한 개혁의 분석을 통하여 국가, 개혁의 접근과 정도의 차이에도 불구하고, 공공관리를 위한 새로운 프로그램이 출현하였으며, 이를 크게 여덟 가지

1) 이는 후드(Hood, 1991), 오스본(Osborne, 1993)에서 잘 드러난다.

경향으로, 즉 권위이양, 유연성 제공, 성과, 통제, 책임성 확보, 경쟁과 선택 개발, 반응적 서비스 제공, 인적 자원의 관리 개선, 정보기술의 최적화, 규제의 질 개선, 조정(steering) 기능의 강화로 특징지었다(Kickert, 1997: 733). 이것이 신공공관리이다.

좀 더 구체적으로 카불리언(Kaboolian, 1998: 190)은 고객 서비스, 성과 기반 계약, 경쟁, 시장 인센티브, 탈규제와 같은 관리기술의 활용이 관찰되었다고 주장하였다. 문(Moon, 2000: 177)은 신공공관리는 시장 효율성을 강조하고, 연방·주·지방 수준에서 다양한 관리 재창조를 촉진하였으며, 동기, 조직 효과성, 성과 보상, 성과 측정, 의사결정 과정, 유연한 조직문화를 포함하는 성과 기반 관리와 같은 관리 이슈들을 부각시켰다고 주장하였다. 최근에 전(Jun, 2009)은 신공공관리의 주된 아이디어로서, 구조적 권한 이양과 분권화, 단일 기관 내에서의 수직적 조정과 자율성, 관리주의와 관리기술, 계약주의, 민영화, 기업가주의, 시장 지향적 기법, 경쟁, 고객으로서 시민, 반베버이론, 탈규제와 시장 거래, 성과관리와 산출을 제시한다.

이러한 신공공관리가 국제적 수준에서 하나의 교리로 자리 잡는 데에는 무엇보다 흔들기 힘든 강건한 경제이론들이 기저하고 있기 때문이다. 즉, 풍부하고 정교하면서도 그 가정의 검증 여부와 관계없이 가정 위에서 일반이론을 추구하는 경제이론이 존재하였다. 즉, 신공공관리는 다양한 지적 원천을 지니고 있으나, 무엇보다 정치·행정 관계를 위한 모델로서 경제시장(economic market)의 이용을 핵심으로 하고 있었다(Nagel, 1997; 349). 구체적으로 기업이론(Boston, 1991; Buchanan & Tullock, 1962; Moe, 1984; Niskanen, 1971; Tullock, 1965; Williamson, 1981), 관리주의(Aucoin 1990; Peters & Waterman, 1982; Hammer & Champy, 1994) 등과 같은 지적 토대를 지니고 있으며(Moynihan, 2006: 78: 김태은 외, 2008: 151), 공공선택이론(public choice approach), 주인-대리인이론(principal-agent theory), 그리고 거래비용 경제학(transaction cost economics)의 영향을 받았다(Self, 1993; 3; Kaboolian, 1998: 190: 김태은, 2008: 112). 즉, 신공공관리는 공공 영역의 행위 주체인 공무원 역시 사익을 추구하는 주체라는 공공선택론의 중심적 사고가 그 핵심에 있다 할 것이며(Boston, 1991: 9; Kamensky, 1996: 248; Orchard, 1998: 19-20), 무엇보다 효율성(efficiency)의 추구가 핵심적 가치로 존재한다 할 것이다(김태은, 2008: 112-113).

신공공관리의 이론적 공고함은 여러 학자에게서 역시 발견된다. 대표적으로 후드(C. C. Hood)는 신공공관리를 신제도경제학과 기업형 관리주의(business-type managerialism)의 결합으로 이해하며, 공공선택이론, 거래비용이론, 대리인이론을 신제도경제학의 이론적 구성 요소로 제시하였다. 특히, 신제도경제학은 경합성(contestability), 사용자 선택(user choice), 투명성(transparency), 인센티브 구조(incentive structures)와 같은 아이디어 구축에 영향을 미쳤다고 주장한다(Hood, 1991: 6).

셀프(Self, 1993: 3), 카멘스키(Kamensky, 1996: 251-252), 카불리언(Kaboolian, 1998: 190)은 신공공관리가 공공 선택, 주인-대리인이론, 거래비용 경제학의 영향을 받았다고 주장한다. 돌러리와 윌리스(Dollery & Wallis, 2000)는 신공공관리에 신제도경제학이 중심에 있음을 지적하면서, 신제도경제학을 크게 대리인이론과 거래비용이론으로 구분하고 있다.

그뤼닝(Gruening, 2001)은 거래비용이론, 대리인이론, 재산권이론, 공공선택이론 등을 포함하여 크게 여덟 가지를, 모이니헌(Moynihan, 2006: 78)은 회사이론, 관리주의 등과 같은 이론적 토대를, 그루트와 버딩(Groot & Budding, 2008)은 전통적 행정이론, 공공관리 및 관리과학, 신제도경제학을, 이종수(2010: 150-151) 역시 신공공관리론은 시장주의와 신관리주의를 결합하여 개발된 이론이지만 그 이면에는 공공선택론, 대리인이론, 거래비용이론 등이 자리 잡고 있다고 주장한다.

이상에서 살펴보았듯이, 신공공관리에는 다양한 경제이론, 특히 거래비용이론, 공공선택이론 등이 토대를 이루고 있다. 즉, 신공공관리에서 거래비용이론은 핵심 이론 중 하나라 할 것이다.

결론적으로 거래비용이론은 신제도경제학 및 신공공관리의 중심 이론 혹은 이론적 토대로서 자리하고 있으며, 이는 곧 정부 역할 설정에 거래비용이론이 중요한 영향을 미쳐왔음을 보여주고 있다 할 것이다.

제 2 절 선행 연구와 새로운 연구의 필요성

1 주요 선행 연구

거래비용이라는 개념 자체는 코즈(Coase, 1937)의 연구에서 비롯되었다. 이후 코즈

(Coase, 1960)에서 구체화되고, 윌리엄슨(Williamson, 1971; 1979; 1981; 1985; 1999)에 의하여 발전 및 구현되었다 할 수 있다. 코즈(Coase, 1937)는 기업의 존재 이유를 거래비용의 존재에서 찾고 있으며, 거래비용의 개념을 최초로 소개하였다. 코즈(Coase, 1960)는 피구(Arthur C. Pigou)를 중심으로 한 당시의 후생 경제학자들을 비판하기 위하여 거래비용 개념을 활용하여 부정적 외부 효과에 대한 검토를 수행하였으며, 이 과정에서 거래비용이라는 개념은 경제학의 중심 개념으로 확장되었다고 할 수 있다. 코즈(Coase, 1988)는 일부 학자들에 의하여 자신의 의도와 상관없이 확대되고 있는 부분에 대하여 지적하고 연구의 중심이 무엇인지에 대하여 많은 부분을 할애하고 있다.

이후 거래비용은 윌리엄슨의 연구를 통하여 조직 및 거버넌스 구조 연구로 확장되었다. 윌리엄슨(Williamson, 1971)은 시장의 대체(substitute)로서, 지배구조로서 기업(firms)을 제시하고 있다. 이 논문에서 윌리엄슨의 이론의 상당 부분이 제시되었는데, 계약의 렌즈보다는 선택의 렌즈로 경제조직을 분석하고, 제한된 합리성 개념 인식, 전략적 행태, 적응(adaptation), 자산 특성 구분(generic or specific assets)이 제시되었다. 윌리엄슨(Williamson, 1976)은 규제를 거래비용 관점에서 분석하였고, 윌리엄슨(Williamson, 1979)은 투자의 특징, 빈도, 그리고 거버넌스의 구조를 제시하였다. 윌리엄슨(Williamson, 1981)은 조직연구에서 거래비용을 적용하였고, 윌리엄슨(Williamson, 1985)은 윌리엄슨 이론의 종합으로, 거래비용의 개념, 행태 가정, 차원(dimensions), 효율적인 거버넌스(efficient governance)에 대하여 종합적으로 정리하였다.

윌리엄슨(Williamson, 1999)은 거래비용의 관점에서 공공관료제를 분석하였다. 외교 업무에 대한 사례를 분석하면서, 거래비용의 제4의 특성(attribute)으로 청렴 혹은 성실(probity)을 도입하고 있다. 공공 부문의 특성을 고려한 새로운 특성 변수를 도입하여 거버넌스를 논의하고 있다는 점에서 의미가 있다. 윌리엄슨(Williamson, 2005)은 조직이론의 거래비용이론에 공헌, 거버넌스 구조 등에 대하여 기존 연구를 체계적이고 종합적으로 소개한다. 윌리엄슨(Williamson, 2008)은 거래비용 경제학의 초창기(1920~1970)에 대한 소개를 하면서, 거래비용 경제학은 경제학, 조직이론, 법 등과 선택적으로 결합된 다학제적 것이었음을 제시하였다. 윌리엄슨(Williamson, 2009)은 거래비용 경제학에 대한 자신감을 표출하면서 거래비용 경제학의 주요 내용과 발전 과정을 제시하고 있다. 윌리엄슨(Williamson, 2010)은 윌리엄슨의 거래비용 경제학 구축에 마치(J. March), 사이먼(H. Simon), 프리드만(M. Friedman), 챈들러(I. A. Chandler) 등의 영향이 지대하였음을 밝힌다.

코즈와 윌리엄슨의 연구 외에 수많은 관련 연구가 국내외적으로 수행되었다. 특히, 공공 부문에 관련한 연구를 중심으로 정리하여 구분·제시하면 아래와 같다.

첫째, 이론 소개와 관련한 연구로, 무솔(Musole, 2009)은 재산권 및 거래비용과 관련하여 문헌 연구를 수행하고 있으며, 기본스(Gibbons, 2010)는 윌리엄슨의 연구를 체계적으로 정리하면서 거래비용 경제학의 과거와 미래에 대하여 기술하였고, 스필러(Spiller, 2010)는 윌리엄슨에 의하여 영향받은 규제의 거래비용이론을 소개하였다. 돌러리(Dollery, 2001)는 신제도 경제학의 옹호자들은 기본적으로 시장의 우월성을 전제로 하여 공공 부문에 적용하려 함을 비판한다. 프란트(Frant, 1996)는 거래비용 경제학의 공공 영역에 대한 적용이 성공적이지 않다면서 거래비용 경제학의 기본 구조를 공공 영역의 특성을 고려하여 조정되어야 함을 강조한다. 루이터(Ruiter, 2005)는 윌리엄슨(Williamson, 1999)의 연구를 토대로 긍정적인 관점에서 공공 분야 적용 가능성을 살펴보고 있다 오베르만(Obermann, 2007)은 거래비용의 관점에서 공공 서비스 제공과 관련한 국가의 역할의 변화, 즉 공공재와 서비스의 생산자보다는 보증자로서 국가의 기능을 살펴보고 있다.

국내 연구로서, 박우순(1994)은 조직이론 관점에서 조직경제학에 대한 비판을, 장하준(1996)은 제도경제학의 흐름을 소개하였다. 김관보(1998)는 윌리엄슨의 거래비용이론을 이론적 차원과 실증 분석적 차원에서 소개하였고, 최병선(2006a)은 코즈 정리를 체계적으로 제시하였으며, 최병선(2006b)은 코즈 정리의 소개와 더불어 신고전경제학적 관점에서 시장실패에 대한 정부 개입 논리(독점, 외부 효과, 공공재, 정보의 불완전성)를 신제도경제학 관점에서 비판하고 있다. 한편, 안도경(2011)은 코즈 이론을 통하여 시장-정부 이원론의 비판적 고찰을 수행하였다.

둘째, 공공 부문에 대한 이론 적용과 관련된 연구는 지방정부 협력 및 경제 발전, 에너지, 정부 규제, 민관 협력, 정보 시스템 등 다양한 영역에서 연구가 수행되었으나 주로 정부간 협력 및 규제 영역의 연구가 주를 이루고 있다(Adesoji et al., 2010; Brown & Postoski, 2003; 2004; Feiock & Kim, 2000; Feiock et al., 2009; Michaelowa & Jotzo, 2003; Reeves, 2008; Spanjer, 2009; 지광석·김태윤, 2010; 김재훈, 2005; 강윤호, 2005; 이영환·홍준형, 2009; 박성민, 2006; 박기묵, 2009; 박형준·장현주, 2009). 예를 들

어, 아데소지 외(Adesoji et al., 2010)는 토지 사용에서 관할권 간 협력의 비용과 편익을 거래비용 관점에서 연구하고 있다. 즉, 저자들은 거래비용의 본질과 역동성을 평가하기 위한 프레임을 개발하고, 관할권 간 협력의 위한 함의를 제공한다. 특히, 협력 파트너의 상대적 크기, 다양성, 복잡성의 정도가 중요하며, 미시간 주의 토지 사용에 적용할 때 거래비용을 줄이기 위한 정책이 다양한 유형의 협력에 긍정적임을 제시한다. 김재훈(2005)은 지방자치단체의 생활폐기물 수거와 사회복지시설 운영 민간위탁에 거래비용 경제학이론과 계약 유형을 적용하여 분석하였다. 특히, 저자는 거래비용이 낮은 것으로 나타난 생활폐기물 수거의 민간위탁이 거래비용 경제학이 예측한 완전계약 대신 관계 계약의 특성이 나타남을 보여주고 있다.

셋째, 거래비용이론 검증과 관련된 연구는 보어너와 마셔(Boerner & Macher, 2003), 데이비드와 한(David & Han, 2004), 카터와 호지슨(Carter & Hodgson, 2006)이 대표적이다. 이들 연구의 공통점은 거래비용 이론이 윌리엄슨(Williamson, 2009)의 주장과 달리 경험적으로 완벽하게 지지되지 않는다는 것이다. 즉, 수직적 통합에 대해서는 부분적으로 지지될 수도 있으나 혼합 관계에서는 지지의 근거가 미약하고 매우 혼란스럽다는 것이다. 한편, 마셔와 리치맨(Macher & Richman, 2008)은 거래비용 경제학의 기본적 프레임과 관점이 다양한 기업 관련 현상(판매, 금융, 국제 비즈니스, 조직 행태, 전략과 혁신)을 설명하는 데 성공적으로 활용되어 왔다고 주장한다.

2 연구 필요성과 방향

정부 역할 설정에 가장 큰 영향을 미쳐온 거래비용이론은 매우 많은 연구가 진행되어 왔다. 기존의 연구들이 거래비용에 대한 이론적·실증적 가치를 지니고 있음에도 불구하고 추가적인 연구는 아래 현상에 대한 필요성에 기인한다.

첫째, 거래비용이론과 관련된 일련의 현상에 대한 설명 필요성이다. 즉, 거래비용이론의 핵심적인 연구자인 코즈와 윌리엄슨의 연구가 대기업과 시장주의적 관점에서 공통적으로 정부의 역할의 축소, 혹은 제한 논리로 활용되어 왔다는 점이다. 또한 코즈 정리에 대한 코즈의 입장에서 알 수 있듯이, 코즈와 윌리엄슨이 이론이 특정 프레임(예: 자유시장주의적 관점)을 통하여 선택되어 활용되어 왔을 가능성을 보여준다.

둘째, 코즈와 윌리엄슨으로 대표되는 거래비용이론은 이론의 핵심 개념, 그리고 이론 그 자체로 정부 역할과 관련한 핵심적이고 다양한 함의를 제시하고 있다. 그럼에도 불구하고 아직까지 거래비용이론 자체를 통하여 정부 역할의 함의를 도출하고자 하는 시도는 크게 관심을 받지 못해 왔다.

이에 이 연구는 이론 개발자 중심으로, 이론이 만들어진 장의 이해, 이론에서 제시하는 개념과 조건에 대한 이해를 통하여, 코즈와 윌리엄슨의 거래비용이론을 분석하고 이를 통하여 정부 역할의 함의가 무엇인지를 제시하고자 한다.

구체적으로, 거래비용이론과 관련된 세 가지 연구 질문을 제시하고 각각의 연구 질문에 대한 정부 역할의 함의를 도출한다.

첫째, 거래비용의 개념과 정부 역할의 함의,

둘째, 코즈 정리의 본질과 정부 역할의 함의,

셋째, 윌리엄슨의 거래비용이론과 정부 역할의 함의.

이밖에 부가적으로 정부 역할과 관련하여 거래비용만 낮추면 되는지, 거래 자체가 존재하지 않을 때 정부 역할을 무엇인지 등에 대하여 규범적 수준에서 제시하였다.

이러한 질문들에 대한 해답은 기본적으로 코즈와 윌리엄슨의 거래비용이론을 중심으로 한 문헌연구를 통하여 찾고자 하였다.

제 3 장 정부 역할에 대한 거래비용이론의 본질과 해석

제 1 절 거래비용의 개념과 정부 역할

1 거래비용의 개념과 유형, 측정

거래비용이 사회과학에서 광범위하게 활용되고 있음에도 그 개념에 대한 명확한 정의는 아직까지 진행 중이다.

윌리엄슨(Williamson, 2009: 458)이 지적하듯이 거래비용의 최초 제시자는 코즈(R. H. Coase)이다. 코즈(Coase, 1937: 390)가 거래비용을 "가격 메커니즘 이용 비용(cost of using the price mechanism)"이라고 정의하면서 거래비용이 개념이 경제학에서 최초로 소개되었다. 물론 코즈의 이 논문에서 거래비용이라는 용어가 정립되지 않아 "cost of carrying out a transaction by means of an exchange on the open market", 또는 "marketing costs", "cost of using the price mechanism" 등 다양한 표현으로 거래비용을 나타내었다.

이후, 코즈(Coase, 1960: 15)에서는 시장거래의 비용(cost of market transactions)으로 정의하였으며, 이 용어가 보편적으로 받아들이고 있는 거래비용(transaction costs)으로 사용된다(Coase, 1988: 6).

이후, 애로(Arrow, 1969: 48)는 거래비용을 "경제 시스템의 운영비용(costs of running the economics system)"으로, 거래비용이론을 발전시킨 윌리엄슨(Williamson, 1985: 19)은 거래비용을 물리 체계에서의 마찰과 같은 경제적 마찰로(transaction costs are the economic equivalent of friction in physical systems) 이해하고 있다. 노스(North, 1990b: 27)는 경제적 교환에 발생되는 비용으로 이해하면서, 정보에 비용이 든다는 것을 거래비용의 핵심으로 이해하였다.

이러한 거래비용은 다양한 요소로 구성되어 있다. 우선, 코즈(Coase, 1937: 390-391)는 가격 자체를 발견하는 비용, 개별적 교환 거래를 위하여 분리된 계약을 협상하고 체결 비용(costs of negotiating and concluding)을, 코즈(Coase, 1960: 15)는 거래 상대방 찾기, 교섭 상대방이 무엇을, 어떠한 조건에서 거래하고 싶어하는지를 알아내는 데 필요한 비용, 협상비용, 계약 체결 비용, 계약 이행 감시 비용 등으로 구분한다. 윌리엄슨(Williamson, 1985: 20-22)은 거래비용을 사전(ex ante)과 사후(ex post) 비용으로 구분하고, 사전비용으로 작성(drafting), 협상(negotiating), 약속 이행 보장(safeguarding) 비용을, 사후비용으로 악용비용(maladaption costs), 분쟁비용(haggling costs), 거버넌스 구조와 관련된 설립 및 운영비용(setup and running costs), 보증비용(bonding costs)으로 구분한다. 노스(D. C. North)는 거래비용을 교환되는 것의 속성을 측정하는 비용과 권리를 보호하고 계약을 감시 및 집행하는 비용으로 구분한다(North, 1990b: 32).

거래비용의 유형 분류와 관련하여, 퍼러보튼과 리히터(Furubotn & Richter, 2000: 42-49)는 매우 포괄적으로 유형화하고 있다. 즉, 첫째, 시장 이용 비용으로 시장거래비용(market transaction costs)을 의미한다. 이러한 비용은 시장 이용 시에 정보의 필요와 협상 과정이 존재하기 때문에 발생한다. 이 비용에는 계약 준비 비용(탐색과 정보비용), 계약 비용(협상과 결정 비용), 계약 의무의 감시와 집행 비용이 포함된다. 둘째, 회사 내에서 권리의 집행 비용으로 관리적 거래비용(managerial transaction costs)을 의미하며, 이러한 비용은 조직설계의 설정, 유지, 변화 비용, 조직 운영비용을 포함한다. 셋째, 정치제도적 틀의 운영 및 조정과 관련된 비용으로 정치적 거래비용(political transaction costs)을 의미한다. 여기에는 공식적·비공식적 정치적 조직의 형성 및 유지 비용, 정치 형태(polity) 운영비용을 포함한다.

한편, 거래비용을 재산권 및 제도 관점에서 두 가지 유형으로 구분하기도 한다

(Dollery, 2001: 191).

첫째, 재산권 관점에서 한정하여 거래비용을 정의하는 협의의 정의라 할 수 있다. 예를 들어, 에거트슨(Eggertsson, 1991: 14)은 "개인들의 그들의 배타적 권리를 강화하거나 경제적 자산에 대한 재산권을 교환할 때 발생되는 비용(The costs that arise when individuals exchange property rights to economic assets and enforce their exclusive rights)"으로 정의한다.

둘째, 현대 시장경제의 제도적 특징을 창조하고 유지하는 비용에 초점을 둔 정의가 있다. 이와 관련하여, 퍼러보튼과 리히터(Furubotn & Richter, 1992: 8)는 "제도 또는 조직의 변화와 창조, 그리고 제도 또는 조직의 이용과 관련된 모든 비용(Most easily understood as embracing all those costs that are connected with (i) the creation or change of an institution or organisztion, and (ii) the use of the institution or organisation)"으로 정의한다.

결국, 거래비용의 정의, 구성 요소, 그리고 유형 분류에서 알 수 있듯이 거래비용은 매우 다양한 관점에서 이해되고 있다. 즉, 거래비용 접근은 거래비용이 중요하다는 것만 인정하는 점에서 일치한다는 주장(North, 1990b: 28)에서 알 수 있듯이, 거래비용 그 자체에 대한 개념적 정의 역시 어떠한 관점, 특히 어떠한 경제학적 관점에 있는가에 따라 다르다고 할 것이다.

거래비용의 다중적 의미는 부분적으로 이론적 관점의 다양성에서 비롯된다는 주장이 있다(Allen, 1999; Musole, 2009: 48). 부연하면, 첫째, 재산권 연구에서는 거래비용을 재산권(property rights)의 형성과 유지 비용으로 정의한다. 이 관점에 따를 경우, 거래비용은 재산권의 보호되고 유지될 때는 언제나 어디서나 발생한다. 둘째, 신고전경제학적 관점에서 거래비용은 재산권 이전에 따른 비용이라는 것이다.

신고전경제학과 달리, 기존의 생산 요소 외에 거래비용을 강조하고 있다는 점에서 합의가 존재할 뿐, 구체적으로 거래비용이 무엇인가 또 어떠한 항목들로 구성되는가 등에 대해서는 합의되지 않고 있다.

거래비용은 크게 두 가지 관점에서 측정되어 왔다.

첫째, 객관적 접근(objectivist' approach)은 양적으로 거래비용을 측정하려는 것으로 주로 금융 부문에서 연구가 수행되어 왔다.

둘째, 주관적 관점(subjectivist' approach, 이론의 여지는 있으나 주로 재산권, 또는 신제도주의자들의 접근)은 양적 추정이 신뢰할 수 있겠는가에 대하여 의문을 제시하며, 대안적으로 질적인 분석을 수행하고 있다(예: Coase, 1960; Williamson, 1975; 1985 등).

그러나 거래비용 개념의 다양성과 거래비용과 생산비용의 비분리성으로 인하여 거래비용에 대한 경험적 측정은 상당한 문제를 지니고 있다(Musole, 2009: 50-51). 실제로 윌리엄슨 역시 거래비용 측정의 어려움을 해결하기 위하여 거래의 특성 혹은 속성 변수를 도입하였다.

2 거래비용의 개념을 통한 정부 역할의 함의

거래비용의 개념은 연구자에 따라 다양하게 정의되고 있으며, 측정의 어려움에도 불구하고 거래비용이 경제 시스템에 존재한다는 것은 공통된 인식이다. 이 개념이 처음 제시된 코즈(Coase, 1937)의 연구를 통하여 거래비용 개념을 통한 정부 역할의 함의를 도출하고자 한다.

코즈(Coase, 1937: 387)는 당시 경제학자들의 인식을 솔터(Arthur Salter)에 의하여 묘사된 경제 시스템을 통하여 제시한다.

> 정상적인 경제 시스템은 스스로 작동한다. 그러한 시스템은 어떠한 중앙 통제와 감시 없이 작동된다. 인간의 활동과 인간의 수요의 모든 영역에 걸쳐 공급은 수요에 의하여, 생산은 소비에 따라 자동적이고, 탄력적이며, 반응적인 과정에 의하여 조정된다. 즉, 경제학자들은 경제 시스템은 가격 메커니즘(price mechanism)에 의하여 조정되고, 사회는 조직이 아니라 유기체가 된다고 생각한다. 경제 시스템은 스스로 작동한다는 것이다(The economic system “work itself”).

이러한 당시 경제학의 기본적인 생각에 코즈(Coase, 1937)는 그렇다면 왜 조직(organisation), 즉 기업(firm)이 존재하는가에 대한 질문을 제시하고 이에 대한 해답을 거래비용의 존재에서 찾고 있다. 즉, 가격 메커니즘의 사용에도 비용, 혹은 시장 이용의 비용이 발생한다는 것이며, 이러한 비용은 가격 자체를 발견하는 비용, 각각의 교환에서 협상과 계약 비용, 장기 계약의 필요성(특히, 노동, 서비스), 정부나 규제 기관의 차별적 취급(즉, 동일한 거래라도 시장에서의 거래와 기업 내부에서 조직화된 거래에 대하여 서로 달리 취급, 예를 들어 기업 내부에서 거래되면 판매세 적용 안 됨)이 발생되기 때문에, 조직화함으로써 생산비용의 감소라는 이익을 얻을 수 있다는 것이다. 즉, 기업은 시장에서의 거래에 따라 발생되는 비용보다 거래를 조직화함에 따라 발생되는 비용이 낮게 될 때, 그러한 거래를 조직화하는 과정에서 나타난다는 것이다.

결국, 시장 거래에는 비용이 발생한다는 것이며(marketing costs 또는 cost of using the price mechanism), 이에 따라 기업이 발생한다는 것이다. 따라서 시장과 기업을 "생산을 조정하는 대안적 방법(alternative methods of co-ordinating production)"으로 이해한다(Coase, 1937: 388). 결국, 코즈는 기업의 발생 원인[1])을 시장 이용 비용(혹은 가격 메커니즘 사용 비용), 즉 거래비용이 존재하기 때문인 것으로 설명하고 있다. 이러한 관점은 윌리엄슨이나 애로 등에서 일관적으로 나타나고 있다. 이는 시장이 고전경제학에서 가정하는 것처럼 스스로 비용 없이 작동하지 못함을 보여준다.

시장이 비용 없이 스스로 작동하지 못한다는 것을 핵심으로 하는 거래비용의 개념은 크게 두 가지 관점에서 정부 역할과 관련된 함의를 제공한다.

첫째, 거래비용이 존재한다는 것은 주류 경제학에서 당연스럽게 말하는 비용 없는 시장은 불가능함을 보여준다. 시장 그 자체로 비용이 발생됨을 의미한다. 시장 그 자체로 비용이 발생되고, 이 비용은 시장 자체에서 해결될 수 없는 비용이다. 물론 이 비용은 시장 자체적으로 합리적 선택이론가들이 주장하듯이, 완화하거나 축소하는 것이 가능할 것이다. 그러나 그러한 규칙의 제정은 비용 없이 이루어질 수 있는 것이 아니며, 또한 최적(最適)의 규칙과 제도의 설계가 언제나 가능한 것이 아니다.

정부의 역할은 여기에 있다. 시장 자체가 완전무결한 것이 아니고 비용이 유발되는 것이라면, 정부는 이를 해소하거나 축소하는 데 기여할 수 있다. 다른 조건이 동일하다면, 거래비용의 축소는 시장의 효율성뿐만 아니라 사회 전체적인 효율성 향

---

1) 합리적 선택이론에서는 제도의 출현을 거래비용을 줄이기 위한 것으로 이해하기도 한다. 이와 관련하여 노스(North, 1990b)를 참고하기 바란다.

상에 기여할 수 있다. 물론, 정부가 시장에 내재된 거래비용을 축소하기 위하여 개입하는 것이 또 다른 비용을 유발시킬 수 있다.

결론적으로, 시장에 내재된 거래비용을 축소하기 위한 방안은 시장 구성 주체들의 자발적 합의에 의해서도 가능하겠지만, 정부의 개입에 의해서도 가능하다. 두 가지 대안 모두 비용과 편익을 지니고 있다. 따라서 어떠한 경우 정부가 개입하는 것이 더 큰 편익을 가져오는지 연구가 필요하며, 이 영역에서는 정부의 적극적 개입을 통하여 시장의 거래비용을 축소시킬 필요가 있다. 물론, 시장 구성 주체들의 자발적 합의가 정부의 개입보다 더 큰 편익을 얻는다면, 이 영역에서 정부가 굳이 개입할 필요는 없을 것이다. 아마도 자발적 협의를 도출하는 데 지원하는 역할에 한정될 것이다.

둘째, 조직화(내부화)를 통하여 거래비용을 낮추는 것 역시 어느 수준까지만 사회적으로 바람직할 수 있다. 즉, 코즈(Coase, 1937)의 주장처럼 거래비용을 줄이기 위하여 관리비용이 거래비용보다 클 때까지 (언제나) 조직 규모가 확대될 수 있다면 기업을 넘어 (초)대기업(超大企業)이 등장하게 된다.

특히, 기업의 관리비용은 기업이 통제 가능한 비용인 반면, 거래비용은 상대적으로 기업이 통제하기 어려운 비용이다. 정보화의 진척으로 인하여, 특히 기업의 관리비용은 획기적으로 줄이거나 혹은 증가 속도를 낮출 수 있다. 따라서, 관리비용이 거래비용보다 커질 때까지 조직이 확대되는 그 시점이 늦춰질 가능성이 높다. 다시 말해, 과거와 달리 현대는 관리비용의 통제가 좀 더 용이하기 때문에 (초)대기업의 등장이 가능하다.

이러한 (초)대기업의 등장은 그 자체로 사회적 자원을 최적 배분하지 못한다. 즉, 독과점의 문제가 나타나기 때문에 시장은 효율적으로 작동하지 못하고 가격 체계는 왜곡된다. 심지어 초대기업의 등장은 시장 혹은 경제 영역에 머무르는 것이 아니라 정치·행정 영역에까지 막대한 영향을 미치게 된다. 이는 곧 민주주의에 대한 위협 요인이 될 수 있다. 정부의 역할은 여기에 있다.

다시 말해, 거래비용과 조직 규모에 관한 코즈의 거래비용 개념은 (초)대기업의 등장을 예상하게 한다. 시장이 시장으로서 기능하고 시장의 본질이 훼손되지 않도록 살펴보는 것, 그리고 그러한 방향으로 유도하는 정부의 역할이 제기된다.

제 2 절 코즈 정리의 본질과 정부 역할

1 거래비용 제로(0), 코즈 정리의 오해와 본질

거래비용은 시장 메커니즘 이용에 따라 발생되는 비용이다. 즉, 시장 그 자체는 비용이 발생된다는 것으로, 이러한 비용을 일반적으로 거래비용으로 포괄하고 있으며, 코즈는 기업의 존재 이유가 이러한 거래비용 때문인 것으로 제시하였다. 거래비용과 관련하여, 거래비용 개념만큼이나 많은 인용은 코즈 정리(Coase theorem)라 할 것이다. 즉, 코즈 정리는 (부정적) 외부 효과(externality) 발생 상황에서 상호 이익 추구적 협상의 결과를 설명하기 위한 이론적 명제이다(Harrison & Mckee, 1985: 653).

코즈 정리는 코즈의 1959년 논문 「연방통신위원회(The Federal Communications Commission)」에서 처음으로 제시되었다. 여기서 그는 새로 발견된 동굴은 누구의 소유인가라는 질문을 제시하고, 이 동굴의 소유는 누가 가장 많은 돈을 동굴의 사용을 위하여 지불할 용의가 있는가에 달려 있다고 주장한다(Coase, 1959; Coase, 1988: 157-178). 이후 코즈의 1960년 「사회적 비용의 문제(The problem of social cost)」라는 논문에서 구체화된 것을 스티글러(G. J. Stigler)가 이름 붙이고 정식화한 명제이다(Coase, 1988: 157).

> 권리의 초기 획정이 확립되지 않고서는 권리의 이전 및 재결합을 하기 위한 시장 거래를 할 수 없으므로, 피해를 일으킨 기업이 피해에 대한 책임이 있는지 없는지에 대하여 알 필요가 있다. 그러나 가격 시스템이 비용 없이 작동한다면, 생산 가치의 극대화라는 궁극적인 결과는 법적 상황에 독립적이다(Coase, 1960: 8).

실제 코즈 정리는 스티글러(Stigler, 1966)의 『가격이론(*The Theory of Price*)』(3rd ed.)에서 명명되었다. 스티글러에게 코즈 정리는 아르키메데스(Archimedes)가 유레카(Eureka)를 외친 것만큼이나 자신의 경제이론 구축에 매우 유용한 개념이었다. 특히, 거래비용 제로(0)라는 가정이 전제되어 있음에도 불구하고 스티글러는 코즈 정리를 거배비용의 일반이론(general theory of transaction costs)의 개발 및 권리 간 갈등의 협상적 해결을 위한 강력하고도 유용한 설명 도구로 활용하였다. 실제, 코즈 정리는 코즈보다도 스티글러에 의하여 더 많이 소개되고 활용되었다(Medema, 2011: 11-38). 즉, 코즈(Coase, 1959: 1960)의 일부에서 논의된 개념이 스티글러[2)] 및 코즈주의자(Coasian)에 의하여 선택적으로 추출되어 발전되고 정교화되었다고 할 수 있다(Coase, 1988: 157-158). 다시 말해, 코즈 정리는 코즈에 의하여 명명된 정리가 아니다.

코즈가 거래비용이 제로(0)인 조건에 대하여 논의한 이유는 코즈(Coase, 1960) 논문의 문제 제기에서 잘 드러나듯이, 당시 지배적인 위치에 있었던 피구(A. C. Pigou)의 후생경제학(economics of welfare)을 비판하기 위한 것이었다.

피구의 입장에서, 매연을 배출하는 공장이 있다면, 매연을 배출한 공장 소유자는 피해자에게 피해를 배상하도록 하게 하여야 하거나 매연의 배출에 의한 손해와 동등한 금액을 세금으로 부과하거나 혹은 주거지역에서 퇴출시키는 등의 조치를 취해야 한다고 본다. 그러나 코즈는 이러한 관점은 부정적 외부 효과(harmful effects)의 상호적 본질(reciprocal nature)을 고려하지 못한 것으로, 만약 거래비용이 제로(0)라면, 손해배상의 책임이 있든 없든 간에 자발적 협상에 의하여 생산가치는 극대화된다는 점을 여러 사례, 즉 Sturges v. Bridgman(제과점 주인과 의사의 사례), Cooke v. Forbes 사건(코코넛섬유 방석 제조자와 황산암모니아 공장), Bryant v. Lefever 사건(매연을 둘러싼 이웃 간 분쟁), Bass v. Gregory 사건(공공주택 소유자와 이들과 인접한 여러 채의 산장과 정원을 소유한 사람)을 통하여 제시한다.

여기서 코즈가 거래비용이 제로(0)인 상황을 논의한 이유는 당시 피구의 후생경제학이 거래비용이 제로(0)라고 가정하였기 때문이다. 즉, 코즈는 거래비용이 제로(0)라고 가정하고도 부정적 외부 효과 상황(시장실패)에서 정부 개입을 강조하는 피구의 후생경제학을 비판한 것이다.

> 피구와 표준 경제이론의 대다수 경제학자는 부정적 외부 효과(negative externalities)를 억제하기 위하여 정부 개입이 필요함을 주장한다. 그러나 1960년 나의 연구에서, 거래비용이 제로(0)라면(표준 경제학자들이 가정한 것과 같이), 주체 간의 협상이 권리의 초기 배분과 관계없이 부(富)의 극대화를 이끌 것이다. 이것이 나의 연구 결과를 토대

2) 완전경제 하에서 사적 비용과 사회적 비용은 같아진다(Stigler, 1966: 113; Coase, 1988: 178).

로 스티글러에 의하여 이름붙여진 불명예스러운 코즈 정리이다(This is infamous Coase theorem). … 나는 스티글러에 동의하지 않는다. 다만 거래비용이 존재하는 경제를 분석하기 위한 하나의 초석으로서 코즈 정리(Coase theorem as a stepping stone on the way to an analysis of an economy with positive transaction costs)가 고려되기를 기대한다(Coase, 1992: 717).

코즈(Coase, 1960)의 연구에서 거래비용이 제로(0)라고 가정한 것은 "표준 경제이론에서는 거래비용이 제로(0)라고 가정하기 때문에, 코즈 정리는 그러한 상황(거래비용이 0인 상황)에서 피구주의자의 해결책은 불필요하다는 것"(Coase, 1991: 232)을 지적하기 위한 것이었다.

2 코즈 정리를 활용한 정부 역할에 대한 비판적 논의

코즈(Coase, 1960) 연구의 일부 개념(부정적 외부 효과에 대한 피구의 후생경제학적 처방을 비판하기 위하여 제시된 부분)은 '코즈 정리'라는 이름으로 정부 역할을 설정하는 데 광범위하게 활용되어 왔다. 특히, 코즈 정리는 코즈의 의도와는 전혀 관계없이 시장만능주의와 정부 개입 불필요성의 이론적 근거로 활용되어 왔다(Hannel & Sheeran, 2009: 219). 이러한 관점은 주로 자유시장 경제를 옹호하는 시카고 학파(Chicago school)의 대표 학자들(George Stigler, Milton Friedman, Friedrich Hayek 등)의 연구 지향과 그 맥을 같이한다. 또한 정부 개입의 불필요성을 전면에 내세우지는 않았으나, 코즈 정리를 활용하여 정부 개입이 없더라도 시장의 자발적 합의에 따른 효율성을 강조한 다양한 연구물들 역시 이러한 주장과 그 맥을 같이한다(이하, Coasian[3] Solution을 강조하는 연구물로 통칭).

물론, 코즈 정리를 활용한 논문이 모두 'Coasian Solution'을 강조한 논문은 아니다. 예를 들어, 엘릭슨(Elickson, 1986), 핸리와 서머(Hanley & Summer, 1993), 아빌드트럽 외(Abildtrup et al., 2012). 한순구(2010), 많은 행정학적 연구물, 그리고 다수의 연구물은 현실 사례에 대한 연구를 통하여 코즈 정리가 현실 설명력이 없음을 보여준다.

그러나 광범위한 활용과 달리, 정작 코즈는 코즈 정리에서 벗어나기를 지속적으로 강조해 왔다. 즉, Coasian Solution을 강조하는 연구들의 경향과 달리 정작 코즈(Coase, 1937; 1960; 1988; 1991; 1992)는 거래비용이 제로(0)라는 가정은 합리적이지 않음을 지적해 왔으며, 경제학자들이 거래비용이 제로(0)라는 가정에 기반한 코즈 정리에서 벗어나기를 지속적으로 주장하였다. 스티글리츠(Stiglitz, 2010: 17) 역시 일부 자유시장 옹호자들이 코즈 정리에 의존하나 이 정리는 정보가 불완전하고 거래비용이 존재하는 한 지지될 수 없다는 점을 강조한다. 애로(Arrow, 1969: 48) 역시 "수직적 통합(vertical integration)의 존재는 경쟁시장의 운영 비용이 제로(0)가 아님을 제시한다"고 주장한다.

다시 말해, 코즈 정리의 핵심 전제라 할 수 있는 거래비용 제로(0)는 현실 세계를 반영하지 않으며, 이에 현실 세계를 설명하지 못한다는 것이다.

> 시장 거래를 수행하는 데 비용(costs involved in carrying out market transactions)이 없다는 가정은 매우 비현실적 가정(very unrealistic assumption)이다. 시장 거래를 수행하기 위해서는 누가 거래를 하고 싶어하는지, 또 무엇을 거래하고 싶은지, 교섭에서 협상으로의 이끄는 것, 계약을 체결하는 것, 계약대로 진행되는지의 감시 등에서 비용이 발생하며, 이러한 비용들은 매우 크다(Coase, 1960: 15).
>
> Coasian 세계는 거래비용이 제로(0)인 세계로 묘사되고 있다. 진실(truth)만큼 멀리 떨어져 있는 것도 없다. 이러한 세계(거래비용이 0인 세계)는 현대 경제이론의 세계이며, 나는 경제학자들이 그러한 세계에서 떠나기를 바라고자 설득하고자 하는 세계이다(Coase, 1988: 174).
>
> 나의 비상식적인(preposterous) 가정의 실제 메시지는 거래비용이 존재하는 실제 세계에 대한 연구이다(Coase, 1992: 717).

코즈가 코즈 정리에서 떠나기를 강조해 왔음에도 불구하고, Coasian Solution을 강조하는 연구들은 코즈 정리의 기본 가정을 완화하여 활용해 왔다. 이러한 완화는 크게 두 가지 차원에서 이루어졌다.

3) Coasian(or Coasean)의 범위는 상당히 넓다. 이와 관련하여 메데마(Medema, 1997)는 코즈의 경제학에 대한 유용한 정보를 제공한다.

첫째, 코즈는 부정적 외부 효과에 대하여 논의하였으나, 이후 자유시장주의자들은 부정적 외부 효과(negative externality)에 한정하지 않고 그 범위를 정부정책과 관련한 다양한 부분으로 확대하였다.

둘째, 코즈가 거래비용 제로(0)의 조건에서 논의하였음에도 이후 이러한 조건은 크게 완화되어 활용되었다. 예를 들어, '거래비용이 제로(0)라는 조건'이 완화되어 '거래비용이 낮으면'으로 확대 해석하는 등 조건의 완화가 Coasian Solution을 강조하는 연구물들에서 나타났다. 즉, Coasian Solution 관점의 연구에서 정부 역할의 함의는 코즈(Coase, 1960) 연구에서 강조된 조건의 무시 혹은 완화를 전제로 한 주장이라 할 것이다.

코즈의 주장이 잘못 해석되었다는(오해되었다는) 주장은 동료 경제학자들 스스로도 인정하는 부분이다(Klaes, 2000; McCloskey, 1998; Medema, 1994; North, 1990b; Posner, 1993). 실례로, 버틀러와 가넷(Butler & Garnett, 2003: 133)은 미시경제학 교과서 45종을 분석해 본 결과, 80%가 코즈 정리를 잘못 표기하고 있음을 보고한 바 있다(Hahnel & Sheeran, 2009: 216-217). 참고로, 맨키우(Gregory Mankiw) 역시 여기에서 자유롭지 않다. 그의 경제학 교과서(*Principles of Economics*(김경환·김종석 옮김, 2005))에서 소개되는 코즈 정리는 이 정리에 대한 전제가 거래비용 빼고는 전혀 다루어지지 않았으며, 심지어 시장이 스스로 효율적인 결과에 도달한다는 주장으로까지 그 개념을 확대 해석하고 있다.

이러한 자의적 재해석을 통하여 Coasian Solution 관점의 연구는 문제 해결책으로서 코즈 정리를 활용해 왔다. 즉, 코즈 정리에 따라 시장이 자발적 합의에 따라 자원이 최적 배분되기 때문에 정부의 시장 개입 자체가 불필요하거나 개입에 따라 비효율이 발생될 수 있다는 주장으로 귀착되었다. 이는 시장 만능주의를 확대시키고 정부 개입의 논리 자체를 제약하는 근거로 활용되어 왔다.

그러나 첫째, 코즈가 주장하듯이, 본질적으로 거래비용이 존재하는 현실 세계에서는 시장의 자발적 합의에 따라 자원이 최적 배분될 수 없다.

둘째, 좀 더 구체적으로, 코즈 정리를 통하여 거래비용을 낮추어주는 것이 더 효율적인 결과를 얻을 수 있다는 주장을 하기 위해서는 코즈 정리가 전제하는 조건들을 이해할 필요가 있다. 이 조건들은 호프만과 스피처(Hoffman & Spitzer, 1982: 73)의 연구에서 정리된 가정에서 잘 드러난다. 즉, 코즈 정리는 ① 각각 외부 효과를 갖는 두 행위자를 설정(오직 한 사람의 가해자와 한 사람의 피해자를 설정하고 있다는 의미), ② 상호간 생산, 편익 또는 효용함수를 서로 완벽하게 알고 있음, ③ 경쟁시장 조건, ④ 거래비용은 제로('0'), ⑤ 비용이 들지 않는 법적 시스템, ⑥ 편익극대화 생산자와 효용극대화 소비자, ⑦ 부효과(wealth effects)가 없음, ⑧ 행위자는(거래비용이 없는 상황에서) 상호간 유리한 협상을 추구한다는 것으로 정리된다. 코즈가 코즈 정리에서 벗어나라고 했듯이, 이러한 조건을 모두 충족하는 현실 세계는 존재하지 않는다.

셋째, 있을 수 없는 일이지만, 코즈 정리가 전제하는 가정이 모두 충족되는 상황이라 하더라도 코즈 정리가 정부의 시장 개입 자체를 제약하는 도구로서 적용되는 것은 한계가 있다. 즉, 코즈 정리에 기저하는 가치는 효율성이다. 효율성이 매우 중요한 가치임에도 불구하고 정부가 추구해야 할 가치는 오직 효율성에만 있다 할 수 없다. 민주성·형평성 등 다양한 가치를 위하여 정부는 시장에 개입해야 할 상황이 있으며, 그 부분에서 역할이 있다 할 것이다.

3 정부 역할에 대한 코즈의 주장

코즈가 지속적으로 코즈 정리에서 떠나기를 강조하였듯이, 코즈는 코즈 정리를 통하여 정부 역할을 설정하고 있지 않다. 정부 역할에 대한 코즈의 주장은 거래비용이 존재하는 현실 세계에 대한 분석에서 발견할 수 있다. 이는 크게 두 가지로 정리된다.

첫째, 정부 역할과 관련하여, 코즈는 외부 효과를 문제의 상호성 차원에서 이해하듯이, 거래비용이 존재하는 현실 세계에서 문제 해결은 기업이든, 시장이든, 정부이든 간에 비용이 발생될 수밖에 없으므로 이에 대한 지속적인 연구를 수행해야 한다고 주장한다. 특히, 정부 정부 개입 역시 외부성의 해결에 따른 편익과 정부 개입에 따른 비용을 고려해서 정부 개입을 고려해야 한다(Coase, 1960: 15-18)고 주장한다. 다시 말해, 코즈는 "거래비용이 존재하는 현실 세계에서의 모든 해결책(정부, 시장, 혹은 기업)은 비용이 발생하기 때문에 전체적인 효과(total effect)를 고려해서 고안하고 선택해야 한다는 것"(Coase, 1960: 44)을 강조하고 있다 할 것이다.

> 일반적으로 경제학자 및 정책결정자들은 정부 규제의 이점을 과대 추정하는 경향이 있어 왔다. 물론, 이러한 나의 믿음, 심지어 그것이 타당하더라도, 내가 정부규제는 축소되어야 한다는 제안을 하는 것은 아니다(Coase, 1960: 18).
>
> 모든 해결책에는 비용이 든다. 그리고 시장과 기업이 문제를 잘 다루지 못한다고 해서 정부 규제가 필요하다고 할 이유는 없다. 정책에 대한 만족할 만한 견해는 시장, 기업, 정부가 해로운 영향의 문제를 어떻게 다루는가에 대한 끈질긴 연구를 통해서만 얻을 수 있다는 것이다(Coase, 1960: 18).
>
> 거래비용이 존재할 때, 정부 행위(정부 운영, 규제와 세금, 보조금 등)가 시장에서 개인들이 협상에 의존할 때보다 더 나은 결과를 생산할 수 없을 것이라는 것을 의미하는 것은 아니다. 나의 결론은 거래비용이 존재하는 세계에 대하여 연구해야 한다는 것이다(Coase, 1991: 232).
>
> 나의 비상식적인(preposterous) 가정의 실제 메시지는 거래비용이 존재하는 실제 세계에 대하여 연구하라는 것이다(Coase, 1992: 717).

둘째, 정부 역할과 관련하여 거래비용이 존재하는 현실 세계에서는 법적 시스템이 매우 중요하다고 강조한다. 즉, 코즈(Coase, 1960: 1992)는 법적 시스템 및 제도(institutions)의 중요성을 강조하고 있다. 즉, 거래비용이 존재하는 현실에서 제도(예: 법적 시스템)는 생산을 위한 동기 및 거래비용 등 경제활동에 영향을 미치기 때문이다(North, 1990b: 26; Musole, 2009: 65).

> 기존 법에 의하여 구축된 권리의 배열을 변화시키기 어려울 만큼 시장 거래에 많은 비용이 발생될 경우, 법정(courts)은 직접적으로 경제활동에 영향을 미친다(Coase, 1960: 19).
>
> 거래비용이 존재하는 현실 세계에서, 법적 시스템(legal system)은 매우 중요하다 (Coase, 1991: 232).
>
> 제도적 설정(institutional setting)은 생산을 위한 동기와 거래 비용에 영향을 미친다 (Coase, 1992: 718).

즉, 현실 세계는 거래비용이 존재하고, 법적 시스템 및 제도는 생산을 위한 거래비용과 동기에 영향을 미칠 수 있기 때문에, 법적 시스템 및 제도가 중요하다는 점을 지적하고 있다. 이는 곧 법적 시스템과 제도가 생산에 긍정적 영향을 미칠 수 있도록 설계되어야 함을 강조하였다 할 것이며, 그러한 관점에서 정부의 역할을 내포하고 있다고 할 것이다.

다시 말해, 법과 제도의 설계에 정부의 위치를 고려할 때, 거래비용이 존재하는 현실에서 시장이 스스로 거래비용을 줄이지 못한다면, 정부가 생산에 기여할 수 있는 법적 시스템과 제도 설계에 중요한 역할을 수행할 수 있다고 할 것이다.[4)]

제 3 절 윌리엄슨의 거래비용이론과 정부 역할의 함의

코즈에 의하여 시작된 거래비용이론은 윌리엄슨에 의하여 꽃피워졌다. 윌리엄슨은 코즈의 논리를 이어 거래비용이론을 확장·개발하였으며, 특히 그의 이론은 조직이론과 결합되면서 거버넌스 구조와 관련된 핵심 연구를 제시하였다. 이러한 거버넌스는 행정학에서 활용되어 효율적인 정부조직, 조직 운영, 정부-시장 관계 등과 같은 거버넌스 설계에 활용되었고, 이는 구체적으로 성과관리 및 외부위탁, 민영화 논리로 나타났다. 과연 윌리엄슨의 거래비용이론은 무엇이고 정부 역할의 함의는 무엇인가?

1 윌리엄슨의 행태 가정, 거버넌스 메커니즘의 본질

1) 조직이론과 행태 가정

윌리엄슨은 코즈의 논리를 이어 거래비용이론을 확장·개발하였으며, 특히 그의 이론은 조직이론과 결합되면서 거버넌스 구조와 관련된 핵심 연구를 제시하였다.

4) 이 관점은 곧 노스(North, 1990b)의 주장과 그 맥을 같이한다고 생각한다.

실제로 거래비용 경제학은 기업의 거버넌스와 존재에 대하여 핵심적인 관심을 갖는다. 조직이론의 중요한 공헌은 좀 더 현실적 관점에서 인간에 대한 묘사, 전환의 동태적 과정의 중요성, 분석 단위의 선택, 거버넌스의 대안적 방식을 포함한다. 기업이론은 신고전 경제학과 매우 다르다. 왜냐하면 표준이론은 기업의 존재로부터 시작된다(Arrow 1999: vii; Williamson, 2005: 392). 다시 말해, 윌리엄슨의 연구는 기본적으로 조직, 기업 연구라 할 수 있다. 이에 저자는 코즈와 같은 맥락에서 표준 경제이론을 비판하면서 계약의 과학을 강조하고 거버넌스 구조로 연구를 확장하였다.[5)]

> 표준 경제이론은 기업의 존재를 전제한다.
> 이 이론에서 기업은 요소(조직이 아닌 생산자 그 자체로 가정)이며, 어느 정도 블랙박스이다. 그러나 기업은 요소가 아니다. 기업은 내적 구조를 가지며, 그러한 내적 구조는 어떤 원인에 의하여 발생한다(Arrow, 1999: vii). 선택의 과학과 계약의 과학(science of choice and the science of contract) 간에 차이는 근본적이다.
> 신고전경제학의 주된 목적은 어떻게 가격 시스템이 자원의 사용을 조정하는가이지, 실제 기업의 내적 작동을 이해하기 위한 것은 아니다. 그러나 대조적으로 계약의 과학(science of contract)은 기업의 특질에 관심을 갖고 있다. 기업에 대한 기술적 관점과 대조적으로, 기업은 거버넌스 구조(governance structures)로서 묘사된다. 거래비용경제학은 기본적인 분석 단위로 거래(transaction)를 설정하며, 또한 거버넌스를 상호간 이익을 실현하고 갈등을 경감시키는 수단으로 이해한다(Williamson, 2005: 371).

윌리엄슨은 계약의 과학 관점에서 합리적 시스템 이론(예: Barnard, 1962(1938), Simon, 1947; & March & Simon, 1958)을 흡수하여, 인간 행위자, 적응, 동태적 전환, 분석 단위의 선택, 불연속적인 구조적 특성 등에서 중요한 관점들을 제시하였다(Williamson, 2005: 372). 특히 인간 행위자의 행태 가정(behavioral assumptions), 즉 제한된 합리성(bounded rationality)과 기회주의(opportunism)를 설정한다(Williamson, 1985: 44-52; 1991: 92-93; 2005: 373). 즉, 여기서 제한된 합리성은 인지 능력의 한계를, 그리고 기회주의는 단순한 이익 추구를 미묘한 수준에서 대신한다. 즉, 기회주의는 사기가 포함된 자기이익 추구(self-interesting seeking with guile)를 의미한다(Will-

5) 뷰캐넌(Buchanan, 1975)에 의하여 선택의 과학과 계약의 과학이 실질적으로 구분되었다(Williamson, 2009: 456).

표 3-1 행태 가정의 조직적 함의

	제한된 합리성	기회주의
계약이론에 함의	완벽한 계약은 실행 불가능하다.	약속으로서 계약은 순진한 생각이다.
경제조직에 함의	교환은 적응성의 순차적인 의사결정을 지원하는 방식(modes)에 의하여 촉진된다.	무역은 자발적이고 기술적인 보호 장치의 지원을 필요로 한다.

자료: Williamson(1991: 93).

iamson, 1985: 47).

종합적으로 저자는 계약의 과학을 위한 조직이론의 교훈을 아래와 같이 제시한다(Williamson, 2005: 377-378). ① 모든 복잡한 거래는 제한된 합리성에 의하여 불완전성을 피할 수 없다. ② 불완전 계약에 대한 (멀리 내다보는) 행위자는 위험을 확인하고, 거버넌스에 대한 사려깊은 선택을 통하여 그러한 위험을 사전에 제거하고자 한다. ③ 적응(adaptation)은 경제조직의 중심적 문제이다. 적응의 자동적이고 협조적 유형은 구별되어야 한다. ④ 왜냐하면, 조직은 그들 자체로 생명주기를 갖는다. 모든 유의미한 동태적 균형은 발견되어야 한다. ⑤ 거래(거래의 과학을 위한 기본적 분석 단위)의 핵심적 특성(attributes)은 밝혀져야(개념화) 하며, 또한 이들의 결과 역시 연구되어야 한다. ⑥ 왜냐하면, 거버넌스의 대안적 방식은 특성의 행동 양식, 불연속적인 구조적 방식(discrete structure ways) 안에서 서로 다르기 때문이다.

> 윌리엄슨은 적응(adaptation) 역시 조직이론에서 함의를 도출하고 있다. 즉, "하이에크(Hayek, 1945)와 버나드(Barnard, 1962(1938))는 경제조직의 중심적 문제로 적응을 강조한다. 하이에크(F. Hayek)는 시장의 변화(상대가격의 변화)에 자발적으로 조정되는 자동적인 경제 행위자들의 적응을 의미한다. 반면, 버나드(C. Barnard)는 의도성(intentionality)을 주장한다. 즉, 그는 기업 내 계층제의 지원에 갖는 경제 행위자 간의 협력적 적응을 제시한다. 각각의 적응 유형이 중요하나, 거래비용 경제학은 시장과 계층제에 흥미를 갖고 있으며, 이에 이 두 가지 적응 관점을 혼합하고 있다. 특히, 거래비용 경제학에서는 계약 방식의 선택은 (그것이 자동적이든, 협력적이든) 거래의 적응적 요구에 대한 인식에 의하여 끌어내야 함을 강조한다"(Williamson, 2005: 374).

다시 말해, 윌리엄슨의 거래비용이론은 인간에 대한 사이먼의 제한된 합리성 가정에 동의하며, 이를 통하여 계약이 불완전할 수밖에 없다는 것을 전제한다. 계약의 불완전성은 그 자체로 계약 형성에서 중요한 문제는 아니나 불완전한 계약이 기회주의와 결합할 때 위험성을 지닌다. 따라서 보호 장치(safeguard)가 중요하다(Williamson, 2005: 373)고 주장한다. 이 보호 장치 중 하나가 바로 계층제(조직, 기업)이다.

2) 거래 차원과 거버넌스 메커니즘

윌리엄슨의 거래비용이론에서 거래는 서로 다른 특성을 지니고 이에 따라 거버넌스 구조와 부합된다는 것이다. 이에 거래 차원(dimensions) 혹은 속성으로 자산특정성(asset specificity), 불확실성(uncertainty), 거래 빈도(frequency)를 가장 핵심적인 특질로 고려한다(Williamson, 1985: 52). 이에, 민간 부문의 구조 방식을 크게 시장(market), 계층제(hierarchy), 혼합(hybrid)으로 구분하고, 이들 방식이 인센티브의 강도, 관리적 통제(administrative controls), 분쟁 해결 메커니즘, 적응성에서 서로 다름을 제시한다(Williamson, 1985: 68-80; 1999: 313-314; 2005: 379). 즉, 시장 방식은 효율성 개선을 위한 높은 인센티브(high-powered incentives)와 약한 관리적 통제, 그리고 법적 분쟁 해결 메커니즘(법원에 의한 문제 해결), 강한 자동적 적응과 결합되어 있다. 계층제적 방식은 효율성을 위한 낮은 동기, 강한 관리적 통제, 내적 분쟁 해결 시스템, 그리고 강한 협력적 적응과 결합되어 있다. 혼합 방식은 시장과 계층제 사이에 위치한다.

특히, 윌리엄슨은 거래의 속성 변수 중 자산 특정성의 중요성을 강조한다(Williamson, 2005: 377-379). 즉, 회사는 요소를 만들거나 사거나 할 수 있고, 그러한 요소는 서로 다른 두 가지 기술, 일반 목적 기술(general purpose technology)과 특별 목적 기술(special purpose technology)에 따라 공급된다. 특별 목적 기술은 자산 특정적 투자를 증대시키고, 정상 상태(steady-state) 수요의 제공에 효율적(Williamson, 2005: 379)이라는 것이다.

이에 단순한 계약 개요를 나타내면 [그림 3-1]과 같다. 그림에서, 일반 목적 기술을 사용할 때, h=0(계약상 위험을 h로 나타냄)이다. 완전경쟁 시장에서 자동적인 적응은 주체가 상호 익명이기 때문에 충분히 만족된다. 만약, 특별 목적 기술을 사용하게 되면, h>0이 된다. 여기서 자산은 특정적이게 되고, 상호간 의존적 거래 주체는

그림 3-1 **단순한 계약 개요**

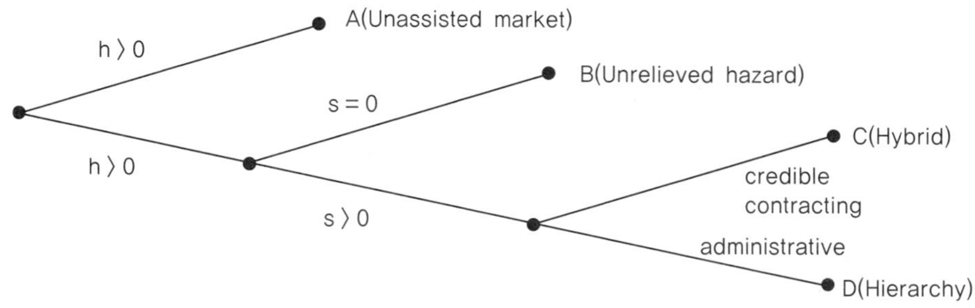

자료: Williamson(2005: 380) 재인용.

투자를 보호하고 지속하는 것에 동기를 갖게 되며 협력적 적응이 대두된다. s는 보호 장치를 의미한다. s=0은 보호 장치가 전혀 제공되지 않은 것을 의미한다. 보호 장치는 두 가지 형태를 지닌다. 하나는 위반에 대한 벌칙 부과, 특별한 분쟁 조정 메커니즘(중재 재판 등) 등 추가적인 지원을 제공하는 것이다. 또 하나의 형태는 단일한 소유권 하에 조직화하는 것으로, 계층제는 효과적인 조정 수단으로 사용된다.

윌리엄슨 이론은 기업의 존재 이유가 교환에서 거래비용이 존재한다는 코즈(Coase, 1937) 연구를 좀 더 구체화시켰다 할 수 있다. 즉, 코즈는 시장에서 거래비용이 존재하기 때문에 기업이 형성되었으며, 이러한 기업은 관리비용이 거래비용보다 커질 때까지 확대될 수 있음을 제시하였다. 윌리엄슨은 이러한 코즈(Coase, 1937) 연구의 연장선상에서, 좀 더 현실적인 행태 가정(제한된 합리성과 기회주의)을 토대로, 거래비용을 통하여 효율적인 거버넌스 구조(governance structures)를 제시하고 있다. 그러나 현실에서 거래비용 측정은 난해하고 어려운 일이다.

이에 윌리엄슨은 거래비용을 대리하기 위하여 세 가지, 즉 자산 특정성, 불확실성, 거래빈도와 같은 거래 속성 변수를 통하여 거래비용 측정의 어려움을 해결하고 있다. 윌리엄슨은 이러한 거래 속성 변수를 통하여 거버넌스 구조(시장과 계층제(hierarchy), 혼합을 제시한다(윌리엄슨의 거버넌스 구조에서 핵심은 코즈(Coase, 1937)가 그러하듯, 시장과 계층제(기업)이다).

다시 말해, 거래비용 대리변수와 거버넌스 구조를 효율성 관점에서 연계시키고 있다. 어떤 거래 속성을 가질 경우는 시장이, 어떠한 경우는 계층제가 효율적인 구조라는 것이다. 예를 들어, 자산 특정성, 불확실성, 거래빈도가 높다면 시장에서 교환에 의하는 것보다 계층제화하는 것이 더욱 효율적이라는 것이다. 즉, 윌리엄슨이 주장하는 핵심은 어떠한 경제행위가 시장, 혹은 계층제(기업), 혹은 혼합에서 수행되는가 여부는 생산비용과 거래비용에 의하여 결정되며, 여기서 각각의 구조들이 갖는 상대적 거래비용의 크기는 자산의 특정성, 불확실성, 거래빈도에 의하여 결정된다는 것이다.

여기서, 우리가 고려해야 할 중요한 점은 바로 거버넌스 구조로서 분석 대상이 무엇인가 하는 점이다. '계층제'가 의미하는 것은 조직(기업)을 의미한다. 코즈가 말하는 기업과 같은 맥락으로, '시장이냐 정부냐'의 논의가 아니라는 점이다.

표 3-2 민간 영역의 거버넌스 구조와 특성

특성(attribute)	거버넌스 구조(governance structure)		
	시장(market)	혼합(hybrid)	계층제(hierarchy)
인센티브의 강도	++	+	0
관리적 통제	0	+	++
성과			
자동적 적응	++	+	0
협력적 적응	0	+	++
계약 법(contract law)	++	+	0

주: ++: 강함, +: 중간, 0: 약함.
자료: Williamson(1999: 314).

2 윌리엄슨 이론의 공공 부문 적용상 전제와 고려 사항

윌리엄슨의 거래비용이론이 광범위하게 공공 부문에 활용되어 오고 있으며, 유용한 관점을 제공해 오고 있음에도 이 이론의 공공 부문에의 적용은 크게 세 가지 차원에서 고려되어야 한다.

1) 이론적 한계

윌리엄슨의 거래비용 연구는 많은 이론적 한계를 지니고 있다(Klein, 2004: 21; Obermann, 2007, 483). 첫째, 자산 특정성, 불확실성 및 여타 변수들의 정의와 측정에 모순이 많다. 둘째, 많은 연구가 비교 경쟁 설명을 하지 않고 있다. 셋째, 거래 특성과 거버넌스 구조 간의 상관 관계가 종종 인과 관계로 잘못 해석되고 있다.

거래비용 접근은 또한 제휴(alliance)의 편익을 인지하지 않으며, 기회주의적 행태(opportunistic behavior)에 초점을 두다보니 과도하게 통제와 감시 비용을 강조한다는 비판을 받고 있다(White, 2005; White & Lui, 2005, Adelaja et al., 2010: 4). 대표적으로 김관보(1998: 436-437)는 기회주의를 너무 부정적으로 본다는 점, 인간 동기 부여에 대한 다양성을 설명하지 못한다는 점, 거래비용의 개념 정의와 관련된 구체성 결여를, 지배구조(governance structure)에 대한 결정으로, 특히 혼합조직이 너무 단순하다고 지적한다. 마셔와 리치만(Macher & Richman, 2008: 40-41) 역시 거래비용과 기회주의의 측정과 관련된 문제를 제기한다.

이러한 비판 중에서도 특히 중요한 점은 거래비용의 측정과 관련된 인과 관계의 문제이다. 이는 거래비용에 대한 측정 자체가 불가능하다 보니, 대리 변수로 속성 변수를 설정하고 있다. 그리고 이러한 속성에 따라 가장 효율적인 거버넌스 구조를 연계시키고 있다. 따라서 그러한 거래의 속성에 따라 특정 거버넌스 구조가 나타난 것인지, 아니면 특정 거버넌스 구조에 그러한 거래의 속성 변수를 연계시킨 것인지에 대하여 분명하지가 않다. 실제 마스텐 외(Masten et al., 1991, 17)는 거래비용의 측정과 관찰의 어려움 때문에, 분석가들은 관찰된 특성과 조직적 형태 간에 환원된 형태 관계의 추정에 의존한다고 주장한다.

2) 민간과 공공 부문 간 차이

윌리엄슨의 거버넌스 모형은 민간 영역에 대한 모형임에도 불구하고 광범위하게 공공 영역에 활용되어 왔다. 즉, 거래의 속성, 자산특정성, 빈도, 불확실성과 같은 변수를 통하여 공공 영역의 구조가 효율적인지 여부를 탐색해 왔다 할 것이다.

그러나 윌리엄슨 모형의 공공 부문에 대한 적용은 매우 조심스러운 접근이 선행되어야 한다. 이와 관련하여 거래비용 경제학의 공공 부문에 대한 적용은 부정론과 조심스러운 긍정론, 긍정론으로 구분된다(Williamson, 1999: 308-310).

첫째, 부정론의 입장에서 정치에 조직경제학(new economics of organization)을 적용한 최초의 정치학자인 모(Moe, 1984)는 공공과 민간 영역이 서로 다르기 때문에, 조직경제학이 본질적으로 조정되어야 한다는 입장을 견지한다.

구체적으로 ① 시장과 민간의 계층제 간의 기본적 비교는 적용할 수 없고 정부에 의하여 공급되는 대부분의 재화와 서비스를 위한 시장이 존재하지 않는다(Moe, 1990: 119). ② 민간 영역은 그들의 관계를 효율적으로 구조화하려고 한다는 가정은 정치에 적용할 수 없다. 왜냐하면, 정치적 행위자는 공적 권위를 집행하기 위하여 그들의 권리를 팔 수 없으며(Moe, 1990: 121), 게다가 정치에서의 타협 필요성은 공공기관의 설계에서 효율성보다는 정치적 정략을 발생시키기 때문이다(Moe, 1990: 125-127). ③ 무역을 통한 상호간 이익이 자발적인 사적 영역 간 협약을 발생시키는 반면에 공적 권위은 비자발적이다(따라서 효율성 확보에 대한 전제는 더욱 위태롭다). ④ 사적 영역의 거래를 연구하는 데 자산 특정성이 중요한 반면, 공공 영역에서는 그러하지 않다는 것이다(Williamson, 1999: 308-309).

노스(North, 1990a) 또한 부정적 입장에서, 정치학의 효율성은 어떻게 실제 정치시장이 제로(0) 거래비용 결과에 가까워지는가에 대한 연구를 토대로 판단되어야 한다고 주장한다. 이러한 기준에서 볼 때, 실제 정치시장(political markets)은 본질적으로 매우 불완전하다(North, 1990a: 361)는 것이다. 또한 정치시장은 매우 비효율적일 가능성이 높다(North, 1990: 365). 게다가 모(T. Moe)와 유사하게, 제도(institutions)는 사회적 효율성을 위하여 창조되기보다는 새로운 규칙을 창조할 수 있는 협상력(bargaining power)을 갖춘 집단의 이해를 반영하기 위하여 창조된다고 주장한다(North, 1990a: 360-361).

둘째, 매우 조심스러운 긍정적 입장으로, 윌슨(Wilson, 1989)은 거래비용 경제학의 공공 부문 적용 가능성에 대해 긍정적으로 생각하나 조심스러운 입장을 유지한다. 즉, 그는 정부의 복잡하고 모순적인 산출뿐만 아니라, 정부기관은 다중 목적을 가질 수 있고, 정부 프로그램은 분배 효과, 형평성과 책임성 고려가 중요하기 때문에 거래비용 경제학의 적용이 매우 조심스럽게 이루어져야 함을 강조한다.

셋째, 긍정적 입장으로 윌리엄슨(Williamson, 1999: 309-310)은 거래비용 경제학의 공공 부문 적용 가능성에 대하여 긍정적으로 생각하고 있다. 그는 모의 주장과 달리, 효율성 논의가 정치에 적용될 수 있다고 생각하며, 노스의 제로 거래비용 기준은 수정 가능하다고 생각한다. 게다가 노스의 평가와 달리, 공공이든 민간이든 효율성은 일반적인 거래 관점에서 평가될 필요가 있다고 주장한다. 그러나 윌리엄슨은 사적 영역에서의 거래와 거버넌스 관점을 공적 영역으로 확장하면서, 기존의 사적 영역의 거래 특성 외에 'probity'라는 새로운 특성을 소개하고 있다. 즉, 민간 영역을 대상으로 한 그의 연구틀을 외교 영역에서 수정하여 제시하고 있다.

또한 저자는 공공 거버넌스(public governance)의 세 가지 방식으로 완전 민영화, 규제, 공공기관을 도구, 성과 특성, 계약법, 분쟁 해결 관점에서 소개한다. 즉, 완전 민영화는 효율성을 위한 높은 인센티브를 갖고, 낮은 관리적 통제를 받으며, 높은 관리자의 자율성과 낮은 직원의 안전성을 갖고 법률적인 분쟁 해결과 자율적 적응

표 3-3 공공 영역의 거버넌스 구조와 특성

특성(attribute)	거버넌스 구조(governance structure)		
	민영화 (privatization)	규제 (regulation)	공공기관 (public agency)
도구			
인센티브 강도	++	+	0
관료제화	0	+?	++
성과 특성			
적응적 자동성	++	+	0
적응적 통합	0	+	++
계약 법			
고용 관계			
관리자 자율성	++	+	0
직원 안전성	0	+	++
법률적 분쟁 해결	++	+	0

주: ++는 강함, +는 준강(準强)함, 0은 약함.
자료: Williamson(1999: 336).

을 갖는다. 반면, 공공기관은 완전 반대이며, 규제는 민영화와 공공기관 사이에 있다는 것이다.

3) 실증적 한계

실증적으로 윌리엄슨의 연구는 많은 부분 지지되지 않고 있다. 우선, 보너와 마셔(Boerner & Macher, 2003)는 TCE에 대한 600개 연구물에 대하여 분석하여, 윌리엄슨의 수직적 통합에 대한 예측은 부분적 지지를, 혼합 관계에 대해서는 매우 제한된 확증이 존재함을 보여준다. 심지어, 거래비용이론에 긍정적인 연구 결과조차도 대안적인 이론 관점에서 해석의 가능성을 열어놓고 있다고 주장한다. 데이비드와 한(David & Han, 2004)은 63개 저널 논문에서 발견한 304개 통계 검증에 대하여 분석하면서, 분석 결과는 혼합적(mixed)이었음을 제시하였다.

카터와 호지슨(Carter & Hodgson, 2006)은 1998~2002년간 SSCI에 인용된 논문 54편을 분석하여 첫째, 수직적 통합 연구 결과는 혼합적(mixed)이다. 즉, 완전하게 윌리엄슨의 거래비용이론 지지하는 연구는 없었으며 부분적으로 일치하거나 또는 결론을 내지 못하였다. 둘째, 혼합 관계와 관련해서는 거래비용이론을 거의 지지하지 못하였고, 거래비용의 직접적인 측정이 제대로 이루어지지 못했다. 특히, 수직적 통합과 비교하여 혼합 관계의 본질과 원인에 관한 합의가 부족하다고 주장한다. 서로 다른 많은 현상이 혼합으로 묘사되어 있어 무엇이 정확한 혼합인지에 대한 논쟁 가능성이 매우 높다고 주장한다.

3 윌리엄슨의 거래비용이론과 정부 역할의 함의

윌리엄슨의 연구는 기본적으로 코즈 연구의 연장선상에 있다. 핵심은 거래비용의 수준에 따라 서로 다른 거버넌스 구조를 갖는 것이 효율적이라는 것이다. 예를 들어, 거래비용이 매우 높은 경우 계층제(조직화, 기업)가 효율적이다. 이러한 점은 공공 부문에서 유용한 의미를 제공한다.

첫째, 정부조직의 설계에서 거래비용은 하나의 기준으로서 역할을 수행할 수 있다. 어떠한 기능을 담당하는 정부조직을 통합할 것인지, 혹은 분리할 것인지, 상설

기구화할 것인지, 임시조직화할 것인지 등에 대하여, 윌리엄슨의 거래비용이론은 하나의 유용한 기준이 될 수 있다. 즉, 예를 들어 방송통신정책 및 감독기구를 신설(개편)하는 경우, 고려해야 할 다양한 가치 중 거래비용은 하나의 판단 기준으로 활용될 수 있다.

둘째, 정부와 정부 외 간의 구조와 관계를 결정하는 데 하나의 판단 기준, 혹은 고려 사항으로 활용될 수 있다. 예를 들어, 정부 소유의 금융기관(혹은 쓰레기 처리 업무 등)을 정부가 직접 소유할 것인지, 아니면 민영화할 것인지를 결정하는 데 기존에 정부 소유에 따른 비효율성뿐만 아니라, 그러한 은행과 정책적으로 어떤 관계를 지속해야 하는 상황이라면, 거래비용의 규모도 역시 고민하여야 한다. 다시 말해, 정부조직 내에 둘 경우 지니는 전체적인 비용과, 정부 밖에 두어 관계를 유지함에 따르는 거래비용을 전반적으로 고려할 필요성을 제시한다. 이는 거래비용이 조직화에 따른 관리비용보다 높다면 조직(기업화)화는 지속적으로 나타난다는 코즈의 연구 결과와도 일치하는 결과이다.

정부 내 구조, 정부와 정부 외 간의 관계와 구조를 결정하는 데 윌리엄슨의 거래비용이론은 유용한 관점을 제시하며, 이는 곧 정부 기능의 범위, 규모 등 정부의 역할을 설정하는 데 영향을 미칠 수 있다. 그러나 윌리엄슨의 거래비용이론은 민간부문에서 거래의 속성(특히, 자산 특정성)과 그에 가장 효율적인 거버넌스 구조를 연계시키고 있으며, 초점은 '효율적인 구조'에 있다. 정부조직 내적 구조뿐만 아니라 정부와 정부 외 부문 간의 구조설계에서(예: 사회간접자본에 대한 민관 협력(public-private partnerships)) 역시 효율성만을 고려해서는 안 되며, 다양한 중요 가치 중 하나로서 고려되어야 할 것이다.

셋째, 윌리엄슨의 이론은 시장에 대한 정부의 어떤 개입이 없을 경우, 자연스럽게 수직적 통합의 확대와 이에 따른 초대기업의 성장과 독점이 발생될 수 있음을 제시한다. 즉, 시장 자체적으로는 초대기업의 성장에 따른 독점의 문제를 해결할 수 없음을 보여주며, (독과점이 사회적으로 바람직하지 않다면) 정부가 이를 해결해야 함을 보여준다.

실제, 윌리엄슨의 거래비용이론은 윌리엄슨의 의도와 관계없이 기업의 수직적 통합에 따른 대기업의 독점 논리를 제공한다. 구체적으로, 시장과 비교하여 기업(수직적 통합 혹은 계층제)의 존재를 거래의 특성에 따라 가장 효율적인 거버넌스의 구조선택 과정으로 이해한다. 즉, 자산 특정성이 높고 불확실성이 중간 이상이며, 거래가 빈번하거나 혹은 자산 특정성이 중간 이상이고 불확실성이 매우 높고 거래가 빈번할 경우 수직적 통합(vertical integration)이 나타남을 예측하고 있다(Cater & Hodgson, 2006: 464).

다시 말해, 수직적 통합에 대한 윌리엄슨의 이론은 본질적으로 왜 기업이 시장과 다른지를 설명하고 있다. 이러한 윌리엄슨의 주장은 몬테버드와 티스(Monteverde & Teece, 1982) 이후 민간 부문[6]에 대한 많은 연구들(예: Anderson & Coughlan, 1987, Joskow, 1985; Masten, 1984; Masten et al., 1991; Simester & Knez, 2002; Walker & Weber, 1984)에 의하여 경험적으로 조사되어 지지[7]받기도 하였다.

이러한 예측은 기업 간 수직적 합병을 통한 기업의 대규모화가 효율성 관점에서 최적의 거버넌스 구조의 선택 결과로 이해될 수 있는 여지를 제공하며, 이는 수직적 통합을 시장 지배권(market power)을 획득하기 위한 수단으로서 이해하는 1960년대 많은 경제학자 및 법학자들의 입장과 상충하는 것이었다. 즉, 윌리엄슨의 분석은 수직적 합병과 관련된 독점규제 완화에 논리를 제공하였다(ESPCRSAS, 2009: 5).

또한 윌리엄슨은 수직적 합병뿐만 아니라 수평적 합병에서도 효율성의 역할을 강조하였으며, 이는 실제 미국의 기업 합병 가이드라인(merger guidelines)에 상당한 영향을 미쳤다(Kolasky & Dick, 2003: 212-213). 물론, 이는 윌리엄슨의 의도와는 관련이 없다. 즉, 윌리엄슨이 시장에서 거래비용의 존재를 이해하고 이를 효율적인 거버넌스와 연계시켰을 뿐이지, 독점과 대기업의 수직적·수평적 확장을 도모하기 위하여 이론을 제시한 것이 아니기 때문이다. 정리하면, 윌리엄슨의 거버넌스 구조틀은 아이러니하게도, 시장 스스로 독점의 문제를 스스로 해결하기는 어렵다는 것을 역설적이게도 보여준다. 만약 독점이 국가 사회적으로 바람직하지 않다면, 이 부분에 대한 사전적인 정부의 개입 필요성을 보여주기도 한다.

---

6) 공공 부문을 대상으로 한 연구물(예: Ashton, 1998; Reja, 1999; Yvrande-Billon & Menard, 2005) 역시 다수 존재하나 민간 부문, 즉 기업에 대한 연구가 절대 다수이다. 수직적 통합과 관련된 방대한 연구는 라퐁텐과 슬레이드(Lafontaine & Slade, 2007) 참고.

7) 각각의 연구물들이 윌리엄슨의 예측을 완벽하게 지지한다고 결론내리기는 어렵다. 이는 각 연구물들에서 고려된 변수와 해당 변수의 조작적 정의 및 변수의 측정 방법이 서로 다르기 때문이다.

제 4 절 거래비용과 남는 의문들, 그리고 정부 역할

1 거래비용만 낮추면 되는가?

일반적인 거래비용 이론가들은 낮은 거래비용은 경제적 효율성을 개선하는 것으로 이해하고 있다. 즉, 이들은 낮은 거래비용이 무역을 촉진시켜 전문화를 촉진시키고 생산비용에 변화를 유발하고 산출이 증가할 것임을 강조한다. 거래비용이 낮을수록 총 비용을 낮추며, 이에 따라 이윤과 판매를 증가시켜 경제 성장과 고용을 촉진한다고 주장한다(Lindfield, 1997: 2).

그러나 아직까지 살펴본 바와 같이, 거래비용이론(코즈, 윌리엄슨)의 핵심은 시장이용에 비용이 든다는 것이다. 따라서 다른 모든 조건이 동일(ceteris paribus)하다는 가정 하에 시장 이용 비용을 낮추어 주는 것은 효율성의 개선을 도모할 수도 있을 것이다. 즉 민간, 시장이나 기업에서는 효율성이 핵심 가치이므로 이러한 논리는 타당하다 할 수 있다.

그러나 정부의 역할과 관련하여, 첫째, 정부는 효율성만을 핵심 가치로 하지 않는다. 효율성은 중요한 여러 가치 중 하나이다. 효율성만을 위하여 거래비용을 낮추었을 때, 형평성이 악화된다거나, 민주성이 침해된다거나, 대응성이 무너지게 된다거나, 또는 장기적인 효과성을 낮출 수도 있다. 정부의 역할은 여러 핵심 가치 간 균형을 맞추는 일이 중요하다.

둘째, 민간은 단기의 효율성만을 고려하면 되지만, 국가는 단기적 관점의 효율성만을 고려할 수 없다. 즉, 장기적 효율성 역시 고려해야 한다. 즉, 효율성의 초점을 어디에 두는가는 매우 중요한 일이다. 단기 관점에서 효율성을 추구하여 행위자들(개인, 기업)이 최대의 이익을 얻을 수 있으나 장기적 관점에서 사회 전체의 비극이 될 수도 있다.

다시 말해, 개인의 합리성의 합의 집단의 합리성이 되지 않을 수 있음을 보여주는 공유지의 비극(tragedy of the commons) 혹은 집단행동의 딜레마(collective action dilemma)가 잘 보여주듯이, 개인의 단기 효율성 추구의 합이 장기적으로 사회 및 국가의 장기 효율성의 합이 된다는 보장은 없다.

거래비용이 매우 낮을 때, 실제로 효율성이 개선되는가? 위 사례는 과거의 수많은 공황(panic), 1990년대 중반 이후 아시아 금융위기, 그리고 최근 2008년 미국 금융위기에서 쉽게 관찰된다.

1980년대 들어 미국은 지속적으로 금융 부문에 대한 관련 규제를 대폭 축소해 왔다. 1980년 저축예금 금리 자율화, 최저자본금제 도입(Depository Institutions Deregulation and Monetary Control Act), 1999년 상업은행 · 투자은행 · 보험회사 겸영 허용(Financial Services Modernization Act(Gram-Leach-Bliley)), 2000년 연방정부의 장외 파생상품에 대한 규제 철폐(Commodity Futures Modernization Act), 그리고 금융위기 직전인 2005년 대형 투자은행주식회사에 자율적인 자기자본 허용과 같은 규제(Alternative Net Capital Requirements for Broker-Dealers(Consolidat ed Supervised Entities))를 철폐해 왔다(한국은행, 2010: 24). 이러한 규제 철폐는 곧 시장에서 경제행위자들의 거래비용을 줄이기 위한 조치로 이해될 수 있으며, 이는 곧 일부 거래비용 옹호자들이 주장하는 것과 같이 거래비용을 낮춰 효율성을 증가시킴으로써 궁극적으로 경제 성장과 고용을 촉진한다는 논리에 따랐다 할 것이다.

그러나 결과는 경제 성장이 아닌 2008년 금융공황으로 나타났다. 미국에서 주택자금을 빌려주는 주택담보 대출 상품인 서브프라임 모기지(subprime mortgage) 부실계기로 확대된 미국 금융위기는 미국을 넘어 유럽과 아시아 및 전 세계로 확대되어 세계 금융위기를 초래하였다. 미국의 금융공황이 전 세계로 확대된 계기는 무엇보다 국가 간 거래의 장벽들이 1980년대 이후 지속적으로 철폐된 데에 기인한다.

즉, 그동안 자유시장주의자들은 단일 국가 내에서의 거래와 동일하게 국가 간 거래의 비용을 낮추어야 궁극적으로 성장에 기여한다는 논리를 내세워 국가 간 거래비용을 낮추는 조치들을 제시하였고, 각 국가의 특성과 관계없이 무차별적으로 적용하고자 하였다. 즉, 일부 거래비용 옹호자들의 주장처럼 국가 간 거래비용을 축소시켜 왔다고 할 것이다. 이에 따라 극렬한 시장주의자들의 선망 대상이었던 미국의 금융 시스템은 붕괴되었고, 아이슬란드와 같은 일부 국가는 파산하였다. 유럽의 많은 국가는 부실 금융을 해결하기 위하여 엄청난 노력을 기울이고 있으며, 이에 따라 아직까지 세계는 경기 침체에서 벗어나지 못하고 있다.

2010년 7월 미국은 금융 및 자본시장에 대한 대대적인 개편안을 담은 금융개혁법안(Dodd-Frank Wall Street Reform and Consumer Protection Act)을 발효시켰다. 동법은 금융 시스템의 책임성과 투명성 개선을 통하여 미국의 금융 안정성을 확보하고, 미국의 납세자 보호를 위하여 대마불사('too big to fail')를 종식시키고, 악용된 금융 서비스 관행으로부터 소비자를 보호하기 위한 법임을 명시하고 있다.

이에 금융안정감시위원회(Financial Stability Oversight Council) 설립, 금융회사 정리 절차 수립, 저축조합감독청 폐지 및 기능 이관, 펀드 투자 자문업자에 대한 규제 신설, 보험업 규제 강화, 은행지주회사 등에 대한 건전성 감독 강화, 스왑 거래 관련 규제 신설, 지급결제 시스템 감독 강화, 자본시장 투자자 보호 강화, 통합 금융소비자보호기구 신설, 연방준비제도 개혁(투명성, 책임성 강화), 모기지 상품에 대한 규제 강화 등을 담고 있다. 결국, 이 금융개혁법안의 요지는 금융 규제를 대폭 강화하겠다는 것이다. 규제의 확대는 거래비용 옹호자들의 입장에서 보면, 거래비용을 높이는 일이라 할 것이다.

2 거래 자체가 존재하지 않을 때 정부는 무엇을 할 수 있는가?

만약, 정부의 역할이 거래비용의 감소에만 있다면, 거래 자체가 존재하지 않는 영역에서는 어떠해야 하는가? 기본적으로 거래는 수요와 공급이 존재할 때 발생한다. 그러나 수요는 있으나 공급이 없다면 어떻게 해야 하나? 또는 공급은 있으나 수요가 존재하지 않는다면 어떻게 해야 하나? 만약 시장의 기업과 같은 주체라면, 수요가 없으면 공급하지 않으면 된다. 또는 소비자 입장에서 공급이 없다면 사용하지 않으면 된다. 또한 공급이 없다면 이용에 대한 인식조차 형성되지 않을 것이다.

신재생 에너지 부문은 이러한 질문에 해답을 제공하고 있다. 신재생 에너지 확대 필요성은 기존의 화석연료 사용에 따른 지구 기후 변화 문제와 고갈을 앞두고 있는 화석연료에 대한 대체 에너지 확보 필요성에 기인한다. 그러나 시장의 자발적 주체들은 신재생 에너지를 공급하려 하지 않았다. 이는 신재생 에너지가 기존의 화석에너지에 비하여 경제성을 확보하지 못하여 수익을 확보할 수 없었기 때문이다. 즉, 신재생 에너지는 경제성을 확보하지 않는 한, 혹은 그러한 손실을 제도적으로 보장

표 3-4 신재생 에너지 촉진 주요 정책 시행 현황(2010년 현재)

	Feed-in tariff	Renewable Portfolio Standard/quota	Capital subsidies, grants, rebates	Investment or other tax credits	Sales tax, energy tax, excise tax, or VAT reduction	Tradable RE certificates	Energy production payments or tax credits	Net metering	Public investment, loans, or financing	Public competitive bidding
EU (27개국 중)	21	6	25	18	22	15	4	7	18	8
기타 선진국 (14개국 중)	10	4	9	4	6	5	5	10	8	3
개발국가 (40개국 중)	18	5	13	18	25	1	8	4	17	11

자료: REN21(2010: 38-39 재인용).

하지 않는 한 시장 주체에 의하여 자발적으로 공급되지 않아 왔으며, 당연히 거래 역시 존재하지 않는다. 거래비용이론 및 신고전경제학의 기본 가정처럼 이익을 얻을 수 없다면 공급도 없고 당연히 거래도 존재할 수 없다.

현재 신재생 에너지에 대한 거래는 <표 3-4>와 같이 그러한 거래를 가능하게 하는 다양한 정부 지원 정책과 국제적 협력에 기인하고 있다. 즉, 각국 정부는 수요곡선과 공급곡선이 만나지 않는 신재생 에너지 부문에서, 이들 곡선이 서로 만나게 하기 위하여 전 세계의 모든 국가는 정부 개입을 통하여 막대한 지원을 하고 있다. 다시 말해, 인위적인 거래를 형성시키고 있다. 따라서 신재생 에너지에 경우, 태초에 시장이 있었던 것이 아니라 정부가 그러한 시장을 형성시키고 있음을 알 수 있다.

제 4 장 결론

이 연구는 거래비용이론의 본질에 대한 탐구와 이를 토대로 정부 역할의 함의가 무엇인지를 세 가지 세부 질문을 제시하고, 이에 대한 해답을 코즈와 윌리엄슨을 중심으로 한 문헌연구를 통하여 찾고 있다.

연구 결과 첫째, 거래비용의 개념과 관련하여, 시장 자체에 비용이 존재한다는 것(이것이 거래비용의 정수라 할 수 있다)은 상황적 조건 하에서 시장에 대한 정부 개입의 필요성을 찾을 수 있다. 즉, 신고전경제학에서 말하는 시장실패의 원인(예: 공공재, 외부 효과, 정보비대칭 등)에 의한 정부 개입이 아니라, 시장은 그 자체로 비용(대표적으로 거래비용)이 발생되는 구조이며, 이러한 거래비용 문제를 시장 스스로 해결하지 못하는 상황이 존재할 수 있다. 물론, 거래비용의 문제를 해결하기 위한 정부의 개입은 거래비용을 확대시키거나 혹은 부정적인 결과를 초래할 수도 있다. 그러나 이는 정부 개입에 따라 발생될 수도 있는 사후적인 문제이지 거래비용의 개념 자체에서 도출되는 문제는 아니다.

둘째, 코즈 정리와 관련하여, ① 코즈 정리는 코즈의 주장이 아니며, 스티글러 등이 코즈 연구의 일부를 활용하여 정립한 것으로 코즈의 핵심적인 주장이 아니다. 특히, 코즈 정리에서 가정하는 거래비용 제로(0)는 표준 경제이론에서 거래비용이 제로(0)라고 가정하기 때문에, 코즈 정리는 그러한 상황(거래비용이 0인 상황)에서 피구리언(Pigourian)의 해결책은 불필요하다는 것을 지적하기 위하여 가정한 것이다. ② 코즈가 거래비용이 제로(0)라는 비현실적인 가정에서 벗어나기를 지속적으로 강조해 왔음에도 불구하고, 오히려 자유시장주의적 관점에서는 코즈 정리에 대한 자의적인 해석을 통하여 시장만능주의와 정부 역할을 제약하는 이론적 근거로 활용해 왔다. ③ 정부 역할과 관련하여 코즈의 주장은 a) 거래비용이 존재하는 현실 세계는 기업, 정부, 시장 모두 비용이 발생하므로 전체적인 효과를 고려하여 고안하고 선택해야 한다는 것이다. 예를 들어, 자유시장주의자들의 주장과 달리, 시장이 언제나 정부보다 우위에 있기 때문에 정부의 개입과 역할을 최소화해야 한다는 주장은 찾기 어렵다. b) 거래비용이 존재하는 현실 세계에서는 생산에 거래비용 및 동기 등이 영향을 미치므로, 이에 법과 제도가 중요함을 강조한다. 따라서 생산에 기여할 수 있는 법과 제도의 설계 면에서 정부는 중요한 역할을 수행할 수 있다.

셋째, 윌리엄슨의 거래비용이론은 이론적(특히, 거래비용의 측정과 인과관계의 문제), 민간과 공공 부문 간의 근본적 차이에 따른 적용의 한계, 그리고 실증적인 한계를 지니고 있어 공공 부문을 이해하고 설명하기 위한 한계가 내포되어 있음을 고려해야 한다.

이러한 한계가 있음에도 윌리엄슨의 거래비용이론은 효율성의 관점에서 ① 정부 조직의 설계, ② 정부와 정부 외 간의 관계와 구조를 결정하는 데 유용한 판단 기준으로 활용될 수 있으며, 이러한 활용은 곧 정부 기능의 범위, 규모 등 정부의 역할을 설정하는 데 영향을 미칠 수 있다. 또한 ③ 이 이론은 시장에 대한 정부의 어떤 개입이 없을 경우, 자연스럽게 수직적 통합의 확대와 이에 따른 초대기업의 성장과 독점이 발생될 수 있음을 제시한다. 즉, 시장 자체적으로는 초대기업의 성장에 따른 독점의 문제를 해결할 수 없음을 보여주며(독과점이 사회적으로 바람직하지 않다면), 이 과정에 정부의 역할이 존재할 수 있음을 보여준다.

코즈는 시장 메커니즘에 비용이 발생한다는 것을 증명하였고, 윌리엄슨은 그러한 거래비용을 측정하고자 하였으며, 이를 통하여 효율적인 거버넌스 구조를 제시하였다. 이 연구는 이들의 이러한 발견 속에서 다양한 정부 역할의 함의를 찾고자 하였다.

연구 결과는 자유시장주의적 접근에서 해석되고 활용되어 온 것과는 상이하게 정부 역할과 관련한 유용한 함의가 내포되어 있음을 보여준다. 이 연구는 거래비용이론의 본질에 충실해서 정부 역할의 함의를 도출하고 있다는 점에서 이론적 가치를 지니고 있다. 또한 정책적으로도 그동안 거래비용이론 관점에서 제기되어 온 다양한 행정개혁의 처방 및 정부 역할의 설정에 대해 숙고의 필요성을 제시한다.

거래비용이론은 공공 부문, 그리고 행정학 전반에 커다란 영향을 미치는 이론인 만큼 그에 대한 체계적인 고찰이 추가적으로 이루어지길 기대한다. 또한 공공 부문에 대한 다양한 적용을 통하여 좀 더 의미있는 이론의 발전을 기대한다.

제 4 부

행위자 간 충돌과 해결, 협력: 이론과 과제

제 1 장 연구 개관*

신자유주의가 한 시대를 풍미하면서 '경쟁'은 미덕이 되어 왔다. 그러나 인간의 진화는 인간이 경쟁과 협력이 공존해 왔음을 보여준다. 다시 말해, 협력은 살아 있는 시스템의 본질적 조건이다.

최근 국내·외적으로 협력 혹은 협업이 크게 관심을 받아오고 있다. 이는 신자유주의의 부정적 측면에 대한 성찰에서 비롯된 면이 없지 않으나 그 배경이 어떠하든 간에 당연스럽고도 필연적인 현상이다. 오랜 기간 동안 순수 학문의 세계에서, 특히 사회과학 전반에서 협업이 강조되고 관심을 받으며 연구가 진행되었으나 실상 협업에 대한 현실의 관심은 매우 미약하였다. 심지어는 용어적 어색함으로 인하여 무엇인가 새로운 개념이 등장한 것처럼 인식하기도 한다.

아마도 협업에 대한 생소함은 우리가 협업에 관심을 가질 여유조차 없이 '경쟁의 논리'가 우리 사회를 지배해 왔기 때문일 것이다.

2013년, 현 정부는 출범과 동시에 이전 정부와는 달리 협업행정을 강조하고 있다. 특히, 초기에 그 개념적 혼란 속에서도 상위 정부기관을 중심으로 정부 부처들의 협업을 유도하고, 또한 평가를 위한 평가 체제를 구축하는 등 다양한 노력을 해 왔다. 협업의 기능적 필요성에 기인하였다 하더라도 협업에 대한 강조는 바람직하다고 할 것이다.

---

* 제4부는 김태은(2013c). 「국정과제 향후 추진전략 종합연구: 행정협업 성과와 과제: 이론적 논의를 중심으로」. 2013년도 경제인문사회연구회 연구과제'의 내용을 수정 보완한 것이다.

그러나 학문적 연구와 현실 정치에서의 관심과 달리, 협업행정을 위한 체계적인 이론 구축은 현재진행형이다. 더욱이 국내에서 순수이론에 가까운 협업에 대한 논의는 특히 부족하고 제한적으로 이루어져 왔다. 이러한 점은 현실 행정에서 협업행정을 위한 바람직한 방향을 찾고, 제도를 설계하는 데 제약 요인으로 작용할 수밖에 없다.

협업에 대한 이론적 연구가 현재진행형인 이유는 협업에 대한 그동안의 연구가 부족하다는 것을 의미하지 않는다. 사실 협업에 대한 연구는 사회과학의 가장 중심적인 연구 주제이며 가장 광범하게 연구되어 왔기 때문이다. 또한 단순히 행정학의 범위를 뛰어넘어 전 사회과학 분야와 관련되어 있다. 심지어 생물학·진화학 등과도 밀접하게 관련되어 있다. 다만, 협업이라는 이름으로 제기되지 않았을 뿐이다. 협업에 대한 이론적 연구는 곧 인간 본성에 대한 연구이며, 진화 연구이며, 다양한 제도에 관한 연구이기도 하다. 다시 말해, 이들 모두를 포괄하고 있다.

이 연구에서는 이들 모두를 다루지 못한다. 다만, 행정학적으로 유용한 주요 이론들을 토대로 협업행정을 위한 이론적 토대를 구축하고자 하는 데 있다.

이러한 배경에서 이 연구는 핵심적 연구 질문, 즉 협업의 근원적 필요성과 영향요인이 무엇인지를 연구하고자 한다. 이러한 연구 질문에 대한 해답은 크게 두 가지 연구 목적을 이루기 위함이다. 하나는 협업에 대한 근원적이고 체계적인 이론적 고찰을 통하여 안정적이고 지속적이며 효과적인 협업행정을 위한 이론적 토대를 마련하는 데 있다. 또 하나는 이론적 논의를 기초로 새로운 협업행정 모형을 제시하며, 이 모형에 기초하여 협업행정을 위한 실천적인 과제와 해결 방안을 도출하기 위함이다. 이 연구는 이러한 연구 질문에 대한 해답을 기존에 다양한 학문 영역에서 수행된 방대한 기념비적인 문헌에서 실마리를 찾고 있다.

제4부는 5장으로 구성되어 있다. 1장에서는 연구를 개관하고, 2장에서 협업행정의 개념과 유형, 그리고 협업행정의 필요성을 고찰하였다. 특히, 협업의 필요성을 근원적 필요성과 기능성 필요성으로 구분 제시하였고, 이 중 근원적 필요성은 집단행동 딜레마에 찾고 있다.

3장에서는 협업 행정을 위한 기존의 해결 방안과 한계를 제시하고 있다.

첫째, 사회적 딜레마 관점은 기본적으로 인간의 합리성과 이기심을 전제로 하고 있다. 이에 이런 전제에서 해결 방안으로 제시된 권위를 갖는 상위 단위 개입(예:

국가 개입)과 신제도경제학의 오스트롬(E. Ostrom) 연구를 소개하였다. 둘째, 거래비용이론을 활용한 페오이크(R. Feoick) 연구를 소개하였다. 거래비용이론은 기본적으로 이기심과 제한된 합리성을 전제하고 있다. 셋째, 협업 거버넌스 개념을 소개하고 있다. 협업 거버넌스는 다양한 학문과 이론이 결합된 종합적인 모형으로 인간 본성에 대한 가정을 고정시키기 어렵다. 따라서 종합적 관점에서 소개하였다.

4장에서는 정부 부처 간 협업의 영향 요인을 고찰하고 있다. 크게, 협업행정을 전제 조건과 제도, 행태, 상호성 요인을 제시하고 있으며, 이에 더하여 변수 간 관계를 제시하였다. 5장에서는 이전 장에서의 논의를 토대로 협업행정을 새로운 모형과 과제, 해결 방안을 제시하였다.

제 2 장 개념과 필요성

협업(協業)은 조직이론, 집단행동 딜레마, 정부 간 관계 등 매우 다양한 관점에서 연구되어 왔다.

제 1 절 협업의 개념과 유형

1 협업의 개념과 유형

최근 정부 부처 간 협업[1] 논의가 크게 대두되고 있다. 그동안 이 개념은 매우 중요함에도 불구하고 크게 관심을 받아오지 못해 왔다. 이러한 점에 비추어볼 때 현재의 협업에 대한 강조는 매우 바람직하다 할 것이다.

협업에 대한 강조만큼 그동안 다양한 분야에서 협업에 대한 개념적 정의가 이루어져 왔으나 일반적 정의는 발견하기 어렵다. 아직까지 협업은 협력(collaboration)과 동일한 의미로 활용되는 것으로 보인다.

우선, 그레이(Gray, 1985: 912)는 “어느 이해당사자도 혼자서 해결할 수 없는 일련

1) 그동안 협업보다는 협력이라는 용어가 보편적으로 사용되어 온 것 같다. 협업과 협력은 개념상 차이가 존재할 것이나 이 연구에서는 협업과 협력을 구분하지 않고 동일한 용어로 사용하였다.

의 문제를 해결하기 위하여 둘 이상의 이해 당사자가 이해와 가시적인 자원(예: 정보, 자금, 노동 등)을 모으는 것" 혹은 "해결해야 할 문제 영역에 대하여 이해당사자 간의 합동 의사결정 과정"(Gray, 1989: 227)이라고 정의하고, 브라이슨 외(Bryson et al., 2006: 44)는 "하나의 섹터(sector)로 분리된 조직에 의하여 성취될 수 없는 결과(outcomes)를 얻기 위하여 둘 이상의 조직 간 정보, 자원, 활동 역량의 공유(sharing)와 연계(linking)"로 정의한다.

한편, 톰슨과 페리(Thomson & Perry, 2006: 23)는 협력을 "자율적인 행위자들이 공식적·비공식적 협상을 통하여 상호작용하며, 함께 규칙과 구조를 마련하고, 그들의 관계, 그리고 같이 결정과 행동하기 위한 방식을 거버닝(governing: 운영, 관리)하는 과정"으로 정의하며, 이러한 과정은 공유된 규범과 상호 편익적인 관계를 포함하고 있다.

한편, 정부는 협업행정을 "기관 간 업무 협조를 통하여 기능을 연계하거나 각종 시설·장비·정보 등을 공동으로 활용하는 절차와 과정, 행위 등의 행정작용"으로 정의한다(행정 업무의 효율적 운영에 관한 규정 일부개정안(2013. 11). 또한, 협업에 대한 개념적 정의와 유형을 고려하여 이명석(2013: 40)은 협업행정의 정의를 협의와 광의의 관점에서 제시하였다.

그러나 실상 협력은 다양한 관점, 즉 조직 간 관계(Alexander, 1995; Ring & Van de Ven, 1994), 네트워크(Alter & Hage, 1993; O'Toole, 1997), 집단행동의 논리(Olson, 1965; Ostrom, 1990) 등에서 연구되어 왔기 때문에 협력에 대한 동의된 개념은 존재하지 않는다.

다만, 협력은 명령, 조정(coordination), 협동(cooperation) 등 관점에서 비교 논의되기도 하였으며(Gray, 1989; Jonathan, 2001; 오수길, 2006; O'Leary & Bingham, 2009; 정문기, 2009; 이명석, 2013), 협업이 갖는 다의성을 고려하여 다양한 차원에서 협업을 구분해 이해하기도 하였다. 예를 들어, 일반적으로 협력은 협동과 조정보다 상위 수준의 집단행동으로 이해한다. 일반적으로 협동과 조정과는 다른 개념으로 이해하고 있다. 즉, 상호작용, 통합, 합의, 복잡성 차원에서 서로 다르게 이해하고 있다(Alter & Hage, 1993; Himmelman, 1996; Mattessich, & Monsey, 1992; Thomson & Perry, 2006: 23).[2)]

2 협업의 정의

이 연구에서는 협업 또는 협력을 "특정한 목적을 달성하기 위하여 경계를 넘는 서로 다른 주체가 힘을 모으는 것"으로 광의의 관점에서 정의하고자 한다. 협업은 "특정한 목적을 달성하기 위하여 경계를 넘는 서로 다른 주체가 힘을 모아 일하는 것"으로 정의한다. 협업의 유형은 협업의 협력 주체의 수직 및 수평성 여부, 정도와 방식에 따라 다양하게 존재할 수 있을 것이다.

이와 같은 맥락에서 협업행정은 "바람직한 목적을 달성하기 위하여 서로 다른 경계를 갖는 정부기관들이 힘을 모아 정부 업무를 수행하는 것"으로 정의한다.

이러한 광의의 협업 정의에서 핵심은 첫째, 바람직한 목적 달성이라는 가치가 반영되어 있다. 바람직성은 곧 정부가 이루어야 할 사회적으로 중요한 가치(예: 효율성, 효과성, 형평성, 민주성 등)를 의미하는 것이다.

둘째, 서로 다른 경계를 갖는다는 것으로, 여기에서 경계는 곧 조직의 최소 단위를 의미한다고 할 것이다. 따라서 정부 부처 내에서도 최소의 조직 경계를 넘을 경우 이들 간의 협력을 포함하며, 동시에 각 부(部)처럼 광의의 부처 간 경계 역시 포함한다.

셋째, 힘을 모은다는 것에서 힘은 각 조직이 지니고 있는 공식 및 비공식, 물적·인적 자원의 총체를 의미한다.

넷째, 셋째와 관련하여 협력의 다양한 형태(소극적 협력, 적극적 협력) 일체를 포함한다.

다섯째, 여기에서의 정의에서는 협력의 자발성, 강제성 여부를 제한하지 않는다. 협력은 강제적으로도 이루어질 수 있고, 자발적으로도 이루어질 수 있음을 의미한다.

또한 기존에 다양하게 논의된 협업 거버넌스 역시, 위의 개념적 정의에 기초할 때 다양하고 유용하게 연계되어 있으며 또한 활용될 수 있음을 알 수 있다.

---

2) 개념적 차이에도 불구하고 현실적으로 구분하기는 어려운 것 같다. 특히 협업을 실증하는 데는 협업과 협동을 구분한다는 것은 매우 어렵다. 예를 들어, 런딘(Lundin, 2007)은 협동(cooperation)을 협력(collaboration)과 동일한 의미로 사용한다.

제 2 절 협업의 필요성

1 협업의 근원적 필요성

협업은 왜 필요한가? 이 질문에 대한 대답은 협업을 위하여 무엇보다 중요하다. 협업이 본질적으로 왜 필요한지는 협업의 가치와 지속성을 유지하는 데 필수적이기 때문이다.

이 연구에서 제시하고자 하는 협업의 근원적 필요성은 협업하지 않는다면, 개인이든, 조직이든, 정부 부처든, 국가든 체제를 유지할 수 없기 때문이다. 개인이든 국가든 어떤 시스템도 협업하지 않을 때, 체제를 유지할 수 없다. 반면에, 개인이든 국가든 어떤 시스템도 협업할 때 최상의 결과를 얻을 수 있기 때문이다. 이러한 점은 집단행동의 딜레마(collective action dilemma), 혹은 사회적 딜레마(social dilemma)라는 공고한 이론을 통하여 뒷받침되고 있다.

사회적 딜레마는 이기심에 기초한 개인 합리성이 집단 비합리성을 초래하는 상황이다(Kollock, 1998: 183). 즉, 집단행동 딜레마는 분명하고 모호하지 않은 인센티브를 갖는 집단 구성원이 선택(choice)할 때 (해당 구성원들이) 선택하지 않을 때보다 좋지 않은 결과를 낳는 상황을 의미한다(Dawes & Messick, 2000: 111). 결국, 상호의존적 상황(interdependent situation)에 있는 개인들이 독립적인 선택(dependent choices)에 직면할 때 발생(Ostrom, 1998: 3)하는 집단행동 딜레마는 이성적이고 합리성에 기초한 개인의 행동이 사회적으로는 합리적인 결과를 가져오지 못하게 하는 상황을 의미한다. 다시 말해, 집단행동 딜레마는 개인의 이해의 합이 집단적 수준에서 긍정적으로 나타나지 않음을 의미한다. 만약 모든 사람이 협력적이거나 이타적으로 행동하기보다 자신의 이익만을 추구할 경우 집단 전체는 더욱 악화될 것이다(Hardin, 1968; Dawes, 1980; Kurzban & DeScioli, 2008: 139). 실제 이는 공유지의 비극(tragedy of the commons), 죄수의 딜레마(prisoner's dilemma)로 잘 제시되고 있다. 공유지의 비극에서 하딘(Hardin, 1968: 1243)은 군비 경쟁을 하는 양 국가는 군사력이 증가하면

할수록, 국가 안정은 감소하는 딜레마에 직면하며, 이러한 문제는 기술적으로 해결할 수 없음을 주장한다(김태은, 2010a: 97).

하딘(Garrett J. Hardin)의 주장은 죄수의 딜레마로 잘 알려져 있다. 즉, 죄수의 딜레마 게임에서 개인의 합리성 합은 집단 합리성으로 나타나지 않는다. 두 죄수가 협력을 하게 된다면 최적의 결과를 얻을 수 있으나, 이 게임에서 두 죄수의 자백(가장 비합리적 선택)이 유일한 내쉬균형(nash equilibrium)이다. 또한 본질적으로 개인이 합리적이고 자기 이익만을 추구할 경우 집단 수준에서 바람직한 결과를 도출하지 않음을 잘 보여준다. 즉, 사회는 특정 행위자 혼자만 존재하는 세상이 아니고 다양한 행위자가 존재하는 세계이다(김태은, 2010a: 98).

올슨(Olson, 1965) 역시 집단이론(group theory)에서 보이는 일반적 낙관주의, 즉 공동의 이익이 있으면 자발적으로 공동의 노력이 생겨나리라는 관점(Bentley, 1949; Truman, 1958)에 도전하고 있다(Ostrom/윤홍근 · 안도경 옮김, 2010: 28-29).

> 집단 내의 모든 구성원이 집단의 목표를 달성하게 된다면 개인적인 이득을 얻을 수 있기 때문에, 심지어 그들이 합리적이고 이기적일지라도 집단의 목적을 달성하려고 행동한다는 것은 사실이 아니다. 집단 내 구성원의 수가 적거나 구성원들을 공동의 이익을 위하여 행동하게 하는 강제(coercion) 혹은 특별한 장치가 없다면, 합리적이고 이기적인 개인들은 그들의 공통된 이익, 또는 집단 이익을 위하여 행동하지 않을 것이다(Olson, 1965: 2).

이러한 집단행동 딜레마는 서로 다른 수준에서 발생한다. 즉, 두 사람 간 관계(예: prisoner's dilemma)에서부터 매우 많은 사람 간에, 그리고 재화의 생산과 소비의 맥락(예: public goods problems)에서, 또한 제한된 자원의 소비 차원에서(예: commons dilemmas) 등 서로 다른 수준에서 발생한다(Kurzban & DeScioli, 2008: 139-140). 따라서 집단행동 딜레마는 개인뿐만 아니라 경계를 갖는 다양한 조직 간에 발생할 수 있으며, 정부 역시 예외가 될 수 없다. 광의의 정부는 수많은 집단행동 딜레마 주체들의 집합이라 할 수 있다. 예를 들어, 정부 부처 간 집단행동 딜레마는 크게 수평적 관점과 수직적 관점으로 살펴볼 수 있다.

첫째, 수평적 관점은 가능한 권력 관계가 동일한 주체 간에 발생되는 것을 의미한다. 이러한 관점에서 가장 미시적으로는 개별 개인으로부터, 조직 경계를 갖는 과, 국, 정부 부처, 그리고 중앙정부와 지방정부 역시 집단행동 딜레마의 주체라

볼 수 있다. 물론 광의의 정부 내에서 행정부와 입법부, 사법부 역시 집단행동의 주체가 될 수 있다. 수준을 국가 수준으로 확대시키면 하나의 국가는 집단행동 딜레마의 주체들이다. 예를 들어, 중앙정부와 서울시, 경기도 등 지방정부들, 중앙정부 내 기획재정부와 안전행정부, 환경부 등 중앙정부 부처들, 기획재정부 내 조세정책관, 재정관리국, 공공정책국 등, 공공정책국 내 정책총괄과, 제도기획과, 재무경영과 등, 정책총괄과 내 개별 공무원 A, 공무원 B 등은 집단행동 딜레마의 주체라 할 수 있다.

둘째, 수직적 관점은 권력 관계가 불균형한 주체 간에 발생되는 것을 의미한다. 이는 상급자와 하급자 간, 상위기관과 하위기관 간에 주로 발생된다.

하나의 개인이든, 하나의 조직이든 간에 최소의 경계를 지니고 합리성과 이기심을 지니고 있는 주체라면, 집단행동 딜레마의 주체라 할 수 있다.

물론, 현실에서는 언제나 집단행동 딜레마가 나타나지 않는다. 이는 집단행동 딜레마는 기본적으로 인간의 이기심과 합리성을 전제하고 있기 때문이다. 앞서 살펴보았듯이, 인간은 언제나, 오직 이기적이지는 않으며, (합리성을 추구하지만) 완전한 합리성 역시 지니고 있지 않기 때문에, 집단행동 딜레마가 언제나 발생되지는 않는다.

그림 2-1 정부 영역에서 집단행동 딜레마 유발 수준별 행위자 예시

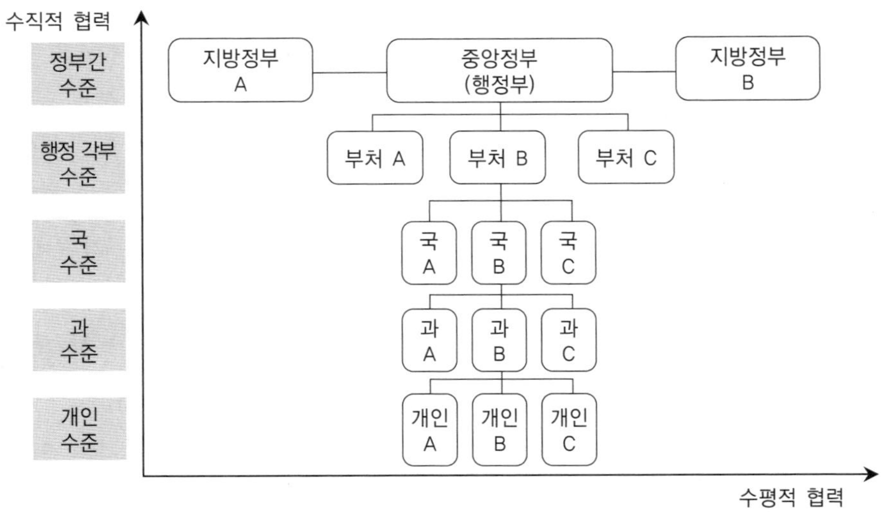

2 협업의 기능적 필요성

1) 행정 수요자의 특성 변화

시스템 이론 관점에서 보면, 정부 부처는 특정 기능을 담당하고 있다. 예를 들어, 국토, 환경, 교육, 보건 등 정부 부처별로 고유한 기능을 담당하며, 그러한 기능에 충실하도록 설계되어 왔다. 따라서 이러한 고유한 기능에 기반한 정부 부처는 해당 기능에 한정한 재화와 서비스를 생산하고 공급하였다.

이러한 특정 기능에 한정된 정부 서비스 제공은 전문화와 더불어 기능의 중첩을 해결하고, 책임성을 분명히 함으로써 행정의 발전에 기여하였다고 할 수 있다. 그러나 그러한 정부 부처의 형성과 진화 방향과 달리, 시민・국민・고객 등 행정 수요자들은 기능별로 분리되어 제공되는 행정 서비스가 아닌 통합적인 서비스를 제공받고자 한다. 이는 특히 민간 부문에서 수요자 중심으로 재화와 서비스의 제공 방식을 변경함으로써 수요자 중심의 종합 서비스에 익숙해져 왔기 때문이다.

예를 들어, 자동차를 구매하고자 하는 갑돌이가 있다고 하자. 100년 전 갑돌이는 오직 자동차만을 구매하였을 것이나, 현재 갑돌이는 자동차 구매와 더불어 자동차 구매에 필요한 자금 조달, 자동차 운행 시 발생될 수 있는 사고에 대비한 보험, 자동차 고장 시 어떻게 해결해야 하는지에 대한 정보와 서비스, 자동차 교환 방법, 자동차 폐차 방법 등 다양한 서비스를 일괄적이고 통합적으로 제공받고 있다.

따라서 특정한 정체를 제외한다면, 정부는 자신들의 의지, 기능적으로 구분된 구조적 한계와 별개로 수요자 중심의 행정으로 변화될 수밖에 없다. 즉, 행정기관은 자신들의 수요자 중심으로 재화와 서비스를 제공해야 하는 국민적 수요 압력에 처해 있으며, 이에 대한 대응은 곧 협업을 필요로 하게 한다. 왜냐하면, 기존에 정부의 서비스 제공 방식은 기능별로 분화된 공급자 위주였기 때문에, 또 그러한 기능적 분화의 장점이 존재하며 유지되어야 할 필요가 존재하기 때문에, 이러한 상황에 대응하기 위해서는 부처 간 협업이 절대적으로 필요하다고 할 것이다.

2) 부성화에 따른 정부 기능의 파편화, 그리고 비효율성

정부 부처는 그동안 부성화(部省化)의 원리에 기초하여 형성, 발전되어 왔다. 앞서 논의한 바대로, 이러한 부성화는 전문화, 책임성 확보 등에서 다양한 장점을 지닌다. 그러나 사회구조가 발전되고 필요로 하는 기능이 점차 증가되고 전문화되면서, 정부 부처의 부성화에 따른 정부 부처의 형성과 발전은 행정기관 전체의 차원에서 살펴보면 정부 기능의 파편화(fragmentation)를 유발할 수밖에 없다.

정부 기능의 파편화는 기능에 충실한 결과이나 시스템 전체적으로 보면 막대한 비용을 유발한다. 이는 거래비용(transaction cost)의 형태로 나타날 수 있고, 세분화된 기능 간 충돌에 따른 비용, 집단행동의 딜레마에 따른 시스템의 비용 등 다양한 형태의 비용을 초래한다.

따라서, 이러한 비용을 축소시켜야 한다. 비용의 축소를 위해서는 파편화를 해소하는 것이나 정부 부처의 기능적 구분의 필요성이 존재하므로, 파편화 자체를 해소하는 것은 어려운 일이며 상호 견제와 균형이 필요한 영역에서는 바람직하지도 않다. 또한 해소에 따른 비용 역시 고려해야 한다.

파편화의 장점을 살리면서, 파편화에 따른 비용을 축소시키는 유용한 방법은 파편화된 정부 부처의 기능 간 협력이다. 이에 협력의 필요성은 여기에 있다고 할 것이다.

3) 기술 발달과 환경 변화에 따른 융합 영역 등장

정부 부처를 둘러싼 환경 변화 중 기술 발달 혹은 환경 자체의 변화 역시 협력의 필요성을 인식시킨다.

기술 역시 정부 부처를 형성하고 발전시키는 데 유용한 역할을 수행해 왔다. 농경사회, 산업사회, 정보화 사회의 큰 흐름에서 알 수 있듯이, 기술 변화는 정부 부처의 형성과 발전에 중요한 역할을 수행한다. 농업사회에서 정보를 담당할 부처는 현재와는 다른 기능과 위상을 지니고 있었을 것이다.

기술은 사회구조를 변화시키고, 사회적 수요를 변화시킨다. 따라서 어떤 사회적 수요에 부합하는 기능을 담당하는 정부 부처의 변화를 초래한다. 예를 들어, 최근 정보통신기술(ICT)의 발달로 인하여 과거의 방송과 통신의 구분은 모호해졌다. 전 세계적으로 정부 부처들은 방송기술과 통신기술에 기반한 정부 부처가 운영되어 오고 있었으나, 방송과 통신의 경계가 기술 발달로 인하여 무력화됨으로써, 방송기술기반 정부 부처, 통신기반 정부 부처를 유지하는 것이 현실적으로 불가능해졌다. 이로 인하여 곧 방송 기능을 담당하는 정부 부처와 통신 기능을 담당하는 정부 부처들은 통합되거나 역할의 대대적 변화를 경험하게 되었다.

문제는 이러한 기술 변화에 따라 정부 부처들이 능동적으로 대응하여 변화되지 않는다는 것이다. 왜냐하면, 기존에 특정 기술에 기반한 고객, 이익집단이 존재함으로 인하여 정부 부처는 기술 변화에 능동적이고 적극적으로 대응하지 못한다. 우리나라에서 십여 년 간 지속된 방송통신 융합과 관련 정부 부처와 역할, 기능의 개편 과정에서 잘 드러나듯이 막대한 사회적 비용이 초래된다. 따라서 기술 변화 속에서 정부 부처 간 협력은 막대한 사회적 비용을 줄이기 위해서도 필요하다.

4) 문제의 특성

현재의 정부 부처는 특정 기능에 의하여 형성 및 발전되어 왔는데, 현재 정부가 해결해야 하고 혹은 대응해야 할 문제들은 특정 기능에 한정한 정부 부처가 해결할 수 없는 문제 형태들이 증가하고 있다.

즉, 문제가 복잡해지고, 상호 연계되어 있어 특정한 정부 부처가 이를 해결할 수도, 또한 해결하는 것이 바람직한 결과를 얻지 못하는 경우가 많다. 예를 들어, 주택 문제, 고용 문제, 복지 문제, 지구온난화 같은 환경 문제 등 수많은 문제는 이미 특정 정부 부처의 기능적 경계를 넘어 나타나고 있다. 예를 들어, 주택 문제는 경제 성장, 주거 안정, 고용, 금리, 투자 등 다양한 문제와 결합되어 있으며, 지구온난화 문제는 환경의 문제를 넘어 산업, 기술, 에너지, 성장, 고용 등 매우 복합적인 문제의 총체라 할 것이다. 즉, 정부부처 간 협력의 필요성은 정부 부처를 둘러싼 문제의 특성 변화에서 찾을 수 있다.

제 3 장 정부 부처 간 협업을 위한 기존의 해결 방안과 한계

협업을 위한 기존의 해결 방안은 인간 본성에 대한 전제를 어떻게 하고 있는가에 따라 서로 다른 이론과 모형이 제시되어 왔다. 이하에서는 ① 인간이 이기적이고 합리적이라고 가정하여 제시된 신고전경제학에서의 상위 단위의 개입(예: 정부 개입)과 신제도경제학을 대표하는 오스트롬 연구, ② 인간이 이기적이나 제한된 합리성을 지닌 것으로 가정하여 제시된 거래비용이론을 활용한 페오이크의 연구, ③ 다양한 학문 배경과 이론이 결합되어 인간 본성에 대한 가정을 고정시키기 어려운 협력 거버넌스를 제시한다.

제 1 절 이기적, 합리성을 지닌 인간

이하에서는 인간을 이기적이고 합리성을 지닌 존재로 가정하고 집단행동 딜레마를 해결하기 위한 방안으로 제시된 권위를 지닌 상위 단위의 개입과 신제도경제학의 대표 연구인 오스트롬 연구를 제시한다.

1 상위 단위 개입

1) 주요 내용

이기적이고 합리적인 인간을 전제한 집단행동의 딜레마를 해결하는 데 가장 대표적인 방법은 집단행동 딜레마를 발생시키는 주체가 아닌 다른 주체에 따른 강제이다. 협동을 강제하는 것으로 이는 신고전경제학에서 시장실패와 그에 따른 정부개입의 논리에서 잘 개발되어 왔다.

즉, 시장 관점에서, 외부의 강제력이라 할 수 있는 정부의 개입은 집단행동의 딜레마를 해결하는 유용한 도구 중 하나로 인식되어 왔다(Ostrom/윤홍근 · 안도경 옮김, 2010: 34-49). 예를 들어, 오펄스(W. Ophuls)는 "공유지의 비극 때문에 환경 문제는 자발적 협동으로 해결될 수 없다. 강제력을 행사하는 정부라는 명분은 절대적이다." 또한 "설령 공유지의 비극을 피하는 것이 가능하다 할지라도, 그것은 리바이어던(Leviathan)의 비극적 필연성에 의해서만 가능할 것이다"(Ophuls, 1973: 228-229)라고 주장한다.

올슨(M. Olson)은 "구성원의 수가 아주 적거나, 구성원들에게 공동의 이익을 위하여 행동하도록 강제할 장치가 없는 한, 합리적으로 사적 이익을 추구하는 개인은 공익 혹은 집단 이익을 위한 행동을 하지 않을 것이다"(Olson, 1965: 2)라고 주장하고, 하딘(G. J. Hardin) 역시 "무지의 먹구름 속에 갇혀서 정치 체제의 진정한 성격 및 각자가 환경 보존에 미치는 영향"을 보지 못한다고 주장하면서, 무지의 먹구름 속을 탈출하여 사기업 체계 또는 사회주의만이 공유지의 비극을 해결할 수 있는 유일한 방안임을 역설한다(Hardin, 1978: 310-314). "인구 과잉의 세계에서 파국을 피하기 위해서는 사람들이 각자의 정신세계 바깥에 존재하는 강제력, 즉 홉스(T. Hobbes)가 말하는 리바이어던에 순응해야 한다"(Hardin, 1978: 314)는 것이다. 즉, 집단행동의 문제에 대하여 정부 개입의 필요성을 강조하고 있다고 할 것이다.

이러한 맥락에서 본다면, 정부 부처를 강제할 수 있는 것은 법적인 권한을 지닌 상위 주체이다. 예를 들어, 부처 내 과급(課級) 간에 발생되는 집단행동의 딜레마는 국(局) 수준에서, 국 간의 딜레마는 장 · 차관 수준에서, 중앙정부 부처 간 딜레마는 총리실이나 청와대 등 상위 수준의 주체가 협력을 강제할 수 있다.

2) 함의와 한계

집단행동 딜레마 발생 주체의 상위 수준에 의한 강제는 집단행동의 딜레마를 해결하는 유용한 수단으로 이해되고 적용되어 왔다. 또한 규모의 경제, 외부성의 문제 등을 해결하는 것으로 이론적·실증적 토대를 지니고 있다. 특히, 자발적 협력이 불가능한 상황에서 이러한 해결 방안은 즉각적이고 가시적이다.

그러나 상위 정부기관의 개입 자체가 언제나 최적의 결과를 낳는 것은 아니다.

첫째, 상위 정부기관의 개입은 그 자체가 비용을 유발시킬 수 있다. 즉, 관리, 이행 및 감시 비용 등이 유발되며, 특히 집단행동 딜레마 발생 주체가 형식적 대응, 즉 실제는 협력하지 않지만 보이기 식으로만 대응할 경우 사후에 더 큰 사회적 비용이 초래될 가능성 역시 내재되어 있다.

둘째, 정부 부처가 진공 상태에서 존재하는 것이 아니고, 다양한 이해관계자들과 연계를 맺고 있다는 점에서 상위 정부기관의 강제가 언제나 적용될 수 있는 것도 아니며, 더욱이 최적의 균형점을 찾아내는 것 자체가 어렵다. 우리는 많은 정책 영역에서 총리실이나 청와대의 개입에도 불구하고 협력이 어려운 상황에 처하는 경우를 쉽게 발견한다.

2 신제도경제학과 오스트롬, 그리고 자발적 협력

1) 신제도경제학

제도경제학적 관점은 집단행동의 딜레마를 해결하기 위한 방안으로 정부보다는 시장 관점에 있으며, 행위자들의 자발적 협력을 강조한다.

신제도경제학적 관점은 집단행동의 문제를 해결하는 데 행위 주체의 자발성과 시장의 힘을 강조한다. 시장 제도, 즉 사유재산권 설정이 유일한 해법이라는 논리이다. 즉, 공유자원 문제에서 사유재산권 설정을 통하여 문제를 해결할 수 있다는 주장(Demsetz, 1967; Johnson, 1972)의 연장선상에 있다고 할 것이다.

신제도경제학(new institutional economics: NIE)은 신고전경제학(neoclassical economics)의 큰 틀을 유지하나 몇 가지 차이를 나타낸다. 첫째, 사이먼(Simon, 1947)의 주장을 따라 제한된 합리성(bounded rationality)을 가정한다. 이러한 제한된 합리성에 따라 윌리엄슨(Williamson, 1975)이 지적하듯, 주인과 대리인 간에 완전한 계약이 방해받고 개인들은 기회주의적 행태를 취하게 된다. 둘째, 경제적 효율성(economic efficiency)을 측정하기 위한 적절한 척도(measure)와 관련되어 있다. 신고전경제학에서 경제적 효율성은 배분적 효율성(allocative or Pareto efficiency), 생산적 효율성(productive or technical efficiency), 동태적 효율성(dynamic or intertemporal efficiency)으로 구분한다. 그러나 신제도경제학 내 많은 이론가는 파레토 최적 기준을 이용하여 정부 개입을 정당화하는 것에 강한 의구심을 표명해 왔다(예: Demsetz, 1969; De Alessi, 1983: Dollery, 2001: 189). 이에 이들은 경제적 효율성에 답하기 위하여 비교 제도 접근(comparative institutions approach)을 선호하며, 이러한 접근은 노스(North, 1984)에서 알 수 있듯이 배분적 효율성보다는 생산적 · 동태적 효율성에 초점을 맞춘다(Dollery, 2001: 190; 김태은, 2010b: 2-3).

신제도경제학적 관점에서 집단행동 딜레마를 해결하는 방법의 이해는 합리적 선택제도주의자들이 이해하는 '제도'에 대한 정의에서 쉽게 알 수 있다.

합리적 선택이론가들이 설정하는 제도는 노스(North, 1994: 360)의 "인간의 상호작용을 구조화하는 인위적으로 고안된 제약"이라는 정의에서 알 수 있듯이, 기본적으로 개별 선호를 갖는 행위자의 합리성 충돌을 조정하는 메커니즘으로 이해한다. 즉, 이들은 균형(equilibrium)을 강조하며, 특별한 균형을 지속하는 조정 메커니즘(coordinating mechanism)으로서 제도를 바라보는 관점과 관련되어 있다(Shepsle, 1989: 145; Levi, 1997: 27; Mahoney & Thelen, 2010: 6). 구체적으로, 합리적 선택제도주의는 전형적으로 제도를 파레토 최적 균형(Pareto optimal equilibria) 또는 집단행동 딜레마의 해결책을 반영하는 규칙화된 행태의 패턴으로 이해하였다(Shepsle, 1989; Koremenos et al., 2003; Greif & Laitin, 2004; Hall, 2010: 204-205; 김태은, 2011: 28-29). 공유자원의 집단행동 딜레마에서 해결하기 위하여 제시하는 오스트롬(Ostrom, 1990)의 규칙(rules) 역시 이러한 맥락과 일치한다(Peters, 1999: 48).

와인가스트(Weingast, 2002)는 이들의 입장을 이해하기 쉽게 설명한다. 즉, 제도는 행위자들 사이의 상호작용 순서, 행위자들이 선택할 수 있는 대안, 행위자들이 활용

가능한 정보의 수준과 그에 따른 행위자의 신념, 그리고 개인과 집단에 대한 보수 등에 영향을 미친다. 그러므로 일단 규칙이 만들어지면 어떤 방식으로 행동하는 것이 가장 좋은지, 혹은 어떤 행동은 하지 말아야 할 것인지 등이 정해지게 되는 것이다. 그리고 이러한 규칙이 집단행동의 딜레마를 해결해 주기 때문에 공동체 구성원 모두에게 혜택을 주는 것으로 이해된다(Weingast, 2002: 661; 하연섭, 2004: 92).

즉, 개인들은 제도 내에서 어떤 편익을 얻을 수 있다면, 그러한 편익을 얻기 위하여 기꺼이 약간의 행동의 범위(자유)를 희생하려 한다는 것이다(Peters, 1999: 47). 즉, 이들이 의미하는 제도는 자신의 효용을 극대화하고자 하는 합리적 행위자들이 그러한 효용을 극대화하기 위하여 스스로 제도(혹은 규칙)를 만들고 그러한 제도에 스스로 제약받는다는 것이다. 즉, 합리적 행위자들이 자신들의 이익을 극대화하기 위하여 행위하다 보면, 궁극적으로는 자신들의 이익을 극대화하지 못하는 상황에 처하게 된다. 다시 말해, 집단행동 딜레마 상황에 처하게 되기 때문에 행위자들은 궁극적으로 자신들의 이익을 극대화하기 위하여 그러한 집단행동의 딜레마에서 벗어날 수 있는 제도를 만들고, 그러한 제도에 스스로 제약을 받는다는 것이다.

이하에서는 신제도경제학 관점의 대표 연구로서, 오스트롬의 연구를 소개한다.

2) 오스트롬: 자발적 협력과 규칙(제도)

(1) 주요 내용

오스트롬(Ostrom, 1990)은 전 세계를 대상으로 공유자원 관리에 관한 다양한 사례를 연구하여 자치적 관리의 성공과 실패 요인을 분석하고, 이를 통하여 공유자원의 자발적 관리를 가능하게 하는 '제도 디자인 원리'를 제시하였다. 오스트롬은 그동안 공유자원 관리에서 정부, 시장의 이분법에서 벗어나 자발적 협력을 통한 관리 가능성을 강조하였다. 즉, 그는 자력 부담의 계약 이행 게임(self-fiananced contract-enforcement game) 모형을 제시한다. 이 모형에서 각 구성원들은 협동 전략을 다짐하는 구속력 있는 계약을 맺고, 이러한 협동 전략은 당사자들 주도로 실효성 있게 집행된다. 계약 집행을 위하여 외재적 권위에 의존하지 않으며, 필요한 경우 집행기구 역시 당사자들 간의 합의에 따라 일종의 민간 중재기관으로 설립된다. 즉, 자치적 공유관리 제도를 제시하고 있다.

저자는 오랫동안 지속된 공유자원 제도에서 확인된 여덟 가지 디자인 원리로 명확하게 정의된 경계, 사용 및 제공 규칙의 현지 조건과의 부합성, 집합적 선택 장치, 감시 활동, 점증적 제재 조치, 갈등 해결 장치, 최소한의 자치조직권 보장, 중층의 정합적 사업 단위를 제시하였다(Ostrom, 1990: 88-102). 이후 이를 체계적으로 묘사하여 제도분석틀(Institutional Analysis and Development Framework)[1)]을 제시하였다(Ostrom, 2007). 또한 오스트롬은 기존 제도분석틀을 보완하여 사회·경제·정치적 환경을 강조한 사회생태 체계(social ecological systems) 모형을 제시하였다(Ostrom, 2009; 2011). 사회생태 체계 모형은 시스템 관점에 있는 것으로 판단되며, 이에 고려할 수 있는 변수가 총망라되어 있다. 이러한 점은 지자체 간 집단행동 딜레마의 해결 방안으로서, 협력 거버넌스(collaborative governance) 차원의 논의와 유사하다. 즉, 협력 거버넌스 차원의 논의는 협력에 어떠한 변수들이 영향을 미치는지를 파악해 오고 있으며, 그러한 변수의 통제를 통하여 협력이 가능함을 강조해 오고 있다.

오스트롬의 연구는 국내에서도 지자체 간 집단행동의 딜레마를 해결하는 대안으로서 분석 및 제시되어 왔다. 예를 들어, 이명석(1995)은 동태적 게임이론 모형(dynamic game theoretic model)을 활용하여 공유재 문제의 자치적 해결 가능성을 설명하고 있다. 즉, 현재의 선택이 미래의 선택 상황의 유인 구조에 영향을 주게 되는 경우, 공유재의 사용자들이 미래 지향적이고, 공유재 사용 상황의 유인 구조가 일정한 조건을 만족시키면, 단기의 유인 구조가 죄수의 딜레마로 나타나는 공유재 사용 상황에서도 자치적인 해결이 가능하다는 것을 제시하고 있다. 이외에도, 홍성만·주재복(2003), 이명석 외(2004), 이명석(2006) 등 다양하게 연구되었다. 최근에 김관보·이선영(2010)은 제도분석틀(IAD Framework)의 게임 상황을 분석틀로 설정하여 부천 화장장 건립의 분쟁 사례를 분석하고, 대안으로 운영 및 집합적 선택 규칙의 재설계를 통하여 정책갈등의 조정과 협력 과정을 제시하였다.

(2) 함의와 한계

오스트롬(Ostrom, 1990)은 집단행동의 딜레마를 해결하는 데 그동안 제시되어 온 정부와 시장의 이분법을 비판하고, 행위자 간 자발적 협력과 그러한 협력이 가능하게 하는 제도를 강조한다. 이러한 주장은 집단행동 딜레마를 해결하는 가장 바람직

---

1) 이 모형에 관한 체계적인 선행 연구와 평가는 오스트롬(Ostrom, 2007: 21-54)을 참조하기 바란다.

한 대안으로 보이기도 하며, 실제 공유재와 관련된 다수의 연구가 이를 뒷받침하기도 한다.

그러나 오스트롬의 기념비적인 연구, 특히 공공정책에서의 유용성에도 불구하고 현실 적용에서 몇 가지 고려할 사항들이 있다.

첫째, 협력 주체 간 자원이 동등한 것인가 하는 점이다. 오스트롬의 연구에서 알 수 있듯이, 연구의 큰 흐름은 행위자 간 자원의 동등성을 전제하고 있다. 그러나 현실에서 행위자 간 권력 관계는 불균형적이다. 다시 말해, 협력 주체 간 권력 관계의 불균형 속에서 자발적인 협력이 언제나 가능할 것인가 하는 점이다.

둘째, 오랜 시행착오의 결과인지, 아니면 합리성을 갖고 인위적으로 상대적으로 짧은 시간 내에 형성된 것인지 분명하지 않다. 만약, 짧은 시간, 적은 비용이 수반되는 자발적 협력을 통한 해결이 이루어졌다면, 이는 집단행동의 딜레마를 해결할 수 있는 현실적 있는 대안으로서 유용하다. 그러나 오랜 시간이 필요하다면 시기적 적실성을 확보할 수 없고, 또한 그러한 시간 동안 종속변수에 영향을 미칠 수 있는 다양한 변수에 대한 고찰 자체가 불가능하여 두 변수 간의 인과관계성을 주장하기도 어렵다. 한편, 시행착오의 결과라면 그러한 시행착오에서 나타난 비용에 대한 고찰이 필요하다.

셋째, 협력 과정에서 막대한 관리 및 거래비용의 존재를 중요하게 고려하지 않고 있다. 오스트롬(Ostrom, 1990)의 주장을 지지하는 연구물들은 자발적인 협력과 그에 따른 규칙(제도)에 따라 공유지의 문제가 해결되었음을 강조하나, 그러한 협력 과정에서 발생되는 다양한 비용의 문제를 크게 고려하지 않고 있다.

제 2 절 이기적, 제한된 합리성을 지닌 인간

1 거래비용이론 관점: 페오이크의 연구

이기심을 지니나 제한된 합리성을 지닌 인간으로 가정하고 있는 주요 이론은 코즈와 윌리엄슨의 거래비용이론이다. 이 거래비용이론을 활용하여 협업을 연구한 대표 연구는 페오이크 연구에서 찾아볼 수 있다.

페오이크(R. C. Feiock)는 집단행동의 딜레마의 분석 수준을 지자체로 확장하여 제도적 집단행동틀(Institutional Collective Action Framework)을 제시하였다. 즉, 제도적 집단행동틀은 개인 간의 집단행동의 이론을 제도적으로 정의된 공동체 내 혼성 행위자(예: 지자체)로 확장하여 적용하고 있다(Feiock, 2007; Feiock & Scholz, 2010). 즉, 제도적 집단행동틀(ICA Framework)은 지역 정부도 개인 행위자와 마찬가지로 이해(interests)와 이해를 추구할 수 있는 능력을 가진 것으로 가정한다(Kwon & Feiock, 2010: 877). 제도적 집단행동틀은 개인 간의 계약 및 집단행동이론을 제도적 행위자(도시, 카운티, 정부기관, 기타 조직)로 확대시킨 행위자 중심(Scharpf, 1997) 및 제도분석과 개발(Ostrom, 1990)의 프레임워크에서 도출되었다(Feiock, 2009: 357).

페오이크는 제도적 집단행동 문제가 지방정부나 기관으로 서비스 책임성의 위임에 따라 발생하며, 지역 내 다양한 지자체의 존재에 따른 파편화(fragmentation)는 규제의 경제를 달성할 수 없고, 긍정적 및 부정적 외부 효과와 공유자원의 문제를 발생시킨다고 주장한다(Feiock, 2009: 357). 이러한 상황에서 제3부문이나 상위 지방정부에 의하여 계획되거나 조정된 그 어떤 것에 의하여 제시되기도 하나 지역에 내재된 파편화와 제도적 복잡성은 표준화된 해결책의 제시가 어렵거나 혹은 불가능하게 한다(Feiock, 2009: 370). 따라서 지방정부 간 자발적 협력을 통하여 집단행동의 문제가 해결될 수 있음을 강조한다. 그러나 이러한 자발적 협력을 통한 해결은 거래비용의 문제를 해결해야 한다고 전제한다.

페오이크는 제도적 집단행동의 문제를 크게 수평적 집단행동 문제(horizontal collective action problem), 수직적 집단행동 문제(vertical collective action problem), 기능적 집단행동 문제(functional collective action problems)로 구분하고 있다. 수평적 집단행동의 문제는 정부가 너무 작아서 효율적으로 그들 자신이 희망하는 만큼 서비스를 제공하지 못하거나 또는 서비스의 생산이 외부 효과를 발생할 경우에 나타난다. 수직적 집단행동의 문제는 프로그램의 설계나 의사결정 과정에 서로 다른 수준(levels)의 행위자 간에 발생한다. 기능적 집단행동의 문제는 서비스, 정책, 자원 시스템의 연계에 의하여 정의될 수 있다. 왜냐하면, 외부성은 정부 단위뿐만 아니라 기능적 영역(functional areas) 간에 발생할 수 있기 때문이다(Feiock, 2009: 358). 그동안 이 접근은 도시 서비스 제공(Feiock, 2004; 2007), 지역 간 파트너십을 통한 경제 개발(Feiock et al., 2009), 지역의 자연자원 관리(Lubell et al., 2002; Scholz et al., 2005) 등 연구에 활용되어 오고 있다(Kwon & Feiock, 2010: 877).

페오이크의 제도적 집단행동틀은 기본적으로 집단행동의 딜레마가 지자체 수준에서도 발생하므로 이를 해결하기 위하여 지자체 간 자발적 협력을 촉진하여야 한다고 주장한다. 이러한 자발적 협력은 거래비용에 의하여 영향을 받으므로 거래비용을 낮추기 위한 방안들을 제시하고 있다. 즉, 제도적 집단행동틀은 코즈 정리(Coase theorem)에 기초하고 있으며, 지자체 간 거래비용이 낮아진다면, 자발적 협력에 집단행동의 딜레마가 해결될 것으로 주장하고 있다.

페오이크는 이와 관련하여 네 가지 유형의 거래비용, 즉 정보 및 조정 비용(information/coordination costs), 협상 및 분배 비용(negotiation/division costs), 강화 및 모니터 비용(enforcement/monitoring costs), 대리인 비용(agency costs)을 제시하고, 이러한 유형의 거래비용이 최소화되어야 코즈가 말하는 협상이 성취될 수 있다(Feiock, 2007: 51)고 주장한다. 저자는 이러한 거래비용에 영향을 미칠 수 있는 변수로, 재화의 특성, 커뮤니티의 특성, 정치적 제도, 정책 네트워크의 구조를 제시한다(Feiock, 2007: 53-58; 2009: 367-370).

한편, 페오이크(Feiock, 2009)는 제도적 집단행동틀을 묘사하고 대도시 지역에서의 거버넌스 배열을 연구하기 위하여 이를 응용하고 있다. 제도적 집단행동의 문제를 해결하는 방법으로서 지역 거버넌스 도구(regional governance tools)를 제시하고 있다. 저자는 지역 거버넌스 도구를 집단적 또는 네트워크 관계와 지방정부 단위의 자치권 차원에서 분류한다. 즉, 선택이 집단적인가 개별적인가, 그리고 조정 메커니즘이 개별 단위에서 자치적으로 작동될 수 있도록 하고 있는가 여부에 따라 여섯 개의 범주 지역 권위체(regional authories), 관리 및 조정 네트워크(managed and coordinated networks), 지역 기관(regional organizations), 계약 네트워크(contract networks), 협력 그룹 및 위원회(collaborative groups and councils), 정책 네트워크(policy networks)로 메커니즘을 분류하고 있다. 또한 자기 조직적 해결책이 해결해야 할 거래비용의 유형에 대하여 기술하고 있다(Feiock, 2009: 359-366).

이러한 관점에서 페오이크 외(Feiock et al., 2009), 권과 페오이크(Kwon & Feiock, 2010)는 유용하다. 한편, 강윤호(2005) 역시 협력에서 거래비용의 중요성을 강조한다.

저자는 부산 신항만 관할권 분쟁을 사례 분석을 통하여, 불명확한 재산권 제도와 비효율적 거버넌스 구조가 지방정부 간 거래비용의 증대를 가져와 지방정부 간의 비협력과 갈등을 초래한다고 주장하였다.

2 함의와 한계

페오이크의 연구는 집단행동의 문제를 지자체 수준에서 본격적으로 논의하고 있다는 점에서 매우 유용한 시각을 제공한다. 게다가 거래비용 축소라는 좀 더 분명한 대안을 제시함으로써 이론뿐만 아니라 현실적 적용 가능성, 즉 협업을 위한 실현 가능한 대안을 제시한다는 점에서 그 가치를 지니고 있다. 그럼에도 불구하고 적용하려면 몇 가지 고려해야 할 부분이 있다.

첫째, 무엇보다 정부 부처 간 협력에 거래비용이 핵심 변수인가 하는 점이다. 거래비용은 시장을 연구하던 코즈에 의하여 제기되었으며, 기업의 출현을 거래비용으로 설명하고 있다. 시장 운영에서 거래비용은 물리학의 마찰만큼이나 크기 때문에 중요한 변수라 볼 수 있을 것이다. 그러나 정부 부처 간에, 행정 영역을 이해하는 데 거래비용이 시장만큼이나 중요한 변수인지는 고민할 필요가 있다. 특히, 공공 부문이 자발적 주체이긴 하나 정치적·법제도적 제약을 시장의 주체보다 매우 크게 받는다는 점에서 시장보다 거래비용의 중요성은 낮을 수 있다.

둘째, 코즈 정리를 활용하고 있다. 코즈 정리는 부정적 외부 효과 발생 상황에서 상호 이익 추구적 협상의 결과를 설명하기 위한 이론적 명제이다(Harrison & Mckee, 1985: 653). 이 개념은 코즈(Coase, 1959; 1960)의 연구에서 논의된 개념이 스티글러 및 코즈주의자에 의하여 선택적으로 추출되어 발전되고 정교화되었다(Coase, 1988: 157-158; 김태은, 2010b: 12). 그러나 코즈 정리는 매우 많은 선행적인 조건이 있다. 특히, 코즈 정리는 코즈(Coase, 1992)의 주장처럼 현실 세계에서 존재할 수 없는 개념이다. 예를 들어, 호프만과 스피처(Hoffman & Spitzer, 1982: 73)는 코즈 정리가 전제하고 있는 조건들을 제시한다. ① 각각 외부 효과를 갖는 두 행위자 설정, ② 상호 간 생산, 편익 또는 효용함수를 서로 완벽하게 알고 있음, ③ 경쟁시장 조건, ④ 거래비용은 제로('0'), ⑤ 비용이 들지 않는 사법 시스템, ⑥ 편익 극대화 생산자와 효용극대화 소비자, ⑦ 부효과(wealth effects)가 없음, ⑧ 행위자는 (거래비용이 없는 상황에서) 상호간 유리한 협상을 추구한다는 것으로 정리된다. 이러한 조건을 모두 충족하는 현실 세계는 존재하지 않는다(김태은, 2010b: 15). 다시 말해, 거래비용을 제로 수준으로 낮출 수 있다고 하더라도 자발적 협력을 통하여 최적의 자원 배분은 현실에서 발견하기 어렵다는 것이다. 즉, 다른 변수들에 대한 고찰이 추가적으로 이루어져야 할 필요성이 있다.

결론적으로 유용한 연구이며, 특히 거래비용 역시 협력에 중요한 변수이긴 하나 앞서 정부 부처 간 협력을 설명하는 데에는 고려되어야 할 부분, 또는 한계가 있다고 할 것이다.

제 3 절 종합 모형: 협력 거버넌스 관점

다양한 학문적 배경을 지니고 있어, 인간 본성에 가정을 고정시키기 어려우나 협업을 위하여 유용한 해결 방안을 제시하고 있는 것이 협력 거버넌스 관점의 연구들이다. 이하에서는 이에 대하여 소개하고자 한다.

1 협력 거버넌스 개념과 유래

그동안 협업은 거버넌스라는 개념과 결합되어 협력 거버넌스(collaborative governance)라는 이름으로, 다양하게 광범위한 영역에서 활용되어 왔다. 예를 들어, 거버넌스에 대하여 오스트롬(Ostrom, 1990)은 집단행동의 맥락에서 거버넌스(governance)를 "개인과 집단의 행태를 규제하기 위하여 설계된 공통적으로 결정된 규범과 규칙(norms and rules) 차원(dimension)"으로, 오리어리 외(O'Leary et al., 2006: 7)는 "민간, 공공, 시민 영역에서의 결정과 행동에 영향을 미치는 과정을 통제하기 위한 수단(means)"으로, 브라이슨 외(Bryson et al., 2006)는 "협력적 파트너십과 제도의 생존을 가능하게 하는 일련의 조정과 모니터링 활동(coordinating and monitoring activities)"으로 학문적 관점에 따라 서로 다른 정의와 이해를 해 왔다.

또한 안셀과 개쉬(Ansell & Gash, 2007)는 협업 거버넌스에 대한 이론적 논의를 체계적으로 제시한 바 있다. 즉, 협업 거버넌스를 "하나 또는 그 이상의 공공기관이 공공정책을 형성 혹은 집행하거나, 공공 프로그램 또는 자산을 관리하기 위하여 공식적, 합의 지향적, 숙의적인 집단적 의사결정 과정에 비정부 이해관계자(non-state stakeholders)를 참여시키는 통치제도(governing arrangement)"라고 정의한다(Ansell & Gash, 2007: 544).

저자들은 이러한 정의를 통하여 여섯 가지 중요한 기준을 강조한다. ① 이러한 형태는 공공기관 또는 제도에 의하여 비롯되며, ② 비국가 참여자들이 포함되며, ③ 참여자들은 직접적으로 의사결정에 참여하며, 공공기관에 의하여 지도되지 않는다. ④ 공식적으로 조직되며 집단적으로 이루어진다. ⑤ 합의에 의한 결정을 목적으로 하며, ⑥ 협력의 초점은 공공정책과 관리라는 것이다(Ansell & Gash, 2007: 544-545).

한편, 에머슨 외(Emerson et al., 2011: 2)는 협력적 거버넌스를 안셀과 개쉬(Ansell & Gash, 2007)보다 넓은 광의의 관점에서, "공공의 목적을 수행하기 위하여, 공공기관의 경계(boundaries), 정부의 수준, 그리고 공공, 민간, 시민 범위를 넘는 사람들이 건설적으로 참여한 공공정책 결정과 관리의 과정과 구조(processes and structures)"라고 정의한다. 이러한 정의는 안셀과 개쉬에 비하여 그 개념적 확장을 보여준다. 특히, 거버넌스의 개념보다 협력, 협업이라는 개념에 개념적 정의의 초점이 맞추어져 있음을 알 수 있다.

협력적 거버넌스에 대한 정의의 다양성은 협력적 거버넌스가 다양한 유래를 지니고 있기 때문이다(Ansell & Gash, 2008; Bingham & O'Leary, 2008; Emerson et al., 2011: 3-4).

첫째, 협력적 거버넌스를 1960년대 정부간 협력과 연계시키거나(Agranoff & McGuire, 2003; Elazar, 1962), 협력적 거버넌스의 뿌리를 협력적 문제 해결을 위한 모형으로서 미국의 연방주의 자체에서 찾기도 한다(McGuire, 2006), 또한 협력적 거버넌스를 벤틀리(Bentley, 1949)의 집단이론(group theory), 올슨(Olsen, 1965)의 집단행동의 논리(logic of collective action), 죄수의 딜레마와 게임이론(Axelrod, 1984; Dawes, 1973), 그리고 공유자원 연구(Ostrom, 1990) 등과 연계시키기도 한다.

둘째, 협력적 거버넌스를 민주주의와 행정의 확장된 개념으로 이해한다. 예를 들어, 행정학자들은 협력적 거버넌스를 민주주의 시스템에서 통치를 위한 새로운 패러다임으로 이해하며(Frederickson, 1991; Jun, 2002; Kettl, 2002), 숙의민주주의(deliberative democracy)는 투명성과 책임성, 정당성을 높여줄 수 있는 거버넌스 시스템과 제도를 통하여 시민들에게 자기의 주장을 할 수 있는 기회를 주고, 좀 더 대응적이고 시민 중심적인 정부를 약속하였다.

셋째, 협력적 거버넌스는 관리 방안(management practices)에 뿌리를 두고 있다(Kettl, 2006; McGuire, 2006). 정부간 관계와 네트워크 이론은 수평적 네트워크 관리와 협력적 공공관리에 관한 연구들을 증가시켰으며(Kamensky & Burlin, 2004; Wright, 1988), 게임이론은 이익 중심 협상과 상호 획득 계약(Fisher, Ury, & Patton, 1991; Raiffa, 1982), 그리고 대체적 분쟁 해결의 비공식적인 방안, 갈등관리, 노동 관계, 인적 관리, 계약, 환경 및 공공정책에서의 합의 구축에 관한 관심을 확대시켰다.

이러한 협력적 거버넌스의 유래를 살펴보면, 곧 집단행동의 딜레마 관점에서 주된 연구가 이루어져 왔으나 사회적 딜레마 관점을 넘어 좀 더 큰 부분을 포괄하고 있다고 할 것이다. 따라서 협력적 거버넌스에 대한 연구는 협업행정을 위한 유용한 관점을 도출하는 데 기여할 수 있음을 보여준다. 이러한 광의의 관점에서 이 연구는 정부 부처 간 협업 거버넌스는 "바람직한 목적을 달성하기 위하여 서로 다른 경계를 갖는 정부기관들이 힘을 모아 정부 업무를 처리하기 위한 공공정책 결정과 관리의 과정과 구조"로 정의한다.

2 주요 협력 프레임워크와 협력의 주요 영향 요인

톰슨과 페리(Thomson & Perry, 2006)는 우드와 그레이(Wood & Gray, 1991)의 연구를 활용하여 협업 프레임워크를 제시하였다. 이들은 협업의 전제 조건(antecedents), 과정(process), 결과(outcomes)를 연속체로서 묘사하고 있다.

우선 협업의 전제 조건으로, 상호의존성(interdependence)[1)]의 높은 수준, 자원 및

1) 상호의존성은 일찍이 협력의 기초이론이라 할 수 있는 교환이론(exchange theory)에서 이미 강조되어 왔다. 즉, 조직은 자원의 부족을 극복하기 위한 동기에서 협력이 이루어진다는 것이다(Lundin, 2007: 653).

위험 공유 필요성, 자원 희소성, 협력을 위한 노력의 경험, 상호 필요로 하는 자원 보유, 복합 이슈를 제시한다. 또한 과정 변수로서 협력을 위한 다섯 가지 핵심 차원(key dimensions)을 제시한다.

즉, 구조적 차원에서 거버넌스(governance)와 관리(adminstration), 사회적 자본 차원에서 상호성(reciprocity)과 신뢰(trust) 규범, 상호(편익)성(mutuality), 그리고 기관 차원에서 조직적 자치성(organization autonomy)을 제시하고 효과적인 협력을 위하여 이러한 다섯 가지 차원을 인식하고 의식적으로 이들을 관리해야 한다고 주장한다. 이러한 과정을 통하여 목표 달성, 도구적 거래가 사회적으로 배태된 관계로 전환될 수 있고, '새로운 가치 파트너십'의 창조가 자원을 견인하기 위한 역량을 만들어 낼 수 있으며, 제도적 공급, 합의, 감시의 문제를 해결하기 위한 자기 규율적 집단행동

그림 4-1 협력 전제-과정-결과 프레임워크

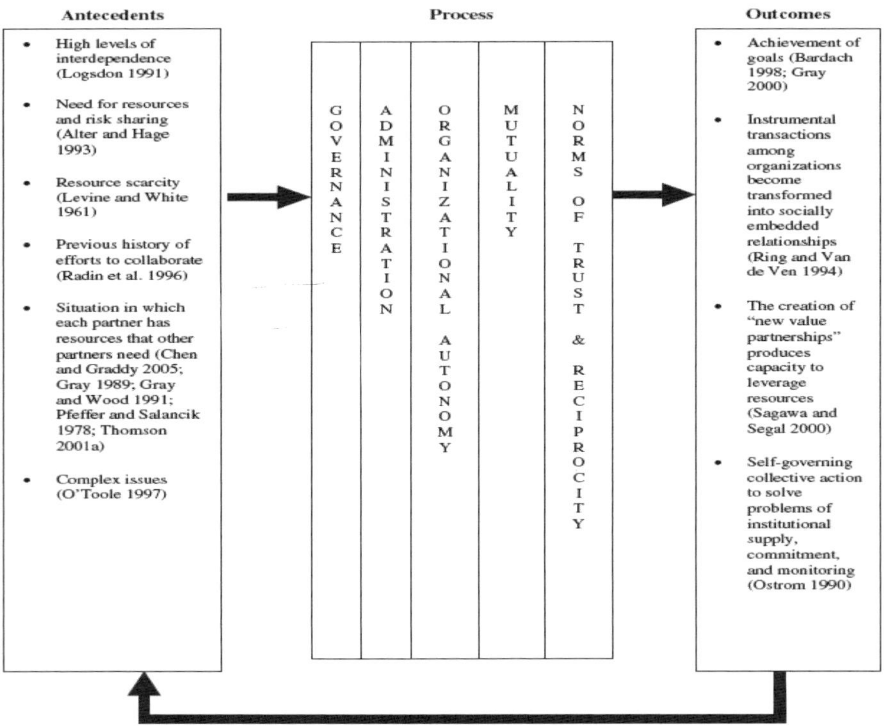

자료: Wood & Gray(1991); Thomson & Perry(2006: 21).

이라는 결과를 얻을 수 있다고 주장한다. 이러한 결과들은 다시 협력의 전제가 되고 전제와 과정, 결과가 연속체로서 순환됨을 보여주었다.

안셀과 개쉬(Ansell & Gash, 2007)는 협력 거버넌스 모형을 제시하였다. 이 모형은 크게 초기 조건, 제도 설계, 촉진적 리더십, 협력 과정이라는 네 가지 변수로 구성되어 있다.

협력의 초기 조건(권력-자원-지식의 비대칭, 협력과 갈등의 선행 경험(초기 신뢰 수준), 참여에 대한 제약과 인센티브), 제도적 설계(규칙, 과정 투명성 등), 촉진적 리더십(권한 부여 포함)이 협력 과정(collborative process)에 영향을 미치고 이러한 협력 과정이 결과에 영향을 미친다고 묘사하고 있다. 특히 협력 과정이 중요한데, 협력 과정은 면대면 대화가 신뢰 구축에 영향을 미치고, 과정에 대한 합의(상호의존성에 대한 상호간

그림 4-2 협력 거버넌스 모형

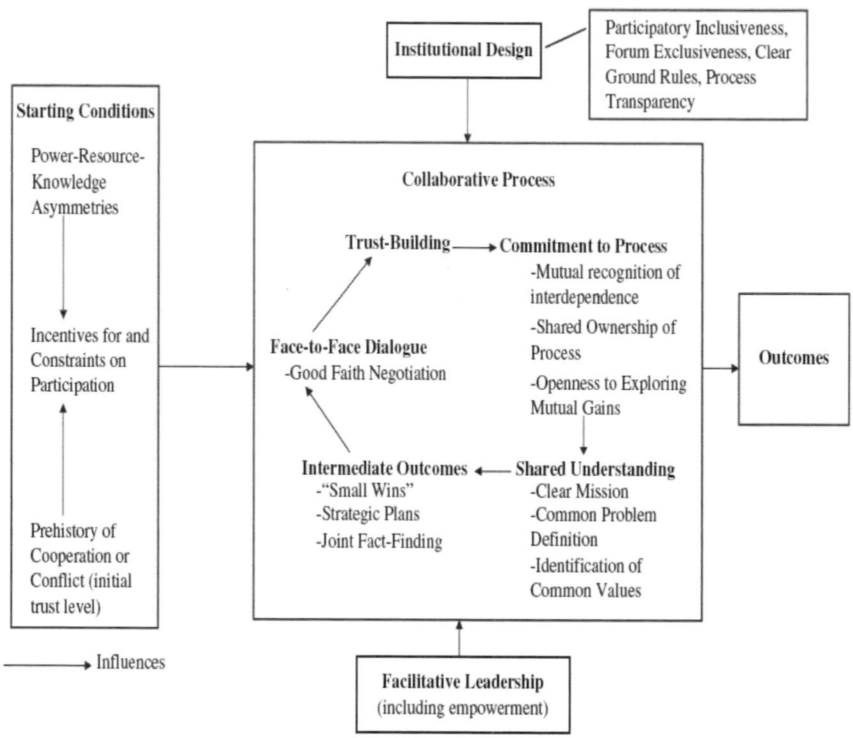

자료: Ansell & Gash(2007: 550).

인식 등)를 이끌며, 이는 다시 공유된 이해(분명한 이무, 문제 정의 등)를, 이는 과정상의 성과(작은 성과, 전략기획 등)를 얻는 데 영향을 미치고, 이러한 과정상의 성과는 다시 면대면 대화에 영향을 미치는 순환적 과정을 묘사하고 있다.

에머슨 외(Emerson et al., 2011)는 협력 거버넌스(collaborative governance)의 통합 모형을 제시하였다. 저자들은 특히 협력적 다이내믹스(collaborative dynamics)를 강조하고 협력적 다이내믹스는 세 가지 상호작용하는 요소로 구성되어 있음을 제시한다. 즉, 원칙에 입각한 업무(principled engagement), 공유된 동기(shared motivation), 협업 역량(capacity for joint action)이 협력적 행동을 유발한다고 지적한다.

저자들은 각각의 구성 요소들 안에 구체적인 요소들(elements)을 제시한다. 시스템 맥락(system context)에서 자원 조건, 정책・법적 구조, 정치적 역동성/권력 관계, 네트워크 연계성, 갈등/신뢰 수준, 사회경제적・문화적 건전성과 다양성을, 촉진자(drivers)로서 리더십, 결과에 따른 인센티브, 상호 의존성, 불확실성을, 원칙에 입각한 업무로서 발견, 정의(definition), 숙의, 결정, 공유된 동기에는 상호 신뢰, 상호 이해, 내적 정당성, 공유된 합의, 협업 역량에는 절차적・제도적 배열, 리더십, 지식,

그림 4-3 협력 거버넌스의 하위 요소들

			The Collaborative Governance Regime				Collaborative Outcomes	
			Collaborative Dynamics			Outputs		
Dimension and Components	System Context	Drivers	Principled Engagement	Shared Motivation	Capacity for Joint Action	Collaborative Actions	Impacts	Adaptation
Elements within Component	- Resource Conditions - Policy Legal Frameworks - Prior Failure to Address Issues - Political Dynamics/ Power Relations - Network Connectedness - Levels of Conflict/Trust - Socio-economic/ Cultural Health & Diversity	- Leadership - Consequential Incentives - Interdependence - Uncertainty	- Discovery - Definition - Deliberation - Determinaton	- Mutual Trust - Mutual Understanding - Internal Legitimacy - Shared Commitment	- Procedural/ Institutional Arrangements - Leadership - Knowledge - Resources	Will depend on context and charge, but might include: - Securing Endorsements - Enacting Policy, Law, or Rule - Marshalling Resources - Deploying Staff - Siting/ Permitting - Building/ Cleaning Up - Enacting New Management Practice - Monitoring Implementation - Enforcing Compliance	Will depend on context and charge, but aim is to alter pre-existing or projected conditions in System Context	- Change in System Context - Change in the CGR - Change in Collaboration Dynamics

자료: Emerson et al. (2011: 7) 재인용.

자원을 제시한다. 이외에 저자들은 협력 행동의 산출, 그리고 협력적 결과들을 영향과 적응 관점에서 구분, 제시하고 있다.

이외에도 브라이슨 외(Bryson et al., 2006)는 협력을 크게 네 가지 관점, 즉 초기 조건, 과정, 구조와 거버넌스, 우연성과 제약, 그리고 그에 따른 결과와 책무라는 차

그림 4-5 협력 프레임워크

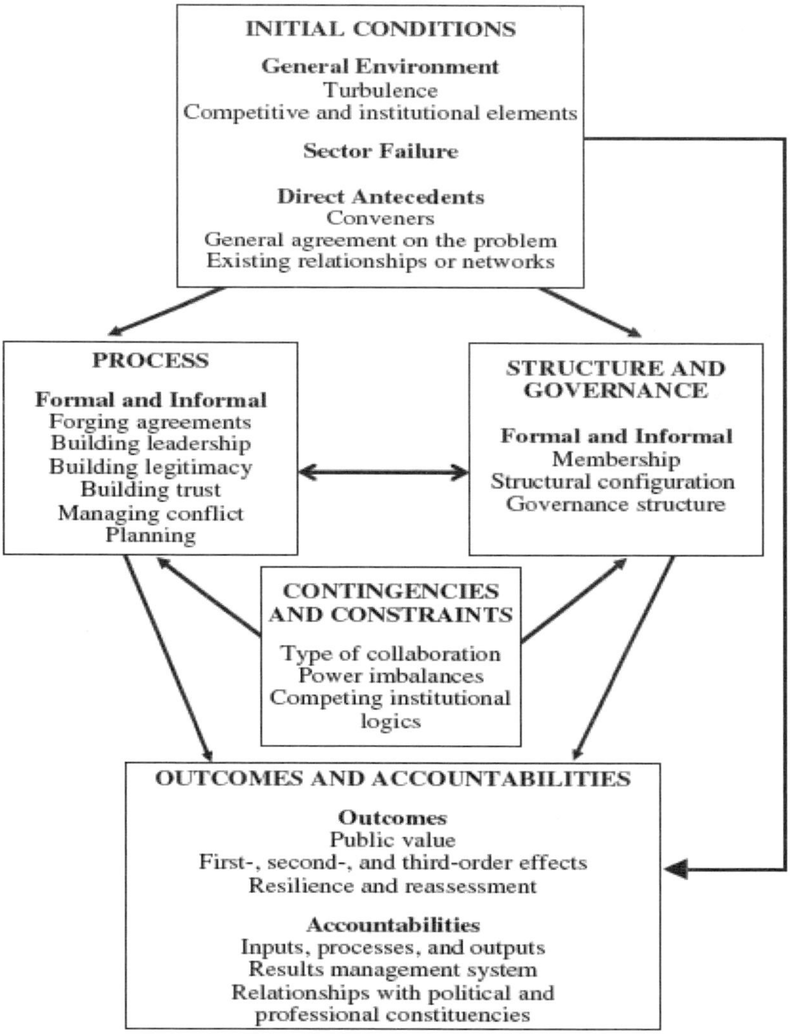

자료: Bryson et al.(2006: 45).

원에서 협력을 이해하기 위한 프레임워크를 제시하였다. 즉, 초기 조건(일반환경, 부분 실패, 직접 전제 조건)과 우연성과 제약(협력의 유형, 권력 불균형, 경쟁적인 제도 논리)이 각각 (공식 및 비공식적) 과정과 (공식 및 비공식적) 구조 및 거버넌스(멤버십, 구조적 형태, 정부 구조)에 영향을 각각 미치고, 이에 따라 결과에 영향을 미친다는 모형을 제시하였다.

3 함의와 한계

협력적 거버넌스 논의는 협업행정을 위한 유용한 관점, 특히 종합적이고, 과정으로서, 연속체로서 협업행정이 이루어질 필요가 있음을 보여준다. 또한 협업행정에 미칠 수 있는 전제 조건 및 다양한 영향 요인을 파악하는 데에 유용하다. 특히, 협업에 미칠 수 있는 거의 모든 변수가 총망라되어 있어 협업 영향 요인의 전체를 파악하는 데 유용하다.

그러나 협력적 거버넌스 논의는 정부 부처 간 협업보다는 정책 결정에 다양한 행위 주체, 이익집단, 시민단체 등을 포괄하고 있다는 점과 변수, 모형이 학자들마다 서로 다르게 다루어지고 있다는 점이다. 또한 고려되어야 할 변수가 너무 많아 모든 것을 설명할 수 있으나 아무것도 설명하지 못하는 비판이 존재할 수 있어 직접 적용하는 데에는 한계를 지니고 있다.

제 4 장 정부 부처 간 협업의 영향 요인

앞 장에서 논의한 협업을 위한 주요 이론들은 협업의 영향 요인과 관련하여 유용한 연구 결과들을 제시한다. 이에 이 장에서는 협업의 영향 요인을 크게 전제 조건과 제도 요인, 행태 요인, 그리고 상호성 요인으로 구분하여 제시하고자 한다.

제 1 절 협업의 전제 조건

협업 거버넌스 관점은 정부 부처 간 협업행정을 위한 유용한 아이디어를 제공한다.

첫째, 무엇보다 협업을 위한 전제 조건들을 제시하고 있다. 협력적 거버넌스 논의는 그동안 공동체 기반의 협력적 거버넌스의 성공적인 적용과 운영을 위한 전제 조건(antecedent conditions)에 대한 연구들 역시 이루어져 왔다(Daniels & Walker, 2001; Ostrom, 1990; Pretty, 2003; Putnam, 2000; Thomson & Perry, 2006). 예를 들어, 강력한 사회적 자본(Putnam, 2000), 높은 수준의 문화 및 믿음의 동질성(Sabatier et al., 2005), 높은 수준의 정책 신뢰 동질성, 자원 개발 산업에 의한 지역경제의 우위성 등이 제시되어 왔다(Weber, 2009: 314).

구체적 예로, 톰슨과 페리(Thomson & Perry, 2006)는 상호의존성(interdependence)의 높은 수준, 자원 및 위험 공유 필요성, 자원 희소성, 협력을 위한 노력의 경험, 상호 필요로 하는 자원 보유, 복합 이슈를, 안셀과 개쉬(Ansell & Gash, 2007)는 권력-자원-지식의 비대칭, 협력과 갈등의 선행 경험(초기 신뢰 수준), 참여에 대한 제약과 인센티브를, 에머슨 외(Emerson et al., 2011)는 시스템 맥락(system context)에서 자원 조건, 정책 · 법적 구조, 정치적 역동성/권력 관계, 네트워크 연계성, 갈등/신뢰 수준, 사회경제적 · 문화적 건전성과 다양성을 강조한다.

제 2 절 제도, 행태, 상호성 요인

1 제도적 요인

1) 문화

문화는 사회적 딜레마 상황에서 협력에 커다란 영향을 미치는 것으로 알려져 왔다(Castro, 2008; Herrmann et al., 2008; Ishii & Kurzban, 2008; Gächter et al., 2010). 종교와 문화가 밀접하게 연계되어 있다는 점에서 종교 역시 협력에 영향을 미칠 것이다. 종교와 같은 거시적인 수준의 문화적 요인부터, 어떤 집단이나 조직 내의 문화 역시 협력에 서로 다른 영향을 미칠 것이다. 예를 들어, 헤르만 외(Herrmann et al., 2008)는 전 세계 16개 비교 집단을 대상으로 한 공공재 실험에서 반사회적 처벌이 협력을 강화하는 데 효과적이나 집단에 따라 차이가 있음을 보여준다(김태은, 2012b: 384).

2) 거래비용

협업에서 거래비용의 중요성은 앞서 논의한 코즈 및 페오이크의 연구에서 잘 드러난다. 협업 주체가 협업 대상 부처가 누구인지, 무엇을 협업할 것인지, 그리고 협업이 약속대로 이행되는지, 또한 협업의 성과를 어떻게 배분할 것인지 등 협업과 관련된 다양한 거래비용이 발생될 수 있다. 따라서 이러한 거래비용이 높다면 협업은 촉진되기 어려울 것이다.

3) 처벌과 보상 메커니즘

처벌(rewards)과 보상(punishments)은 사회적 딜레마에서 협력에 중요한 영향을 미치는 것으로 수많은 실험 연구가 보여주고 있다. 즉, 협력하지 않는 이기적인 대상에게는 처벌을, 협력하고자 하는 대상에게는 보상이 적절하게 이루어질 때, 협력의 수준이 증가한다는 것이다(Gürerk et al., 2006; Balliet et al., 2011; Ostrom et al., 1992; Fehr & Gächter, 2000; 2002; Bochet et al., 2006; Herrmann et al., 2008; Gächter & Herrmann, 2009; Page et al., 2005; Chaudhuri, 2010).

한편, 처벌과 보상의 타이밍(timing)이 협력에 서로 다른 영향을 미침이 연구되고 있다. 파크스와 럼블(Parks & Rumble, 2001)의 연구에 따르면, 친사회적인 행위자의 경우는 그들의 협력에 즉각적으로 보상받을 때 좀 더 협력적인 반면, 경쟁적인 행위자들은 비협력에 대한 처벌이 지연될 때 좀 더 협력적임을 보여준다(Van Lange et al., 2013: 134).

4) 자원과 편익의 비대칭성과 역할

집단행동 딜레마를 연구하기 위한 초기의 실험에서 실험자들은 동일한 자원, 동일한 편익(보상), 그리고 순서적인 것보다 동시적인 결정을 하였으며, 특별한 역할을 부여받지 않았다.

그러나 이후 연구들을 살펴보면, 공공재 게임에서 부유하고 편익이 큰 실험자들은 더욱더 협조적이었다(Van Dijk & Wilke, 1994). 또한 역할 부여 역시 서로 다른 결과를 제시한다. 예를 들어, 실험자를 리더와 추종자로 역할을 부여한 실험에서, 리더는 추종자들에 비하여 더욱더 이기적인 것(De Cremer & Van Dijk, 2005)으로 나타났다(Van Lange et al., 2013: 131).

5) 불확실성

불확실성(uncertainty) 역시 사회적 딜레마를 위한 실험연구에서 유용한 영향 변수로 나타났다. 즉, 불확실성은 다양한 사회적 딜레마 영역에서 협력하는 데 부정적 요인으로 나타났다. 불확실성은 효율적인 협력을 침해하고 사람들로 하여금 자원의 규모에 대하여 과도한 낙관주의로 이끌거나 비협력 행태를 정당화시키는 것으로 작용하였다(Van Dijk et al., 2004; Van Lange et al., 2013: 131).

2 행태적 요인

1) 신뢰와 믿음

협력과 신뢰는 밀접하게 관련되어 있다. 특히, 신뢰(trust)는 불확실성에 직면한 경우 더욱 중요하다. 피쉬바처와 가흐터(Fischbacher & Gächter, 2008) 역시, 공공재 게임에서 게임이 반복될수록 공공계정에 대한 기여가 줄어드는 분석하면서 공공재 기여에 대한 믿음(beliefs)의 감소가 협력에 부정적 영향을 미쳤음을 보여주었다. 신뢰는 조직이론에서도 협력의 핵심 변수로 제시되어 왔다. 특히, 신뢰는 가장 본질적인 요인들로 대다수의 학자가 동의하고 있다(Smith et al., 1995: 10-11). 신뢰는 사회적 딜레마를 해결하는 메커니즘으로 강조되어 왔으며, 다양한 경험적 연구들 역시 이를 지지하고 있다(Lundin, 2007: 654-645).

2) 사회적 가치 지향

사람들마다 사회적 딜레마를 어떻게 다룰 것인가는 근본적으로 상이하다. 예를 들어, 친사회적 가치 지향성(social value orientation)을 지닐 경우와 개인주의적이고 경쟁적일 경우 서로 다르게 대응한다는 것이다. 실제 결과의 평등과 친사회적 성향과는 밀접하게 관련되어 있음을 다양한 연구에서 제기되고 있다(Eek & Garling, 2006). 게다가 이러한 점은 생태적인 타당성을 위한 증거들에 의하여 뒷받침되고 있다(Van Lange et al., 2013: 132).

이러한 행태적 요인 외에도, 매우 많은 요인이 제시되어 왔다. 대표적으로 첫째, 미래 결과에 대한 고려(consideration of future consequences) 역시 중요한 변수로, 미래 결과에 대한 고려 수준이 높은 개인들은 그렇지 않은 개인들에 비하여 사회적 딜레마 상황에서 역시 협력의 수준이 높았다(Joireman et al., 2009; Kortenkamp & Moore, 2006; Van Lange et al., 2013: 133).

둘째, 사회적 딜레마를 어떻게 틀짜기하는가와 관련된 결정 틀짜기(decision framing)도 협력에 서로 다른 영향을 미친다. 예를 들어, 사람들은 딜레마의 획득 측면(예: 네가 이러한 임무를 통하여 무엇을 얻을 수 있다)에 대한 강조보다 딜레마의 지원 측면(예: 너는 공유재에 기여할 수 있다)을 강조할 때 더욱 협력적이라는 것이다

(Kramer & Brewer, 1984). 또한 사회적 딜레마를 비즈니스 결정으로서 바라보는 것보다는 윤리적 결정(Tenbrunsel & Messick, 1999) 또는 사회적 결정(Liberman et al., 2004)으로 인식할 때 더욱 높은 협력을 보여준다(Van Lange et al., 2013: 133).

셋째, 심지어는 협력이 인간의 다양한 감정(affect)과 연계되어 있음이 드러나고 있다. 특히, 협력이 부정적 감정(negative emotions), 즉 질투, 죄책감, 부끄러움, 후회, 화남 또는 실망 등과 관련되어 있다는 것이다(Martinez, Zeelenberg, & Rijsman, 2011; De Hooge et al., 2008; Van Lange et al., 2013: 134).

3 상호성 요인

인간은 사회적 동물이며, 그러한 관계 속에서 진화되어 왔다. 즉, 상대방이 나에게 이기적(혹은 이타적)으로 대해 준다면 나 역시 상대방에 대하여 이기적(혹은 이타적)일 가능성이 크다. 우리는 상대방을 의식하고 또한 대응한다(김태은, 2012b: 387).

1) 눈에는 눈, 이에는 이

사회적 딜레마 상황에서 주체는 상대방이 어떻게 대응하는가에 따라 서로 다른 대응을 한다는 것이다. 즉, 이러한 상호성(reciprocity) 규범은 트리버스(Trivers, 1971)의 상호적 이타주의(reciprocal altruism), 악셀로드(Axelrod, 1984)의 눈에는 눈, 이에는 이(Tit-for-Tat) (Kurzban & DeScioli, 2008: 130-141), 노와크(Nowak, 2006: 2)의 직접적 상호성(direct reciprocity) 등으로 소개되어 왔다(김태은, 2012b: 387). 상호성은 그동안 다양한 연구에서 증명되어 왔다(Andreoni, 1988; Komorita, Parks, & Hulbert, 1992; Fehr & Gächter, 2000, 2002; Henrich et al., 2005: 798; Bornstein & Ben-Yossef, 1994; Dawes et al., 1977; Komorita et al., 1992; Kurzban & DeScioli, 2008: 141).

2) 소통

상호성 맥락에서 소통(communication) 역시 협력을 촉진하는 데 긍정적인 영향을 미치는 것으로 나타나고 있다. 실례로 소통이 무임승차를 개선시킬 수 있다는 다양한 연구(Ahn et al., 2010; Isaac & Walker, 1988; Brosig et al., 2003; Frohlich &

Oppenheimer, 1998; Sally, 1997; Wilson & Sell, 1997)가 존재한다(김태은, 2012b: 383).

제 3 절 과정과 연속체, 그리고 변수 간 상호 영향

위에서 기술된 협업의 전제와 영향 요인들은 독립적으로 존재하는 변수라기보다는 상호 영향을 미치는 변수로 이해하는 것이 필요하다. 예를 들어, 행태 변수는 제도 변수와 상호작용한다. 특히, 제도 변수는 행태 변수에 직접적으로 영향을 미칠 가능성이 매우 크다.

또한 협업의 결과는 다시 전제 조건, 혹은 제도 및 행태 변수에 영향을 미칠 수 있을 것이다. 다시 말해, 변수 간 단선적 관계보다는 연속체상의 과정(process)으로 이해하는 것이 타당할 것이다.

협력 거버넌스의 다양한 모형들은 이를 잘 보여준다. 협력 거버넌스는 과정 변수로서 행태적, 제도적, 그리고 상호성 변수를 포함하고 있다. 따라서 학자별 그 중요성의 차이가 있을 뿐 협력의 측면에서 행태, 제도, 그리고 상호성 변수를 강조하고 있다. 또한 협업과 협업을 위한 핵심 전제, 혹은 요소와 협업의 결과 간에 일방향적인 것이 아니라 상호 영향을 미칠 수 있는 협업 과정과 결과 간에 순환고리가 존재함을 강조한다는 특징을 나타난다.

제 5 장 정부 부처 간 협업을 위한 새로운 모형과 과제

제 1 절 협업행정 모형을 위한 전제

아직까지 논의들은 협업행정을 위한 모형 구축에 유용한 함의들을 제공한다. 이하에서는 새로운 모형 제시에 앞서, 사전적으로 논의되어야 할 전제들을 제시하고자 한다.

1 인간 본성에 대한 전제

집단행동 딜레마는 인간이 이기적이라는 전제에서 비롯되었다. 인간이 이기적이라는 전제는 기본적으로 신고전경제학의 기본 전제이며, 우리 사회 곳곳에서 쉽게 발견되는 인간의 특징이다. 그러나 생물 및 인간 진화 연구는 언제나, 오직 이기적이지 않을 수 있음을 보여준다. 실제 우리 사회에는 집단행동의 딜레마에 빠지지 않고 협력을 통하여 문제를 해결하는 수많은 경우를 보아왔다. 물론, 이것이 인간의 이기심에 기반하나 상호성 등에 의하여 해결된 것인지 등은 논란의 여지가 있다.

실증적으로도 집단행동 딜레마의 연구 과정에서, 그리고 특히 행태 경제학적 관점에서 진행된 수많은 실험연구는 인간이 언제나, 오직 이기적이지 않을 수 있을 수 있음을 보여준다(김태은, 2012b: 380). 예를 들어, 최후통첩 게임(Roth et al., 1991; Henrich et al., 2005; Oosterbeek et al., 2004), 독재자 게임(Kahneman et al., 1986; Forsythe et al., 1994; Fehr & Fischbache, 2004; Bernhard et al., 2006), 특히 공공재 게임(Ostrom et al., 1992; Fehr & Gächter, 2000, 2002; Herrmann et al., 2008; Gächter & Herrmann, 2009; Page et al., 2005; Chaudhuri, 2010; Ahn et al., 2010; Ishii & Kurzban, 2008; 김태은, 2012b) 등 수많은 실험 게임은 인간이 오직 이기심을 갖고 있으며, 또한 언제나 이기적, 또한 이기심이 일관적이지 않으며 일관성도 개인별로 서로 다르며, 다양한 변수에 영향을 받는다는 연구들이 제시되고 있다.

결과적으로, 인간은 언제나, 오직 이기적임에 따라 사회적 딜레마에 빠질 수 있다. 따라서 협력의 강제가 필요하다. 그러나 인간은 언제나, 오직 이기적이지 않을 수도 있기 때문에 강제적 협력이 아닌 자발적 협력을 또한 이루어낼 수 있다. 그러나 인간의 본성인 이기심 혹은 이타심은 다양한 조건, 영향 요인에 의하여 변화될 수 있는 가변성을 지니고 있다. 따라서 협력을 촉진하기 위한 조건과 영향 요인에 대한 이해가 필요하다.

2 행태적 요인에 대한 고찰

앞서 논의한 대로, 인간은 서로 다른 행태적 특성을 지니고 있다. 이러한 행태적 특성은 협력에 중요한 변수이나 이를 통제하는 것은 현실적으로 매우 어렵다. 그러나 친사회적 가치, 구성원 간의 신뢰, 공공의 가치에 대한 중요성 인식 등은 많은 시간과 노력을 필요로 하지만 지속된 국가·사회적 노력으로 개선될 수 있다. 또한 이러한 가치들을 제도적 보완을 통하여 보호 및 강화시킬 수도 있지만 한편에서는 약화시킬 수도 있다. 즉, 행태적 요인과 제도적 요인은 상호작용 속에서 협력을 촉진하기도 제약하기도 할 것이다.

3 인간 본성 구현의 장에 대한 전제: 공식·비공식적 제도

극단적으로 인간이 이기적이든 이타적이든 간에 인간은 자신의 본성에 따라 표현하고 행동하는 데 제약을 받는다. 즉, 공식적·비공식적인 다양한 제도에 놓여 있는 인간의 본성은 제약받는다. 즉, 신제도주의(new institutionalism)로 대표되는 독립변수로서의 제도는 곧 인간이 공식적·비공식적 제도에 의하여 영향을 받을 수 있음을 보여준다. 다시 말해, 이는 인간의 협력에 제도적 변수가 매우 중요하게 영향을 미칠 수 있음을 제시하고 있다고 할 것이다.

제도는 협력에 긍정적으로 혹은 부정적으로 영향을 미칠 수 있으며, 협력을 촉진하기 위해서는 부정적인 영향을 갖는 제도들을 최소화하고 긍정적인 영향을 확대시킬 수 있는 제도가 도입되어야 한다. 예를 들어, 과도한 경쟁문화가 조성되거나 해당 부처 중심의 인사, 획일적 성과관리제도는 협력을 제약할 수 있다. 이에 협력을 촉진하기 위한 다양한 공식·비공식적 제도를 고려해야 한다.

4 협력의 전제 조건에 대한 이해

협력 주체 간 협업을 위한 전제 조건에 대한 이해 역시 필요하다. 상호의존성이 있는지 여부, 자원 및 위험 공유의 필요성 인식 여부, 협력의 과거 경험, 혹은 협력 주체 간 자원, 권력, 지식의 비대칭 여부, 협력을 제약 혹은 촉진하는 제도 및 구조적 요인 존재 여부 등 협력 주체가 협력을 하고자 할 때 선행적으로 고려해야 할 많은 변수가 존재한다는 것이다.

5 주체별 협력의 비용과 편익 분포

정부 부처 간 협력은 협력 주체에게 언제나 협력에 따른 편익만을 발생시켜 주는 것은 아니다. 협력함으로써 협력 대상 부처가 편익을 얻는 경우도 있지만, 어떤 부처는 편익을 어떤 부처는 비용으로 나타날 수 있다, 심지어는 정부 부처가 협력함으로써 국가 수준에서는 편익이 증진됨에도 불구하고, 정작 협력 당사자인 정부 부처는 모두 비용(예: 특정 사업 주도권 상실, 조직, 예산 축소 등)만이 발생될 수 있다. 즉, 협력에 따라 협력 주체인 해당 정부 부처들은 서로 다른 비용편익이 나타날 가능성

표 5-1 협력에 따른 비용과 편익의 유형

		정부 부처 A	
		비용	편익
정부 부처 B	비용	제1 영역	제2 영역
	편익	제3 영역	제4 영역

이 크다.

협력을 통하여 국가 수준에서는 편익이 발생되겠지만, 협력 주체 전부 혹은 일부가 비용이 발생되는 경우 협력 주체 간 자발적 협력인 이루어지기 어렵다. 특히, 비용이 발생되는 정부 부처는 협력에 적극 반대할 것이고, 협력의 수준과 내용은 조직의 비용 최소화에 초점이 맞추어 이루어질 가능성이 높다.

따라서 영역별 협력의 방식에 대하여 기술하면 아래와 같다.

첫째, 협력 주체가 모두 비용이 발생되는 제1 영역에서 협력은 상위기관 및 주체에 의하여 협력이 강제되어야 하며, 그러한 강제는 협력의 내용, 과정, 결과 등 협력의 전체 생명주기 차원에서 이루어져야 한다. 정부 부처 상위기관, 예를 들어 총리실이나 청와대 수준에서 정부 부처의 협업 과제들을 정하고 이들을 어떻게 협력하게 할 것인지, 협업에 대한 성과를 어떻게 각 부처에게 배분할 것인지 등에 대하여 체계적인 제도를 마련하여 시행해야 한다. 협업 대상 부처가 협업에 따라 자신 조직에 비용이 발생될 경우 근본적으로 협업의 동기 자체가 부여되지 않는다.

둘째, 협력 주체 중 일부는 편익이, 일부는 비용이 발생되는 제2, 3 영역은 제1 영역과 같이 본질적으로 협력이 이루어지기 어렵다. 따라서 상위기관 및 주체에 의하여 협력이 강제될 필요가 있다. 제1 영역과 마찬가지로, 그러한 강제는 협력의 내용, 과정, 결과 등 협력 전체 생명주기 차원에서 이루어져야 한다. 정부 부처 상위기관, 예를 들어 총리실이나 청와대 수준에서 정부 부처의 협업 과제들을 정하고 이들을 어떻게 협력하게 할 것인지, 협업에 대한 성과를 어떻게 각 부처에게 배분할 것인지 등에 대하여 체계적인 제도를 마련하여 시행해야 한다.

다만, 같은 영역에서는 비용이 발생되는 정부 부처가 협력에 소극적일 수밖에 없으므로, 협력에 따른 비용(예: 조직 및 예산 축소, 정책 주도권 상실 등)을 다른 부분에서 보전해 주는 방식을 고민할 필요가 있다. 즉, 협력하면 조직이 손해를 볼 경우 협력하고자 할 동기가 형성되지 않는다. 따라서 협력이 조직 차원에서 최소한 손해를 보지 않는다는 점이 상징적・실질적으로도 이루어져야 한다.

셋째, 협력 주체 모두가 편익이 발생되는 제4 영역은 크게 두 가지를 고민해야 한다.

하나는 정부 부처 입장에서 자신에게 편익을 가져오기 때문에 협력하고자 하지만 협력의 동기는 거시적 국가 편익이 아니라 해당 부처의 편익이다. 따라서 양 부처가 협력하나 목적이 해당 조직의 편익이 될 경우는 집단행동의 딜레마가 초래될 수 있다. 또 하나는 같은 영역에서는 협력 주체 간에 모두 편익이 유발될 수 있으므로, 가능한 상위기관의 개입보다는 자발적 협력을 촉진할 수 있는 제도적 메커니즘을 설계해 주는 것이 유용한 방법이다. 예를 들어, 협력 대상이 어느 부처인지, 협업 내용이 무엇인지, 그리고 협업 대상 부처가 약속대로 협업하고 있는지 등 협업과 관련된 거래비용을 최소화시킬 수 있는 제도 설계를 지원하는 것 등이 될 수 있을 것이다.

6 협력의 비용

협력은 언제나 편익만을 발생시키는가에 대한 고민 역시 필요하다. 즉, 협력은 언제나 필요하지만 협력을 저해하는 제도가 상존하는 상황에서, 강제적 협력은 협력을 형식화시킬 가능성이 높다. 실질적 협력이 이루어지지 않음으로써 협력의 편익은 거의 존재하지 않으면서, 협력을 위한 자원만을 낭비할 가능성 역시 존재한다. 예를 들어, 또 다른 관리비용이 유발될 수 있고, 강제된 협력을 회피하기 위한 각 부처의 회피전략, 형식적 대응 등으로 인한 비용이 초래될 수 있다.

다시 말해, 무조건적인 협력이 아니라, 협력이 필요한 곳에서 협력의 편익이 큰 곳에서 협력이 이루어져야 한다.

제 2 절 협업행정 모형

위에서의 논의를 토대로, 정부 부처 간 협력 모형을 제시하고자 한다. 이 모형은 크게 선행 조건, 제도 요인, 행태 및 상호성 요인이라는 세 가지 핵심 변수로 구성되어 있으며, 각각의 변수는 아래와 같은 하위 변수들을 포함하고 있다.

1 선행 조건

정부 부처 간 협력의 선행 조건은 협력을 위한 전제 조건들을 제시하고 있다.

첫째, 권력 균형은 협력 대상 주체 간 권력이 균형적인가 하는 점이다. 바람직한 협력을 위해서는 협력 주체 간 자원이 균형적일 때 바람직할 것이다. 그러나 현실에서 협력 주체 간 권력이 균형적이기 어렵다. 따라서 협력의 특정 주체가 권력이 불균형할 경우, 이를 제도적으로 지원하는 시스템의 마련이 필요하다.

둘째, 자원 상호의존성으로 조직 간 자원의 상호의존성이 높을수록 조직은 서로 협력하고자 하는 동기에서 비롯된다는 점에서 협력, 특히 자발적 협력이 중요한 전제 조건이 될 수 있다.

셋째, 정치적 지원으로, 협력을 위한 정치적 지원이 강할수록 정부 부처 간 협력 수준은 높아진다. 정치와 행정의 역학 관계를 고려할 때, 정부 부처 간 협력에서 정치적 관심과 지원은 중요한 변수이다.

넷째, 자발성 여부로, 협력이 자발적으로 가능한지, 아니면 상위기관에 따른 강제적일 필요가 있는지에 대하여 고찰할 필요가 있다. 모든 협력이 자발적으로 가능한 것이 아니며, 또한 모든 협력을 강제적으로 하는 것 역시 바람직하지 않다. 자발적 협력이 가능한 경우, 강제적 협력이 필요한 경우에 대한 사전적 분석이 필요하다. 이 자발성 여부를 위한 판단은 앞서 제시한 협력에 따른 정부 부처별 비용편익 분포의 분석을 통하여 살펴볼 수 있다.

표 5-2 정부 부처 협력을 위한 세 가지 핵심 변수

<table>
<tr><th>선행 조건</th><th colspan="2">제도 요인</th><th>행태 및 상호성 요인</th></tr>
<tr><td rowspan="2">• 권력 균형
• 자원 상호의존성
• 정치적 지원
• 자발성 여부(비용편익 분포)</td><td>촉진 제도</td><td>• 공동체 의식 및 자발적 협력 문화
• 거리비용 축소 제도
• 처벌, 인센티브 및 보상 제도
• 불확실성 해결 제도</td><td rowspan="2">• 신뢰
• 가치 지향성(친사회성)
• 리더십
• 상호성 규범
• 소통</td></tr>
<tr><td>제약 제도</td><td>• 과도한 경쟁문화
• 지연, 학연 등 파벌문화
• 획일적 성과관리</td></tr>
</table>

2 제도 요인

제도 요인은 협업을 실질적으로 가능하게 하는 핵심 변수이다.

첫째, 협업을 촉진하는 공식 및 비공식적 제도에 대한 고찰이 필요하다. 인간, 특히 법제도적 영향에 놓여 있는 정부 부처의 경우 제도적 요인은 매우 크게 작용한다. 예를 들어, 공동체 의식 및 자발적 협력을 장려하는 문화, 협업을 촉진하는 거래비용을 축소시켜 주는 다양한 제도의 존재, 협업하지 않고 이기적인 행동에 대한 처벌 제도, 협업 시 인센티브 제공 및 보상하는 제도, 협업 추진에서 미래 불확실성을 제거할 수 있는 제도, 협업 주체 간 소통을 원활하게 할 수 있는 지원제도 등이 이에 해당한다.

둘째, 협업을 제약하는 공식 및 비공식적 제도에 대한 고찰이 필요하다. 예를 들어, 획일적 성과관리제도는 협업과 상충한다. 성과관리는 기본적으로 이기심과 물적 보상에 기초하여 설계되어 있기 때문에 협업을 근원적으로 제약한다. 따라서 기존의 성과관리 체제에 대한 근원적 고민이 필요하다. 정부 부처 간 혹은 정부 부처 내 특정 지역, 학연에 따른 파벌구조와 문화는 협업을 제약하는 대표적인 비공식 제약 요인으로 작용할 것이다.

3 행태 및 상호성 요인

정부 부처 내 개별 공직자의 행태 및 상호성 요인 역시 협력에 중요한 요인이다. 아직까지 매우 많은 행태적 및 상호성 요인이 제기되어 왔다.

첫째, 행태적 요인으로 협업 주체 간 신뢰, 그리고 해당 공직자의 친사회적 가치 지향성, 공공 기여 프레임, 다양한 감정, 리더십, 그리고 협업 결과에 대한 인식과 같은 행태적 요인이 협업에 영향을 미치는 것으로 나타나고 있다. 이와 같은 요인 중에서도 첫째, 신뢰, 가치 지향성(친사회성), 리더십과 같은 변수는 매우 중요하게 고려할 필요가 있다. 둘째, 상호성 규범으로 공직자는 협업 대상자의 반응에 민감하게 대응한다는 것이다. 상호성 규범은 곧 협업이 촉진되면 더욱 촉진될 수 있고, 반면 협업이 저해되면 더욱 저해될 수 있음을 보여준다.

이러한 세 가지 변수는 단선적인 구조라기보다는 상호 영향을 주며, 연속체의 일부로서 살펴볼 필요가 있다. 즉, 선행 조건들은 제도 요인과 행태 요인에 영향을 미치며, 특히 제도 요인과 행태 요인은 상호간 강한 영향을 미친다. 이러한 제도와 행태 요인의 상호 영향에 따라 협업 결과에 영향을 미친다. 또한 협업 결과는 제도 및 행태 요인, 그리고 선행 조건에 다시 영향을 미칠 것이다. 따라서 협업은 하나의 살아 있는 시스템(living system)으로서 고찰하고 협업을 촉진하기 위하여 무엇을 하여야 할지를 고찰해야 할 것이다.

그림 5-1 **정부 부처 협업을 위한 모형**

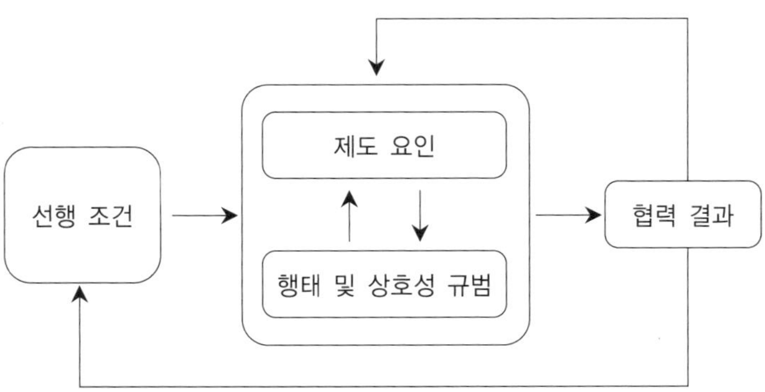

제 3 절 협업행정을 위한 구체적 과제

협업행정 모형을 토대로, 협업행정을 위한 개선 방향과 과제, 그리고 해결 방안을 선행 조건, 제도적 요인, 행태 및 상호성 규범 요인 차원에서 구분 제시하면 아래와 같다.

1 선행 조건

협업행정을 위한 선행 조건은 권력 균형, 자원 상호의존성, 정치적 지원, 자발성 여부를 고려해야 한다.

첫째, 권력 균형은 협업 주체 간 권력이 균형적인지를 살펴보아야 한다. 모든 인간과 조직뿐만 아니라 정부 부처 역시 권력이 불균형하다. 특히, 정부 부처 중 부(部) 단위 부처와 청(廳), 처(處) 단위 부처 간 협업은 협업 주체 간 권력이 균형적이라 볼 수 없다. 이미 권력이 불균형, 비대칭 상황으로 이러한 상황에서는 자발적 협업이 사실상 매우 어렵고 협업이 지속되거나 바람직한 결과를 얻기가 어렵다. 따라서 상위 수준, 예를 들어 총리실 등이 직접 개입할 필요가 있다. 즉, 협업의 대상, 방향과 목적, 방법, 환류 등 전반에 걸쳐 양 협업 주체 간 합의를 이끌고 이행 여부를 살펴보아야 한다.

둘째, 자원의 상호의존성으로 협업 주체 간 상호 자원에 대한 의존성이 높을수록 협업은 활성화된다. 따라서 이러한 경우는 자발적 협업을 적극 유도해야 한다. 반면, 다른 측면에서 협업 주체 간 상호 자원 의존성이 낮다면, 자발적 협업이 활성화되기 어려울 수 있음을 보여준다. 이러한 경우는 자발적 협업을 사실상 기대하기 어려우므로 강제적 협업을 촉진할 필요가 있다.

셋째, 정치적 지원으로 정치적 지지는 협업의 필수 조건이다. 따라서 대통령, 총리, 각부 장관, 각 기관장 등의 지속적인 정치적 지지가 이루어져야 한다. 선언적 수준의 지원이 아니라 실질적 수준에서 정치적 지지가 이루어져야 한다. 실질적 지지를 위해서는 무엇보다 협업과 협업을 위한 노력 및 성과에 대한 보상 체제가 마련되어야 한다.

넷째, 협업의 비용 편익 분포를 파악해야 한다. 앞서 기술된 바와 같이, 협업을 통하여 협업 주체가 모두 편익을 얻는 경우는, 각 주체가 협업에 대한 동기 부여가 가능하므로 자발적 협업을 촉진해야 한다. 반면, 협업 주체 중 일부는 편익을 일부는 비용이 유발되거나 심지어 협업 주체 모두가 비용이 발생되는 경우 역시 존재할 수 있다. 이러한 영역에서는 자발적 협업이 사실상 이루어지지 않는다. 따라서 이 영역에서는 협업을 강제할 필요가 있다. 이를 위하여 총리실 등 상위기관에서 사전적으로 협업 분석을 수행하여, 사전에 협업의 방향(자발적, 강제적)을 설정할 필요가 있다.

2 제도 요인

1) 촉진 요인

협업을 촉진하는 대표적인 제도 요인은, 첫째, 공동체 의식 및 자발적 협력문화라 할 수 있다. 구성원이 공동체보다는 자기 이익만을 고려하거나 자발적인 문화가 조성되어 있지 않다면 협업이 이루어지기 어렵다. 공동체 의식과 자발적 협력문화는 쉽게 이룰 수 있는 것도 아니고, 동시에 또 다른 제도적 요인에 의하여 영향을 받기 때문에 구현하기 매우 어려운 변수이다. 특히, 단기 효율성에 집착하게 만드는 제도, 명령, 지시에 집착하게 하는 제도적 요인들이 존재하는 한 공동체 의식과 자발적 협력 문화 조성은 난해한 일이라 할 수 있다. 따라서 장기적이고 종합적이며, 제도적 차원에서 접근할 필요가 있다.

둘째, 거래비용 축소 제도이다. 협업 주체 간 협업을 위하여 발생되는 거래비용이 크다면 협업이 이루어지기 어렵다. 따라서 협업 주체 간 협업을 위한 거래비용을 줄여주어야 하며, 이를 위해서는 법제도적 기반 마련이 필요하다. 다양한 정보통신기술을 활용하는 것도 하나의 방법이 될 수 있으나, 무엇보다 협력 대상 탐색, 집행, 이행, 성과 공유 등이 가능한 제도적 시스템을 구축할 필요가 있다.

셋째, 처벌, 인센티브 및 보상 제도가 마련되어야 한다. '협력자에게는 인센티브와 보상을, 비협력자에게는 처벌'이 분명하게 제도적으로 마련되어야 한다. 특히, 이는 협업의 지속성을 확보하는 데 매우 중요하다. 협력을 하려는 주체에 대한 보상이 실질적이고 가시적이어야만 비협력자들 역시 협력하고자 하는 동인이 유발된다. 반면, 협력자보다 비협력자가 더 큰 편익을 얻는다면, 협력자들마저 학습에 의하여 비협력자가 된다. 즉, 집단 전체적으로 비협력자만 존재하는 상황이 초래된다.

2) 제약 요인

협업을 제약하는 것은 첫째, 과도한 경쟁이다. 과도한 경쟁을 유도하는 제도 등은 협업을 저해한다. 경쟁은 효율성을 개선시키는 데 필수불가결한 요소이나 과도한 경쟁은 효율성도 개선시키지 못하면서 불필요한 사회적 비용만 유발한다. 불필요한 사회적 비용 중 하나가 협업을 저해하는 것이다.

사실 그동안 경쟁은 효율성 개선의 도구임에도 통제의 도구로서 활용된 면이 없지 않다. 행위자와 조직을 손쉽게 통제하는 데 경쟁은 매우 우월한 전략이다. 예를 들어, 관리자는 노동자 간의 경쟁을 통하여 아무런 추가적 비용의 지출 없이 노동자를 통제할 수 있다. 그러나 노동자 간 협업을 이끌어낼 수 없다. 다시 말해, 과도한 통제를 통하여 노동자를 통제하는 데는 유용할 수 있으나 노동자 간 협업하지 못함으로써 막대한 비용 역시 발생되는 것이다.

둘째, 지연, 학연 등 파벌문화는 협업을 본질적으로 제약한다. 이러한 파벌문화는 상호 배타성이 기저하고 있기 때문에 협업을 자체가 발생되기 어렵고 또한 지속되기도 어렵다. 예를 들어, 공공 부문에서 인사는 파벌문화를 파악하는 데 유용하다. 특정 지역, 특정 학맥 중심으로 인사가 만연할 경우, 개별 공무원 관점에서 협업의 동인, 필요성이 형성되기 어렵다.

셋째, 획일적 성과관리는 협업에 가장 큰 제약 요인 중 하나이다. 현행 단년도, 부처 중심으로 획일적인 성과관리가 진행되는 한 자발적 협업의 발생과 지속은 요원할 것이다. 1년 안에 성과를 만들어내야 하고, 그러한 성과가 자신과 자신이 속한 부처의 성과에 한정되는 현행 구조는 협업을 본질적으로 저해하고, 담당 주체 입장에서 협업은 성과관리에 오히려 짐이 된다.

현행 획일적 성과관리는 그 자체로도 문제가 크지만, 협업을 위해서는 크게 개선되어야 한다. 공공 부문에 만연한 획일적 성과관리는 성과보다는 1년 산출을 위한 지표값만을 얻을 수 있을 뿐이다. 공공 부문에서 성과 향상은 본질적으로 '관리' 차원으로만 얻을 수 있는 것이 아니다.

3 행태 및 상호성 요인

행태 및 상호성 요인은 현실적인 측면을 고려하여 신뢰, 가치 지향성(친사회성), 리더십, 상호성 규범, 소통을 제시하였다.

첫째, 신뢰는 협업 주체 간 신뢰가 기반이 되어야 한다는 것이다. 협업 행정을 위해서는 무엇보다 해당 정부 부처 간, 그리고 담당 공무원 간 상호 신뢰가 기반이 되어야 한다. 이러한 신뢰는 행위자 간 노력에 의하여 향상될 수 있으나 좀 더 거시적인 제도 및 정책에 영향을 받는다. 즉, 정책 일관성, 약속 이행, 투명성, 민주성 등 신뢰 구축에 필요한 국가 사회적 노력이 필요하다. 예를 들어, 정책 비일관성이 지속되는 환경에서 정부 부처 간 신뢰, 담당 공무원 간 신뢰 구축은 요원한 일이다.

둘째, 친사회적인 가치가 확산되어야 한다. 담당공무원이 어떤 가치를 갖고 있는가는 협업을 촉진시키는 데 매우 중요하다. 개별 공무원 입장에서 공공성(공익)을 위하여 일을 한다는 의식이 있을 때, 정권을 위하여 일을 한다는 의식이 있을 때보다 더욱더 협력하게 된다. 마찬가지로, 개인주의적인 것보다 친사회적 가치를 지니고 있을 때 협업은 활성화된다. 따라서 이러한 친사회적 가치가 개인주의적·경쟁적 가치보다 더 높이 평가되고 인정되는 문화와 환경이 조성되어야 한다. 이는 곧 관련 법제도와 연결되어 있다고 할 것이다.

셋째, 리더십이다. 협업은 다양한 행위자가 존재하는 상황에서 이해의 상충, 가치의 상충뿐만 아니라 제도적 제약 하에서 이루어진다. 따라서 이를 극복하고 추진할 리더십은 필수적이다. 문제는 이러한 리더십 역시 제도적 제약을 받는다는 것이다. 따라서 협업 당사자가 리더십을 구현할 수 있도록 자율성을 부여하는 것이 필요하다.

넷째, 상호성 규범으로, 협업은 상호간 관계 속에서 이루어진다. 따라서 상대방이 호의를 베풀면 나도 호의를 베풀지만 상대방이 신뢰를 저버리고 악의 있는 행동을 하거나 배신을 하게 되면 나 역시 그에 상응하는 대응을 하고자 하는 것이 인간의 기본 심리이다. 따라서 협업을 촉진하기 위해서는 상호성 규범에 따라 협업에 대하여 배반적 행위를 하는 행위 주체를 분명하게 처벌해야 한다. 즉, 이는 앞서 말한 대로 협력자에게는 보상과 인센티브를, 비협력자에게는 처벌을 위한 체계적인 법제

표 5-3 협업행정을 위한 과제와 해결 방안

<table>
<tr><th colspan="2"></th><th>요소</th><th>개선 방향 및 과제</th><th>해결 방안</th></tr>
<tr><td colspan="2" rowspan="4">선행 조건</td><td>권력 균형</td><td>협업 주체 간 권력 불균형 고려</td><td>상위기관의 개입을 통한 권력 불균형 조정</td></tr>
<tr><td>자원 상호의존성</td><td>협업 주체 간 상호 자원 의존성이 높은 부분 파악</td><td>자발적 협력 유도</td></tr>
<tr><td>정치적 지원</td><td>안정적이고 지속적인 정치적 지원 체계</td><td>법제도적 기반 마련</td></tr>
<tr><td>비용편익 분포 파악
(자발성 여부)</td><td>비용편익 분포 파악
제1, 2, 3 영역→상위기관에 의한 협력 강제
제4 영역→자발적 협력 촉진</td><td>상위기관에 의한 사전적 협력 분석 체계 구축
법제도 기반 마련</td></tr>
<tr><td rowspan="7">제도 요인</td><td rowspan="4">촉진 요인</td><td>공동체 의식 및 자발적 협력문화</td><td>조직, 사회의 협력문화 확산</td><td>조직, 사회의 협력문화 조성
법제도 기반 마련</td></tr>
<tr><td>거래비용 축소 제도</td><td>협력 대상 탐색, 집행, 이행, 성과 공유 등이 가능한 제도적 시스템 구축</td><td>법제도 기반 마련</td></tr>
<tr><td>처벌, 인센티브 및 보상 제도</td><td>협력자에게 보상
비협력자는 처벌할 수 있는 메커니즘 구축</td><td>법제도 기반 마련</td></tr>
<tr><td>불확실성 해결 제도</td><td>협력 과정의 지속성, 안정성 보장
협력 결과에 대한 책임문제 등 보장</td><td>인사 등
법제도 기반 마련</td></tr>
<tr><td rowspan="3">제약 요인</td><td>과도한 경쟁</td><td>과도한 경쟁문화 혹은 제도 지향</td><td>기존에 과도한 경쟁 유발 제도 완화 및 개선
협력문화 조성</td></tr>
<tr><td>지연, 학연 등 파벌문화</td><td>지역, 학연 파벌문화 해소</td><td>통합적 인사
법제도 기반 마련</td></tr>
<tr><td>획일적 성과관리</td><td>부처 중심의 성과관리 완화
부처 중심 평가에서 부처와 협력평가로 이행</td><td>법제도 기반 마련</td></tr>
</table>

행태 및 상호성 요인	신뢰	공직자 간, 정부 부처 간, 사회 주체 간 신뢰 구축	정책일관성, 약속이행, 투명성, 민주성 등 신뢰 구축에 필요한 국가사회적 노력 추진
	가치 지향성(친사회성)	친사회성 가치 확산	친사회성 가치에 대한 사회적 배려와 인정 문화 확산
	리더십	협력 리더십 구현	리더십 구현을 위한 자율성 부여
	상호성 규범	협력에 대한 배반적 행위자 징계	처벌, 보상 메커니즘과 동일한 법제도적 기반 마련
	소통	협업 주체 간 소통 활성화	인사교류 및 정책교류 등 시행 법제도 개선

도 기반 마련과 관련되어 있다.

다섯째, 소통으로, 협업 행위자 간 소통이 원활하게 이루어져야 한다. 이러한 소통은 신뢰를 형성시킬 뿐만 아니라 정확하고 시의 적절한 정보와 지식의 교환을 가능하게 하기 때문이다. 이를 위하여 인사 교류 및 정책 교류 등을 현재보다 더욱 크게 보장하고 장려하기 위한 법제도 개선이 수행되어야 한다.

협업행정을 위한 마지막 과제로서, 정부 부처 간 행정협업을 성공적으로 이루기 위해서는 협업을 단선적, 일방향적, 일시적 관점에서 벗어나 협업의 전제 조건, 제도적, 행위자 및 상호성 규범, 협업 결과를 연속체상에서 고려해야 한다. 특히, 제도적 요인과 행위자적 요인은 상호 영향을 미치고 있다는 점은 특히 중요하다.

이에 과정으로서 협업행정 메커니즘에 대한 이해를 토대로, 협업을 위한 국가적인 협업 지도(map)를 구축할 필요가 있으며, 이 과정에서 법제도적인 기반을 마련할 필요가 있다.

참고 문헌

국내 문헌

강신택 (2002). 「행정학의 논리」. 박영사.

강윤호 (2005). 지방정부간 공유재 갈등의 원인과 해결 방안: 거래비용 이론을 통한 부산신항만 관할권 분쟁 사례분석을 중심으로. 「한국행정학보」, 39(2): 263-285.

강은숙·김종석 (2010). 공유재 딜레마 상황의 해결 방안 모색: E. Ostrom의 기여와 남겨진 과제들. 「한국정책학회 동계학술발표논문집」. 25-51.

——— (2011). 신제도주의 경제학과 공공정책. 「한국행정논집」, 23(3): 779-799.

국무조정실 (2013a). 국정과제평가 시행계획.

——— (2013b). 2013년도 정부업무 성과관리 운영지침.

——— (2013c). 국정과제지원평가 시행계획.

——— (2013d). 부처간 '칸막이 제거'를 위한 협업과제 관리계획.

국무총리실 (2012). 규제영향분석서 작성 지침.

김관보 (1998). 신제도론의 거래비용 접근에 대한 고찰, 「한국행정학회 1998년도 하계학술대회 발표논문집」. 419-440.

김관보·이선영 (2010). 화장장 건립 분쟁 사례에 대한 제도론적 고찰: IAD 분석틀의 '부천화장장 게임 상황'을 중심으로. 「한국행정학보」, 44(4): 261-284.

김동건 (2004). 「비용편익분석(개정판)」. 박영사.

김동환 (1994). 정책결정 과정의 합리성과 딜레마, 이종범 외. 「딜레마 이론: 조직과 정책의 새로운 이해」. 135-153. 나남출판.

김재훈 (2005). 민간위탁의 계약 유형에 관한 비교연구: 거래비용경제학 및 신제도이론의 적용. 「한국행정학보」, 39(3): 205-228.

김진영·신용덕 (2011). 행동경제학 모형과 그 정책적 응용에 관한 시론적 연구. 「한국정책학보」, 20(1): 1-26.

김태은 (2008). 정부 규모가 경제 성장에 미치는 영향에 관한 연구: 패널자료 분석을 통한 근거의 제시. 「한국행정학보」, 42(3): 111-141.
——— (2010a). 공공부문 성과관리, 이론 그리고 이론적 대응: 정책학 자리 찾기를 위한 논의. 「2010 한국정책학회 동계학술대회 발표논문집」. 75-110.
——— (2010b). 거래비용과 정부 역할: 행정학 자리 찾기를 위한 이론적 재접근. 「한국행정학회 추계학술대회 발표논문」. 1-28.
——— (2011). 두 가지 환류, 그리고 내생적 제도 변화: 종합부동산세를 중심으로. 「한국행정학보」, 45(2): 27-56.
——— (2012a). 공공선택이론의 공공영역 적용에 대한 타당성 연구: 실험경제학적 연구를 통한 이론적 논의. 「2012년 한국정책학회 춘계학술대회」. 311-337.
——— (2012b). 공무원의 이기심에 대한 실증적 분석: 행태경제학의 실험연구 방법을 중심으로. 「한국정책학회보」, 21(4): 377-413.
——— (2013a). 무시된 딜레마와 사회적 비용 발생 원인 연구. 「한국정책학보」, 22(3): 103-135.
——— (2013b). 전망이론과 정책분석, 그 새로운 가치와 과제. 한국정책학회 춘계학술대회 발표 논문집. 405-428.
——— (2013c). 「국정과제 향후 추진전략 종합연구: 행정협업 성과와 과제: 이론적 논의를 중심으로」. 경제인문사회연구회 2013년도 연구과제.
김태은 · 박종수 (2008). 합리성의 제약 요인으로서 정책딜레마와 정책 변화: 금산분리 관련 정책을 중심으로. 「한국행정학보」, 42(2): 371-399.
김태은 · 윤견수 (2011). 딜레마 강도와 딜레마 대응에 관한 연구: SSM 사례를 통한 역동적 딜레마 모형의 제시. 「한국정책학보」, 20(4): 68-103.
김태은 · 임채홍 · 김나영 (2008). 공공부문 성과관리의 적용가능성에 관한 실증적 고찰: 성과와 성과보상 간 분석을 통한 증거의 제시. 「한국정책학회보」, 17(2): 151-179.
박기묵 (2009). 지방자치단체간 환경분쟁을 해결하기 위한 코오스 이론(Coase Theorem) 적용방법에 관한 연구. 「한국정책학보」, 18(4): 347-374
박성민 (2006). 거래비용과 규제제도의 설계: 증권 관련 집단소송제도를 중심으로. 「한국행정학보」, 40(4): 531-551.
박우순 (1994). 조직경제학에 대한 전통적 조직이론의 비판적 논거. 「한국행정학보」, 28(4): 1387-1406.
박형준 · 장현주 (2009). 지방정부 간 수자원 서비스 협력연결망에 관한 연구: 서비스의 거래비용적 특성과 네트워크 구조변수를 중심으로. 「한국행정학보」, 43(2): 121-145.
소영진 (1999). 딜레마 발생의 사회적 조건: 위천공단 설치를 둘러싼 지역갈등을 중심으로. 「한국행정학보」, 33(1): 185-205.
안도경 (2011). 시장-정부 이분법에 대한 비판적 검토: R. H. Coase와 E. Ostrom의 제도 연구방법을 중심으로. 「정부학연구」, 17(1): 35-56.
오수길 (2006). 「민관 협력의 거버넌스: '지방의제 21' 추진 과정의 경험」. 서울: 한국학술정보

(주).
오정일 (2009). 비용편익분석의 유용성에 관한 이론적 검토. 「정책분석평가학회보」, 22(1); 33-57.
윤견수 (2006). 정부의 결정을 딜레마 상황으로 가게 하는 요인과 그에 대한 대응책에 관한 연구. 「한국행정연구」, 15(1): 71-100.
이명석 (1995). 공유재 문제의 자치적 해결 가능성. 「한국행정학보」, 29(4): 1291-1312.
——— (2006). 제도, 공유재 그리고 거버넌스. 「행정논총」, 44(2): 247-275.
——— (2013). 협업행정의 이론과 정책적 함의. 「창조경제를 위한 행정협업 연구」. 경제인문사회연구회.
이명석 · 오스트롬 · 워커 (2004). 제도, 이질성, 그리고 사회적 딜레마 상황에서의 협동가능성. 「한국행정학보」, 38(1): 1-21.
이영환 · 홍준형 (2009). 거래비용과 거래속성의 관계에 관한 연구. 「한국사회와 행정연구」, 19(4): 49-79.
이종범 (1994). 인사제도와 딜레마. 이종범(외). 「딜레마이론: 조직과 정책의 새로운 이해」. 213-235. 나남출판.
——— (2005). 불확실성, 모호성과 딜레마 상황하에서 절차적 합리성의 탐색. 「행정논총」, 43(4): 1-27.
이종범 · 안문석 · 이정준 · 윤견수 (1992). 정책분석에 있어서 딜레마 개념의 유용성. 「한국행정학보」, 25(4): 3-22.
이종수 (2010). 「새 미래의 행정」. 대영문화사.
이준구 (2010). 「미시경제학(제5판)」. 법문사.
임의영 (2006). 합리성의 행정철학적 논의구조와 H. A. Simon의 합리성 개념. 「한국행정논집」, 18(4): 981-1002.
장하준 (1996). 경제학의 최근 연구 동향: 제도경제학의 최근 동향. 「경제학연구」, 44(1): 1191-1221.
정문기 (2009). 지역경제 개발의 협력 거버넌스. 「한국행정학보」, 43(3): 229-250.
지광석 · 김태윤 (2010). 규제의 정당성에 대한 모색: 시장실패의 치유 vs. 거래비용의 최소화 · 경감. 「한국행정학보」, 44(2): 261-289.
최병선 (2006a). 로널드 코오스: 시장의 진실과 세상의 이치, 김한원 · 정진영 (편). 「자유주의: 시장과 정치」. 부키.
——— (2006b). 신제도경제학에서 본 규제이론과 정책: 이견과 확장. 「행정논총」, 44(2): 179-216.
최정규 (2010). 「이타적 인간의 출현」. 뿌리와 이파리.
최종원 (1995). 합리성과 정책연구. 「한국정책학회보」, 4(2): 131-160.
최흥석 · 윤견수 (2000). 딜레마 상황에서의 의사결정 행동. 윤견수(외). 「딜레마와 행정」, 29-54. 나남.

하연섭 (2004). 「제도분석, 이론과 쟁점」. 다산출판사.
한국개발연구원(KDI) (2008). 예비타당성조사 수행을 위한 일반지침 수정 · 보완 연구(제5판).
한국은행 (2010). 금융위기 이후 미국 대형은행의 영업 행태 변화에 대한 평가. 「해외경제정보」, 제2010-30호.
한순구 (2010). 환경문제에 있어 시장시스템의 역할과 메커니즘 디자인의 가능성. 「한국경제연구」, 28(1): 207-234.
행정업무의 효율적 운영에 관한 규정 일부개정령안(2011).
행정업무의 효율적 운영에 관한 규정([시행 2013.3.23.] [대통령령 제24425호]).
허만형 (2006). 성과관리와 정책평가의 연계 관계에 관한 연구. 「행정논총」, 44(4): 485-506.
홍성만 · 주재복 (2003). 자율규칙 형성을 통한 공유재관리: 대포천 수질개선 사례를 중심으로. 「한국행정학보」, 37(2): 469-494.

국외 문헌

Abildtrup, J., Jensen, F., & Dubgaard, A. (2012). Does the Coase Theorem Hold in Real Markets? An Application to the Negotiations between Waterworks and Farmers in Denmark. *Journal of Environmental Management*, 93(1): 169-176.
Adesoji, O., Adelaja, A. O., Gibson, M. A., & Racevskis, L. A. (2010). Transaction Costs and Inter-Jurisdictional Cooperation: An Application to Land Use Collaboration. *Journal of Public Affairs*. Article first published online: 28 JUN 2010, DOI: 10.1002/pa.358.
Agranoff, R. & McGuire, M. (2003). *Collaborative Public Management: New Strategies for Local Governments*. Washington, DC: Georgetown University Press.
Ahn, T. K., Ostrom, E., & Walker, J. (2010). A Common-Pool Resource Experiment with Postgraduate Subjects from 41 Countries. *Ecological Economics*, 69: 2624-2633.
Alexander, E. R. (1995). *How Organizations Act Together: Interorganizational Coordination in Theory and Practice*. Australia: Gordon and Breach.
Alger, I. (2010). Public Goods Games, Altruism, and Evolution. *Journal of Public Economic Theory*, 12(4): 789-813.
Allen, D. W. (1999). Transaction Costs. Essay on the History, Use and Significance of the Term Transaction Costs. Online<http://coase.org/linksandresources.htm>. The Ronald Coase Institute.
Alter, Catherine, & Hage, J. (1993). *Organizations Working Together*. Newbury Park, CA: Sage Publications.
Andersen, S. C. (2008). The Impact of Public Management Reforms on Student

Performance in Danish Schools. *Public Administration*, 86(2): 541-558.

Anderson, E. & Coughlan, A. T. (1987). International Market Entry and Expansion via Independent or Integrated Channels of Distribution. *Journal of Marketing*, 51(1): 71-82.

Anderson, L., Mellor, J., & Milyo, J. (2010). Did the Devil Make Them Do It? The Effects of Religion in Public Goods and Trust Games. *Kyklos*, 63(2): 163-175.

Andreoni, J. (1988). Why Free Ride? Strategies and Learning in Public Goods Experiments. *Journal of Public Economics*, 37: 291-304.

Ansell, C. & Gash, A. (2007). Collaborative Governance in Theory and Practice. *Journal of Public Administration Research and Theory*, 18(4): 543-571.

Arrow, K. J. (1951). *Social Choice and Individual Values*. New York: John Wiley and Sons.

——— (1969). The Organisation of Economic Activity: Issues Pertinent to the Choice of Market Versus Non-Market Allocation. In R. H. Haverman & J. Margolis (eds.). *Public Expenditure and Policy Analysis*. 43-51. Markham: Chicago.

——— (1999). Forward. In *Firms, Markets, and Hierarchies*, ed. G. Carroll & D. Teece, vii-viii. New York: Oxford University Press.

Ashton, T. (1998). Contracting for Health Services in New Zealand: A Transaction Cost Analysis. *Social Science Medicine*, 46(3): 357-367.

Aucoin, P. (1990). Administrative Reform in Public Management: Paradigms, Principles, Paradoxes and Pendulums. *Governance*, 3(2): 115-137.

Axelrod, R. (1984). *The Evolution of Cooperation*. New York: Basic Books.

Balliet, D., Li, N. P., & Joireman, J. (2011). Relating Trait Self-Control and Forgiveness within Prosocials and Proselfs: Compensatory versus Synergistic Models. *Journal of Personality and Social Psychology*, 101(5): 1090-1105.

Barnard, C. (1962, 1938). *The Functions of the Executive*. Cambridge: Harvard Univ. Press.

Bentley, A. (1949). *The Process of Government*. Evanston, IL: Principia Press.

Bernhard, H., Fischbacher, U., & Fehr, E. (2006). Parochial Altruism in Humans. *Nature*, 44(24): 912-915.

Biel, A., Johansson-Stenman, O. & Nilsson, A. (2011). The Willingness to Pay-Willingness to Accept Gap Revisited: The Role of Emotions and Moral Satisfaction. *Journal of Economic Psychology*, 32(6): 908-917.

Bingham, L. B., Nabatchi, T., & O'Leary, R. (2005). Practices and Processes for Stakeholder Participation in New Governance. *Public Administration Review*, 65(5): 547-558.

Black, D. (1948). On the Rationale of Group Decision Making. *Journal of Political Economy*, 56(1): 23-4.

Blankart, C. B. & Koester, G. B. (2006). Political Economics Versus Public Choice: Two

Views of Political Economy in Competition. *Kyklos*, 59(2): 171-200.

Bochet, O., Page, T., & Putterman, L. (2006). Communication and Punishment in Voluntary Contribution Experiments. *Journal of Economic Behavior and Organization*, 60: 11-26.

Boerner, C. S. & Macher, J. T. (2003). Transaction Cost Economics: An Assessment of Empirical Work in the Social Sciences. *Working Paper*. Georgetown University.

Bornstein, G. & Ben-Yossef, M. (1994). Cooperation in Intergroup and Single-Group Social Dilemmas. *Journal of Experimental Social Psychology*, 30: 52-67.

Boston, J. (1991). The Theoretical Underpinnings of Public-Sector Restructuring in New Zealand. In *Reshaping the States*, edited by Jonathan Boston, John Martin, June Pallot, & Pat Walsh, 1-26. Auckland, New Zealand: Oxford University Press.

Boston, J., Martin, J., Pallet, J., & Walsh, P. (1996). *Public Management: The New Zealand Model*. Auckland: Oxford University Press.

Bowel, S. (2008). Policies Designed for Self-Interested Citizens May Undermine "The Moral Sentiments": Evidence from Economic Experiments. *Science*, 320: 1605-1609.

Box, R. C., Marshall, G. S., Reed, B. J., & Reed, C. M. (2001). New Public Management and Substantive Democracy. *Public Administration Review*, 61(5): 608-619.

Boyne, G. A. (2003). Sources of Public Service Improvement: A Critical Review and Research Agenda. *Journal of Public Administration Research and Theory*, 13(3): 367-394.

Brewer, G. A. & Brewer Jr., G. A. (2011). Parsing Public/Private Difference in Work Motivation and Performance: An Experimental Study. *The Journal of Public Administration Research and Theory*, 21: i347-i362.

Brosig, J., Ockenfels, A., & Weimann, J. (2003). The Effect of Communication Media on Cooperation. *German Economic Review*, 4: 217-242.

Brown, T. C. & Gregory, R. (1999). Why the WTA-WTP Disparity Matters. *Ecological Economics*, 28(3): 323-335.

Brown, T. L. & Postoski, M. (2003). Transaction Costs and Institutional Explanations for Government Service Production Decisions. *Journal of Public Administration Research and Theory*, 13(4): 441-468.

——— (2004). Managing the Public Service Market. *Public Administration Review*, 64(6): 656-668.

Bryson, J. M., Crosby, B. C., & Stone, M. M. (2006). The Design and Implementation of Cross-Sector Collaborations: Propositions from the Literature. *Public Administration Review*, 66: 44-55.

Buchanan, J. M. (1949). The Pure Theory of Government Finance: A Suggested Approach.

Journal of Political Economy, 57(6): 496-505.

——— (1954). Individual Choice in Voting and the Market, *Journal of Political Economy*, 62(4): 334-343.

——— (1975). A Contractarian Paradigm for Applying Economic Theory. *American Economic Review*, 65(2): 225-230.

Buchanan, J. M. & Tullock, G. (1962). *The Calculus of Consent: Logical Foundations of Constitutional Democracy*. Ann Arbor: University of Michigan Press.

Butler, M. R. & Garnett, R. F. (2003). Teaching the Coase Theorem: Are We Getting It Right?. *Atlantic Economic Journal*, 31(2): 133-146.

Camerer, C. F. (2003). *Behavioral Game Theory: Experiments in Strategic Interaction*. New Jersey: Princeton University Press.

Camerer, C. F. & Loewenstein, G. (2003). Behavioral Economics: Past, Present, Future. In C. Camerer, G. Loewenstein, & M. Rabin (eds.). *Advances in Behavioral Economics*. 3-51, New York and Princeton: Russell Sage Foundation Press and Princeton University Press.

Camerer, C. F. & Thaler, R. (1995). Anomalies: Ultimatums, Dictators and Manners. *The Journal of Economic Perspectives*, 9(2): 209-219.

Cameron, L. (1999) Raising the Stakes in the Ultimatum Game: Experimental Evidence from Indonesia. *Economic Inquiry*, 37(1): 47-59.

Carmon, Z. & Ariely, D. (2000). Focusing on the Forgone: Why Value can Appear so Different to Buyers and Sellers. *Journal of Consumer Research*, 27(3): 360-370.

Carroll, G. R. & Teece, D. J. (1999). Firms, Markets, and Hierarchies: Introduction and Overview. In G. R. Carroll & D. J. Teece (eds.). *Firms, Markets, and Hierarchies: The Transaction Cost Economics Perspective*. 3-13. London: Oxford University Press.

Carter, R. & Hodgson, G. M. (2006). The Impact of Empirical Tests of Transaction Cost Economics on the Debate on the Nature of the Firm. *Strategic Management Journal*, 27(5): 461-476.

Castro, M. F. (2008). Where Are You From? Cultural Differences in Public Good Experiments. *The Journal of Socio-Economics*, 37: 2319-2329.

Chaudhuri, A. (2010). Sustaining Cooperation in Laboratory Public Goods Experiments: A Selective Survey of the Literature. *Experimental Economics*, 14(1): 47-83.

Cherry, T., Frykblom, P., & Shogren, J. (2002). Hardnose the Dictator. *American Economic Review*, 92: 1218-1221.

Christensen, T., Lægreid, P., & Stigen, I. M. (2006). Performance Management and Public Sector Reform: The Norwegian Hospital Reform. *International Public Management*

Journal, 9(2): 113-139.

Coase, R. H. (1937). The Nature of Firm. *Economica*, 4(16): 386-405.

——— (1959). The Federal Communications Commission. *Journal of Law and Economics*, 2: 1-40.

——— (1960). The Problem of Social Cost. *Journal of Law and Economics*, 3: 1-44.

——— (1988). Notes on the Problem of Social Cost, 157-185. *The Firm the Market and the Law*. The University of Chicago Press.

——— (1991). 1991 Novel Lecture: The Institutional Structure of Production. O. E. Williamson & S. Winter (eds.). *The Nature of the Firm: Origins, Evolution, Development*. 227-235. New York: Oxford University Press.

——— (1992). The Institutional Structure of Production. *American Economic Review*, 82: 713-719.

Daniels, S. E. & Walker, G. B. (2001). *Working through Environmental Conflict: The Collaborative Learning Approach*. Westport, CT: Praeger.

David, R. J. & Han, S. K. (2004). A Systematic Assessment of The Empirical Support for Transaction Cost Economics. *Strategic Management Journal*, 25(1): 39-58.

Dawes, R. M. (1973). The commons dilemma game: An N-person mixed-motive game with a dominating strategy for defection. *ORI Research Bulletin*, 13: 1-12.

——— (1980) Social dilemmas. *Annual Review of Psychology*, 31: 169-193.

Dawes, R. M. & Messick, D. M. (2000). Social Dilemmas. *International Journal of Psychology*, 35(2): 111-116.

Dawes, R. M., McTavish, J., & Shaklee, H. (1977). Behavior, Communication, and Assumptions about Other People's Behavior in a Commons Dilemma Situation. *Journal of Personality and Social Psychology*, 35: 1-11.

De Alessi, L. (1983). Property Rights, Transactions Costs, and X-Efficiency: An Essay in Economic Theory. *American Economic Review*, 73(1): 64-81.

De Cremer, D. & Van Dijk, E. (2005). When and Why Leaders Put Themselves First: Leader Behaviour in Resource Allocations as a Function of Feeling Entitled. *European Journal of Social Psychology*, 35(4): 553-563.

De Hooge, I. E., Breugelmans, S. M., & Zeelenberg, M. (2008). Not so Ugly after All: When Shame Acts as a Commitment Device. *Journal of Personality and Social Psychology*, 95(4): 933-943.

Demsetz, H. (1969). Information and Efficiency: Another Viewpoint. *Journal of Law and Economics*, 82(4): 713-719.

Diesing, P. (1962). *Reason in Society*. University of Illinois Press.

Dollery, B. (2001). New institutional Economics and the Analysis of the Public Sector.

Policy Studies Review, 18(1): 186-211.
Dollery, B. & Wallis, J. (2000). Note on the Coherence of New Public Management as a Managerial Philosophy. *International Review of Public Administration*, 5(1): 81-91.
Downs, A. (1957). *An Economic Theory of Democracy*. Boston, MA: Addison Wesley.
Dunleavy, P. (1991). *Democracy, Bureaucracy and Public Choice*. London: Harvester Wheatsheaf.
Eek, D. & Garling, T. (2006). Prosocials Prefer Equal Outcomes to Maximizing Joint Outcomes. *British Journal of Social Psychology*, 45(2): 321-337.
Eggertsson, T. (1990). *Economic Behaviour and Institutions*, Cambridge: Cambridge University Press.
Elazar, D. J. (1962). *The American partnership: Intergovernmental cooperation in the nineteenth century United States*. Chicago, IL: Univ. of Chicago Press.
Ellickson, R. C. (1986). Of Coase and Cattle: Dispute Resolution among Neighbors in Shasta County. *Stanford Law Review*, 38(3): 623-687.
Elster, J. (1983). *Sour Grapes: Studies in the Subversion of Rationality*. Cambridge University Press.
Emerson, K., Nabatchi, T., & Balogh, S. (2011). An Integrative Framework for Collaborative Governance. *Journal of Public Administration Research and Theory*. First published online: May 2, 2011, 1-30.
ESPCRSAS(The Economic Sciences Prize Committee of the Royal Swedish Academy of Sciences) (2009). *Economic Governance*. The Royal Swedish Academy of Sciences.
Falk, A. & Fischbacher, U. (2003). The Nature of Human Altruism. *Nature*, 425: 785-791.
Farnham, D. & Horton, S. (1993). *Managing the New Public Services*. Basingstoke: Macmillan.
Fehr, E., & Camerer, C. F. (2007). Social Neuroeconomics: The Neural Circuitry of Social Preferences, *Trends in Cognitive Sciences*, 11: 419-427.
Fehr, E. & Fischbacher, U. (2004). Third-Party Punishment and Social Norms. *Evolution and Human Behavior*, 25(2): 63-87.
Fehr, E., Fischbacher, U., & Gächter, S. (2002). Strong Reciprocity, Human Cooperation and the Enforcement of Social Norms. *Human Nature*, 13: 1-25.
Fehr, E. & Gächter, S. (2000a). Cooperation and Punishment in Public Goods Experiments. *The American Economic Review*, 90(4): 980-994.
——— (2002b). Altruistic Punishment in Humans. *Nature*, 415: 137-140.
Fehr, E., Gächter, S., & Kirchsteiger, G. (1997). Reciprocity as a Contract Enforcement Device. *Econometrica*, 65: 833-860.
Fehr, E. & Gintis, H. (2007). Human Motivation and Social Cooperation: Experimental and

Analytical Foundations. *Annual Review of Sociology*, 33: 43-64.

Feiock, R. C. (2007). Rational Choice and Regional Governance, *Journal of Urban Affairs*, 29(1): 47-63.

——— (2009). Metropolitan Governance and Institutional Collective Action. Urban *Affairs Review*, 44(3): 356-377.

Feiock, R. C. (ed.) (2004). *Metropolitan Governance: Conflict, Competition, and Cooperation.* Washington, DC: Georgetown University Press.

Feiock, R. C. & Kim, Jae-Hoon (2000). Form of Government, Administrative Organization, and Local Economic Development Policy. *Journal of Public Administration Research and Theory*, 11(1): 29-49.

Feiock, R. C. & Scholz, J. (eds.) (2010). *Self-Organizing Federalism: Collaborative Mechanisms to Mitigate Institutional Collective Action.* New York: Cambridge University Press.

Feiock, R. C., Steinacker, A., & Hyung Jun, Park (2009). Institutional Collective Action and Economic Development Joint Ventures, *Public Administration Review*, 69(2): 256-270.

Fischbacher, U. & Gächter, S. (2008). Social Preferences, Beliefs, and the Dynamics of Free Riding in Public Good Experiments, *Cesifo Working Paper,* No. 2491.

Fischbacher, U., Gächter, S., & Fehr, E. (2001). Are People Conditionally Cooperative? Evidence from a Public Goods Experiment. *Economics Letters*, 71: 397-404.

Fisher, R., Ury, W., & Patton, B. (1991). *Getting to yes* (2nd ed.). New York, NY: Penguin Books.

Forester, J. (1984). Bounded Rationality and the Politics of Muddling Through. *Public Administration Review*, 44(1): 23-31.

Forsythe R., Horowitz, J. L., Savin, N. E., & Sefton, M. (1994). Fairness in Simple Bargaining Experiments. *Games and Economic Behavior*, 6(3): 347-369.

Frant, H. (1996). High-Powered and Low-Powered Incentives on Public Sector. *Journal of Public Administration Research and Theory*, 6(3): 365-381.

Frederickson, H. G. (1991). Toward a Theory of the Public for Public Administration. *Administration and Society*, 22: 395-417.

Friedman, M. (1953). The methodology of positive economics. *Essays in positive economics.* 3-43. University of Chicago Press.

Frohlich, N. & Oppenheimer, J. (1998). Some Consequences of E-mail Versus Face-to-Face Communication in Experiment. *Journal of Economic Behavior and Organization*, 35: 389-403.

Furubotn, E. G. & Richter, R. (1992). The New Institutional Economics: An Assessment, In

E. G. Furubotn (ed.). *New Institutional Economics*. 1-32. Edward Elgar: London.
——— (2008). The New Institutional Economics-A Different Approach to Economic Analysis. *Economic Affairs*, 28(3): 15-23.

Gächter, S. & Herrmann, B. (2009). Reciprocity, Culture, and Human Cooperation: Previous Insights and a New Cross-Cultural Experiment. *Philosophical Transactions of The Royal Society*, 364: 791-806.

Gächter, S., Herrmann, B., & Thöni, C. (2010). Culture and Cooperation, *Philosophical Transactions of The Royal Society*, 365: 2651-2661.

Gawronski, B., Bodenhausen, G. V., & Becker, A. P. (2007). I Like It, Because I Like Myself: Associative Self-Anchoring and Post-Decisional Change of Implicit Evaluations. *Journal of Experimental Social Psychology*, 43(2): 221-232.

Gibbons, R. (2010). Transaction-Cost Economics: Past, Present, and Future?. *Scandinavian Journal of Economics*, 112(2): 263-288.

Gneezy, U. & A. Rustichini, A. (2000). A Fine is a Price. *Journal of Legal Studies*, 29(1): 1-17.

Gray, B. (1985). Conditions Facilitating Interorganizational Collaboration. *Human Relations*, 38: 911-936.

——— (1989). *Collaborating: Finding Common Ground for Multiparty Problems*. San Francisco: Jossey-Bass.

Grief, A. & Laitin, D. D. (2004). A Theory of Endogenous Institutional Change. *The American Political Science Review*, 98(4): 633-652.

Grofman, B. (2004). Reflections on Public Choice. *Public Choice*, 118(1-2): 31-51.

Groot, T. & Budding, T. (2008). New Public Management's Current Issues and Future Prospects. *Financial Accountability & Management*, 24(1): 1-13.

Gruening, G. (2001), Origin and Theoretical Basis of New Public Management. *International Public Management Journal*, 4(1): 1-25.

Gurerk O., Irlenbusch, B., & Rockenbach B. (2006). The Competitive Advantage of Sanctioning Institutions. *Science*, 312(5770): 108-111.

Guth, W., Schmittberger, R., & Schwarze, B. (1982). An Experimental Analysis of Ultimatum Bargaining, *Journal of Economic Behavior and Organization*, 3(4): 367-388.

Hahnel, R. & Sheeran, K. A. (2009). Misinterpreting the Coase Theorem. *Journal of Economic Issues*, 43(1): 215-237.

Hall, P. A. (2010). Historical Institutionalism in Rationalist and Sociological Perspective. In J. Mahoney & K. Thelen (eds.). *Explaining Institutional Change. Ambiguity, Agency, and Power*. Cambridge University Press.

Hammer, M. A. & Champy, J. (1994). *Reengineering the Corporation: A Manifesto for Business Revolution.* New York: Harper Business.

Hanemann, M. (1991). Willingness to Pay and Willingness to Accept: How Much Can They Differ? *American Economic Review*, 81(3): 635-647.

Hanley, N. & Summer, C. (1993). Bargaining over Common Property Resources: Applying the Coase Theorem to Red Deer in the Scottish Highlands. *Journal of Environmental Management*, 43(1): 87-95.

Harbaugh, W. T. & Krause, K. (2000) Children's Altruism in Public Goods and Dictator Experiments. *Economic Inquiry*, 38(1): 95-109.

Harbaugh, W. T., Mayr, U., & Burghart, D. R. (2007). Neural Responses to Taxation and Voluntary Giving Reveal Motives for Charitable Donations. *Science*, 316: 1622-1625.

Hardin, G. J. (1968). The Tragedy of the Commons. *Science*, 162: 1243-1248.

——— (1978). *Political Requirement for Preserving our Common Heritage. Wildlife and America.* (ed., H. P. Bokaw). Washington, D. C.: Council on Environment Quality. 310-317.

Harrison, G. W. & McKee, M. (1985). Experimental Evaluation of the Coase Theorem. *Journal of Law and Economics*, 28(3): 653-670.

Hayek F. (1945). The Use of Knowledge in Society. *American Economic Review*, 35(4): 519-530.

Heinrich, C. H. & Marschke, G. (2010). Incentives and Their Dynamics in Public Sector Performance Management Systems. *Journal of Policy Analysis and Management*, 29(1): 183-208.

Henderson, A. M. (1941). Consumer's Surplus and the Compensation Variation. *The Review of Economic Studies*, 8(2): 117-127.

Henrich, J., Boyd, R., Bowles, S., Camerer, C., Fehr, E., Gintis, H., McElreath, R., Alvard, M., Barr, A., Ensminger, J., Henrich, N. S., Hill, K., Gil-White. F., Gurven, M., Marlowe, F. W., Patton, J. Q., & Tracer, D. (2005). "Economic Man" in Cross-Cultural Perspective: Behavioral Experiments in 15 Small-Scale Societies. *Behavioral and Brain Science*, 28: 795-855.

Herrmann, B., Thöni, C., & Gächter, S. (2008). A Antisocial Punishment across Societies. *Science*, 319: 1362-1367.

Herrmann, E., Call, J., Hernandez-Lloreda, M. V., Hare, B., & Tomasello, M. (2007). Humans Have Evolved Specialized Skills of Social Cognition: The Cultural Intelligence Hypothesis. *Science*, 317: 1360-1366.

Hewig, J., Kretschmer, N., Trippe, R. H., Hecht, H., Coles, M. G., Holroyd, C. B., & Miltner, W. H. (2011). Why Humans Deviate from Rational Choice. *Psychophysiology*, 48(4):

507-514.

Himmelman, A. T. (1996). On the Theory and Practice of Transformational Collaboration: From Social Service to Social Justice. In *Creating Collaborative Advantage*, edited by Chris Huxham, 19-43. Thousand Oaks, CA: Sage Publications.

Hoffman, E., McCabe, K. A., & Smith, V. L. (1996a). On Expectations and The Monetary Stakes in Ultimatum Games. *International Journal of Game Theory*, 25(3): 289-301.

——— (1996b). Social Distance and Other Regarding Behavior in Dictator Games. *American Economic Review*, 86(3): 653-660.

——— (1998). Behavioral Foundations of Reciprocity: Experimental Economics and Evolutionary Psychology. *Economic Inquiry*, 36: 335-352.

Hoffman, E. & Spitzer, M. L. (1982). The Coase Theorem: Some Experimental Tests. *Journal of Law and Economics*, 25(1): 73-98.

Hogget, P. (1996). New Modes Of Control In The Public Service. *Public Administration*, 74(1): 9-32.

Hood, C. C. (1991). A Public Mamagement for All Seasons?. *Public Administration*, 69(1): 3-19.

Horowitz, J. K. & McConnell, K. E. (2002). A review of WTA/WTP studies. *Journal of Environmental Economics and Management*, 44(3): 426-447.

Isaac, R. M. & Walker, J. M. (1988). Communication and Free-Riding Behavior: The Voluntary Contributions Mechanism. *Economic Inquiry*, 26: 585-608.

Ishii, K. & Kurzban, R. (2008). Public Goods Games in Japan: Cultural and Individual Differences in Reciprocity. *Human Nature*, 19: 138-156.

Joireman, J., Posey, D. C., Truelove, H. B., & Parks, C. D. (2009). The Environmentalist Who Cried Drought: Reactions to Repeated Warnings about Depleting Resources under Conditions of Uncertainty. *Journal of Environmental Psychology*, 29(2): 181-192.

Jonathan, G. (2001). Wither Partnership Governance in Northern Ireland?. *Environment and Planning: Government and Policy*, 19: 751-770.

Jones, B. D. (1999). Rounded Rationality, *Annual Review of Political Science*, 2: 297-321.

Joskow, P. L. (1985). Vertical Integration and Long-Term Contracts: The Case of Coal-Burning Electric Generating Plants. *Journal of Law, Economics, and Organization*, 1(1): 33-80.

Jun, J. S. (2009). The Limits of Post-New Public Management and Beyond. *Public Administration Review*, 69(1): 161-165.

Jun, J. S. (ed.) (2002). *Rethinking Administrative Theory: The Challenge of the New Century*. Westport, CT: Praeger.

Kaboolian, L. (1998). The New Public Management: Challenging the Boundaries of the Management vs. Administration Debate. *Public Administration Review*, 58(3): 189-193.

Kahneman, D. (2003a). A Psychological Perspective on Economics. *The American Economic Review*, 93(2): 162-168

——— (2003b). Maps of Bounded Rationality: Psychology for Behavioral Economics. *The American Economic Review*, 93(5): 1449-1475.

Kahneman, D., Knetsch, J., & Thaler, R. (1986). Fairness and the Assumptions of Economics. *Journal of Business*, 59(4): S285-S300.

——— (1990). Experimental Tests of the Endowment Effect and the Coase Theorem. *Journal of Political Economy*, 98(6): 1325-1348.

Kahneman, D., Slovic, P., & Tversky, A. (1982). *Judgment under Uncertainty: Heuristics and Biases*. New York: Cambridge University Press.

Kahneman, D. & Tversky, A. (1973). On the Psychology of Prediction. *Psychological Review*, 80(4): 237-251.

——— (1979). Prospect Theory: An Analysis of Decision Under Risk. *Econometrica*, 47(2): 263-291.

——— (1991). Loss Aversion in Riskless Choice: A Reference-Dependent Model. *Quarterly Journal of Economics*, 106(4): 1039-1061.

Kamensky, J. M. (1996). Role of the Reinventing Government Movement in Federal Management Reform. *Public Administration Review*, 56(3): 247-255.

Kamensky, J. M. & Burlin, T. J. (2004). *Collaboration: Using networks and partnerships*. Lanham, MD: Rowman and Littlefield.

Kasdin, S. (2010). Reinventing Reforms: How to Improve Program Management Using Performance Measures. Really. *Public Budgeting & Finance*, 30(3): 51-78.

Katona, G. (1951). *Psychological Analysis of Economic Behavior*. New York: McGraw-Hill.

——— (1975). *Psychological Economics*. New York: Elsevier.

Kettl, D. F. (2002). *The Transformation of Eovernance: Public Administration for Twenty-first Century America*. Baltimore, MD: Johns Hopkins University Press.

——— (2006). Managing Boundaries in American administration: The Collaborative Imperative. *Public Administration Review*, 66: 10-19.

Kickert, W. J. M. (1997). Public Governance in the Netherlands: An Alternative to Anglo-American 'Managerialism'. *Public Administration*, 75(4): 731-752.

Klaes, M. (2000). The History of the Concept of Transaction Costs: Neglected Aspects. *Journal of the History of Economic Thought*, 22(2): 191-216.

Klaes, M. & Sent, E-M. (2005). A Conceptual History of the Emergence of Bounded

Rationality. *History of Political Economy*, 37(1): 27-59.

Klein, P. (2004). The Make-or-Buy Decision: Lessons from Empirical Studies. University of Missouri-Columbia. *Working Paper*, No. 2004-07.

Knetsch, J. L. (1989). The Endowment Effect and Evidence of Nonreversible Indifference Curves. *American Economic Review*, 79(5): 1277-1284.

Knez, M. J. & Camerer, C. F. (1995). Outside Options and Social Comparison in Three-Player Ultimatum Game Experiments. *Games and Economic Behavior*, 10(1): 65-94.

Kocher, M. G., Cherry, T., Kroll, S., Netzer, R. J., & Sutter, M. (2008). Conditional Cooperation on Three Continents. *Economics Letters*, 101: 175-178.

Kolasky, W. J. & Dick, A. R. (2003). The Merger Guidelines and the Integration of Efficiencies into Antitrust Review of Horizontal Mergers. *Antitrust Law Journal*, 71(1): 207-251.

Kollock, P. (1998). Social Dilemmas: Anatomy of Cooperation. *Annual Review of Sociology*, 24: 183-214.

Komorita, S. S. & Parks, C. D. (1995). Intergroup Relations: Mixed-Motive Interaction. *Annual Review of Psychology*, 46: 183-207.

Komorita, S. S., Parks, C. D., & Hulbert, L. G. (1992). Reciprocity and The Induction of Cooperation in Social Dilemmas. *Journal of Personality and Social Psychology*, 62: 607-617.

Koremenos, B., Lipson, C., & Snidal, D. (2003). *The Rational Design of International Istitutions*. New York: Cambridge University Press.

Kortenkamp, K. V. & Moore, C. F. (2006). Time, Uncertainty, and Individual Differences in Decisions to Cooperate in Resource Dilemmas. *Personality and Social Psychology Bulletin*, 32: 603-615.

Kramer, R. M. & Brewer, M. B. (1984). Effects of Group Identity on Resource Use in a Simulated Commons Dilemma. *Journal of Personality and Social Psychology*, 46(5): 1044-1057.

Kurzban, R. & DeScioli, P. (2008). Reciprocity in Groups: Information-Seeking in a Public Goods Game. *European Journal of Social Psychology*, 38: 139-158.

Kwon, S. W. & Feiock, R. C. (2010). Overcoming the Barriers to Cooperation: Intergovernmental Service Agreements. *Public Administration Review*, 70(6): 876-884.

Lægreid, P., Roness, P. G., & Rubecksen, K. (2006). Performance Management in Practice: The Norwegian Way. *Financial Accountability and Management*, 22(3): 251-270.

Lafontaine, F. & Slade, M. (2007). Vertical Integration and Firm Boundaries: The Evidence.

Journal of Economic Literature, 45(3): 629-685.

Lakshminaryanan, V., Chen, M. K., & Santos, L. R. (2008). Endowment Effect in Capuchin Monkeys. *Philosophical Transactions of the Royal Society B: Biological Sciences*, 363(1511): 3837-3844.

Ledyard, J. O. (1995). Public Goods: A Survey of Experimental Research. In J. Kagel & A. Roth (eds.). *Handbook of Experimental Economics*. Princeton University Press.

Levi, M. (1997). A Model, a Method, and a Map: Rational Choice in Comparative and Historical Analysis. In M. I. Lichbach & A. S. Zuckerman (eds.). *Comparative Politics: Rationality, Culture, and Structure*. 19-41. Cambridge: Cambridge University Press.

Liberman, V., Samuels, S. M., & Ross, L. (2004). The Name of the Game: Predictive Power of Reputations versus Situational Labels in Determining Prisoner's Dilemma Game Moves. *Personality and Social Psychology Bulletin*, 30(9): 1175-1185.

Liebrand, W. B. G. & Messick, M. D. (1996). Frontiers in Social Dilemmas Research. New York: Springer Verlag.

Light, P. C. (1997). *The Tides of Reform: Making Government Work, 1945-1995*. New Haven, CT: Yale University Press.

Lindfield, M. (1997). Planning for the Private Financing of Urban Infrastructure: Transaction Costs and Cross-Market Analysis. *Third World Planning Review*, 19(1): 1-20.

List, J. A. (2004). Neoclassical Theory versus Prospect Theory. *Econometrica*, 72(2): 615-625.

List, J. A. & Cherry, T. L. (2000). Learning to Accept in Ultimatum Games: Evidence from an Experimental Design that Generates Low Offers. *Experimental Economics*, 3: 11-31.

Lubell, M., Schneider, M., Scholz, J. T., & Mete, M. (2002). Watershed Partnerships and the Emergence of Collective Action Institutions. *American Journal of Political Science*, 46(1): 148-163.

Lundin, M. (2007). Explaining Cooperation: How Resource Interdependence, Goal Congruence, and Trust Affect Joint Actions in Policy Implementation. *JPART*, 17: 651-672.

Macher, J. T. & Richman, B. D. (2008). Transaction Cost Economics: An Assessment of Empirical Research in the Social Science. *Business and Politics*, 10(1): 1-63.

Maddux, W. W., Yang, H., Falk, C., Adam, H., Adair, W., Endo, Y., Carmon, Z., & Heine, S. J. (2010). For Whom Is Parting With Possessions More Painful? Cultural Differences in the Endowment Effect. *Psychological Science*, 21(12): 1910-1917.

Mahoney, J. & Thelen, K. (2010). A Theory of Gradual Institutional Change. In J. Mahoney & K. Thelen(eds.). *Explaining Institutional Change. Ambiguity, Agency, and Power*. 1-37. Cambridge University Press.

Management Paper presented at the OECD Symposium, Government of the Future: Getting from Here to There, September 14-15, Paris.

Mankiw, G./ 김경환 · 김종석 옮김 (2005). 「맨큐의 경제학(3판)(*Principles of Economics*)」. 교보문고 · Thomson.

March, J. G. (1978). Bounded Rationality, Ambiguity, and the Engineering of Choice. *The Bell Journal of Economics*, 9(2): 587-608.

March, J. G. & Simon, H. A. (1958). *Organizations*. New York: John Wiley.

Martinez, L. M. F., Zeelenberg, M., & Rijsman, J. B. (2011). Behavioural Consequences of Regret and Disappointment in Social Bargaining Games. *Cognition and Emotion*, 25(2): 351-359.

Masclet, D., Noussair, C., Tucker, S., & Villeval, M.-C. (2003). Monetary and Non-Monetary Punishment in the VCM. *American Economic Review*, 93: 366-380.

Masten, S. E. (1984). The Organization of Production: Evidence from the Aerospace Industry. *Journal of Law and Economics*, 27(2): 403-417.

Masten, S. E., Meehan, J. W. Jr., & Snyder, E. A. (1991). The Costs of Organization. *Journal of Law, Economics, and Organization*, 7(1): 1-25.

Mattessich, P. W. & Barbara, R. M. (1992). *Collaboration-What Makes It Work*. St. Paul, MN: Amherst H. Wilder Foundation.

McCloskey, D. N. (1998). The So-Called Coase Theorem. *Eastern Economic Journal*, 24(3): 367-371.

McDonald, I. M. (2008). Behavioral Economics. *The Australian Economic Review*, 41(2): 222-228.

McGuire, M. (2006). Collaborative public management: Assessing What We Know and How We Know It. *Public Administration Review*, 66: 33-43.

Medema, S. G. (1994). *Ronald H. Coase*. New York: St. Martin's Press.

——— (2011). A Case of Mistaken Identity: George Stigler, "The Problem of Social Cost," and the Coase Theorem. *European Journal of Law and Economics*, 31(1): 11-38.

Medema, S. G. (ed.) (1997). *Coasean Economics: Law and Economics and the New Institutional Economics*. Boston, MA: Kluwer Academic Publishers.

Meier, K. J. & O'Toole, L. J. (2002). Public Management and Organizational Performance: The Effect of Managerial Quality. *Journal of Policy Analysis and Management*, 21(4): 629-643.

Messick, D. M. & Brewer, M. B. (1983). Solving Social Dilemmas. *Review of Personality*

and Social Psychology, 4: 11-44.
Michaelowa, A. & Jotzo, F. (2003). Transaction Costs, Institutional Rigidities and the Size of the Clean Development Mechanism. *Energy Policy*, 33: 511-523.
Moe, T. (1984). The New Economics of Organization. *American Journal of Political Science*, 28(4): 739-777.
——— (1990). The Politics of Structure Choice: Toward a Theory of Public Bureaucracy. In O. Williamson(ed.). *Organization Theory*. 116-153. New York: Oxford.
Moon, M. J. (2000). Organizational Commitment Revisited in New Public Management: Motivation, Organizational Culture, Sector, and Managerial Level. *Public Performance & Management Review*, 24(2): 177-194.
Morewedge, C. M., Shu, L. L., Gilbert, D. T., & Wilson, T. D. (2009). Bad Riddance or Good Rubbish? Ownership and Not Loss Aversion Causes the Endowment Effect. *Journal of Experimental Social Psychology*, 45(4): 947-951.
Moynihan, D. R. (2005). Goal-Based Learning and the Future of Performance Management. *Public Administration Review*, 65(2): 203-216.
——— (2006). Managing for Results in State Government: Evaluating a Decade of Reform. *Public Administration Review*, 66(1): 77-89.
——— (2008). *The Dynamics of Performance Management: Constructing Information and Reform*. Washington, DC: Georgetown University Press.
Murnighan, J. K. & Saxon, M. S. (1998) Ultimatum Bargaining by Children and Adults. *Journal of Economic Psychology*, 19(4): 415-445.
Musole, M. (2009). Property Rights, Transaction Costs and Institutional Change: Conceptual Framework and Literature Review. *Progress in Planning*, 71(2): 43-85.
Nikiforakis, N. (2008). Punishment and Counter-Punishment in Public Good Games: Can We Really Govern Ourselves?. *Journal of Public Economics*, 92: 91-112.
Niskanen, W. A. (1971). *Bureaucracy and Representative Government*. Chicago: Aldine-Atheron.
North, D. C. (1984). *Structure and Change in Economic History*. New York: Norton.
——— (1990a). A Transaction Cost Theory of Politics. *Journal of Theoretical Politics,* 2(4): 335-367.
——— (1990b). *Institutions, Institutional Change and Economic Performance*, Cambridge: Cambridge University Press.
——— (1990c). *Institutions, Institutional Change and Economic Performance*, Cambridge: Cambridge University Press.
——— (1994). Economic Performance Through Time. *The American Economic Review,* 84(3): 359-368.

Nowak, M. A. (2006). Five Rules for the Evolution of Cooperation. *Science*, 314: 1560-1563.

Nowak, M. A., Page, K. M., & Sigmund, K. (2000). Fairness Versus Reason in the Ultimatum Game. *Science*, 289: 1773-1775.

O'Leary, R. & Bingham, L. B. (ed.)(2009). *The Collaborative Public Manager: New Ideas for the Twenty-First Century*. Washington, D. C.: Georgetown University Press.

O'Reilly, D. & Reed, M. (2010). Leaderism: An Evolution Of managerialism in UK Public Service Reform. Public Administration, Article First Published Online: 18 OCT 2010, DOI: 10.1111/j.1467-9299.2010.01864.x

O'Toole, L. J., Jr. (1997). Treating Networks Seriously: Practical and Research-Based Agendas in Public Administration. *Public Administration Review,* 57(1): 45-52.

Obermann, G. (2007). The Role of the State as Guarantor of Public Services: Transaction Cost Issues and Empirical Evidence. *Annals of Public and Cooperative Economics*, 78(3): 475-500.

OECD (1990). *Public Management Developments Survey*. Paris: OECD.

——— (1993a). Private Pay for Public Work: Performance-related Pay for Public Sector Managers. Paris: Author.

——— (1993b). *Public Management Developments Survey*. Paris: OECD.

——— (1995a). *Governance in Transition. Public Management Reforms in OECD Countries*. Paris: OECD.

——— (1995b). Governance in Transition: Public Management Reforms in OECD Countries. Paris: PUMA.

Olson, M. (1965). *The Logic of Collective Action: Public Goods and the Theory of Groups*. Cambridge, MA: Harvard University Press.

Oosterbeek, H., Sloof, R., & Van de Kuilen, G. (2004). Cultural Differences in Ultimatum Game Experiments: Evidence from a Meta-Analysis. *Experimental Economics*, 7: 171-188.

Ophuls, W. (1973). Leviathan or Oblivion. In H. E. Daly(ed.). *Toward a Steady State Economy*, 215-230. San Francisco: Freeman.

Orchard, L. (1998). Managerialism, Economic Rationalism and Public Sector Reform in Australia: Connections, Divergences, Alternatives. Australian *Journal of Public Administration*, 75(1): 16-33.

Osborne, D. & Gaebler, T. (1992). *Reinventing Government: How the Entrepreneurial Spirit is Transforming the Public Sector*. Reading: Addison-Wesley.

——— (1993). *Reinventing Government: How the Entrepreneurial Spirit is Transforming the Public Sector*. New York: Penguin Books.

Ostrom, E. (1990). *Governing the Commons: Evolution of Institutions for Collective Action.*

New York: Cambridge University Press.

——— (1998). A Behavioral Approach to the Rational Choice Theory of Collective Action. *The American Political Science Review*, 92(1): 1-22.

——— (2007). Institutional Rational Choice: An Assessment of the Institutional Analysis and Development Framework. In P. A. Sabatier(ed.). *Theories of the Policy Process. Boulder*, 21-64. CO: Westview Press.

——— (2009). A General Framework for Analyzing Sustainability of Social-Ecological Systems. *Science*, 325(5939): 419-422.

——— (2011). Background on the Institutional Analysis and Development Framework. *The Policy Studies Journal*, 39(1): 7-27.

Ostrom, E./ 윤홍근 · 안도경 옮김 (2010). 「공유의 비극을 넘어(*Governing the Commons*)」. 랜덤하우스코리아.

Ostrom, E., Walker, J., & Gardner, R. (1992). Covenants with and without a Sword: Self-Governance is Possible. *American Political Science Review*, 86: 404-417.

Page, T., Putterman, L., & Unel, B. (2005). Voluntary Association in Public Goods Experiments: Reciprocity, Mimicry, and Efficiency. *Economic Journal*, 115: 1032-1053.

Palmer, C. (1993). Performance measurement in Local Government. *Public Mopney and Management*, 13(4): 31-36.

Parks, C. D. & Rumble, A. C. (2001). Elements of Reciprocity and Social Value Orientation. *Personality and Social Psychology Bulletin*, 27: 1301-1309.

Pejovich, S. (1998). *Economic Analysis of institutions and systems*(2nd ed). London: Kluwer Academic Publishers.

Perry, J. L. & Wise, L. R. (1990). The Motivational Bases of Public Service. *Public Administration Review*, 50: 367-373.

Peters, B. G. (1999). *Institutional Theory in Political Science: The 'New Institutionalism'*. London: Printer.

Peters, B. G. & Pierre, J. (1998). Governance without Government? Rethinking Public Administration. *Journal of Public Administration Theory and Practice*, 8(2): 223-243.

Peters, E., Slovic, P., & Gregory, R. (2003). The Role of Affect in the WTA/WTP Disparity. *Journal of Behavioral Decision Making*, 16(4): 309-330.

Peters, T. & Waterman, R. H. (1982). *In Search of Excellence: Lessons from America's Best Run Companies*. New York: HarperCollins.

Plott, C. R. & Zeiler, K. (2005). The Willingness to Pay/Willingness to Accept Gap, the "Endowment Effect," Subject Misconceptions and Experimental Procedures for Eliciting Valuations. *American Economic Review*, 95(3): 530-545.

Pollitt, C. (1993). *Managerialism and the Public Services*(2nd ed.). Oxford: Blackwell.

Pollitt, C. & Bouckaert, G. (2000). *Public Management Reform: A Comparative Analysis*. Oxford: Oxford University Press.

Posner, R. A. (1993). Ronald Coase and Methodology. *Journal of Economic Perspectives*, 7(4): 195-210.

Pretty, J. (2003). Social Capital and the Collective Management of Resources. *Science*, 302: 1912-14.

Putnam, R. (2000). *Bowling Alone: The Collapse and Revival of American Community*. New York: Simon & Schuster.

Radin, B. A. (2000). The Government Performance and Results Act and the Tradition of Federal Management Reform: Square Pegs in Round Holes?. *Journal of Public Administration Research and Theory*, 10(1): 111-135.

Raiffa, H. (1982). *The art and science of negotiation*. Cambridge, MA: Harvard Univ. Press.

Rainey, H. G. (2009). *Understanding and Managing Public Organizations*(4th ed.). San Francisco, CA: Jossey-Bass.

Rainey, H. G. & Steinbauer, P. (1999). Galloping Elephants: Developing Elements of a Theory of Effective Government Organizations. *Journal of Public Administration Research and Theory*, 9: 1-32.

Randall, A. (1987). *Resource Economics*. New York: Wiley.

Reeves, E. (2008). The Practice of Contracting in Public Private Partnerships: Transaction Costs and Relational Contracting in the Irish Schools Sector. *Public Administration*, 86(4): 969-986.

Reja, B. (1999). *The Economics and Politics of Contracting Out with the Private Sector: Evidence from the US Transit Industry*. World Bank: Washington.

Rendell, L., Boyd, R., Cownden, D., Enquist, M., Eriksson, K., Feldman, M. W., Fogarty, L., Ghirlanda, S., Lillicrap, T., & Laland, K. N. (2010). Why Copy Others? Insights from the Social Learning Strategies Tournament. *Science*, 328: 208-213.

Renewable Energy Policy Network for 21st Century(2010). *Renewables 2010 -Global Status Report*.

Rilling, J. K., Gutman, D. A., Zeh, T. R., Pagnoni, G., Berns, G. S., & Kilts, C. D. (2002). A Neural Basis for Social Cooperation, *Neuron*, 35: 395-405.

Ring, P. S. & Van de Ven, A. H. (1994). Development Processes of Cooperative Interorganizational Relationships. *Academy of Management Review*, 19(1): 90-118.

Roth, A., Prasnikar, V., Okuno-Fujiwara, M., & Zamir, S. (1991). Bargaining and Market Behavior in Jerusalem, Ljubljana, Pittsburgh and Tokyo: An Experimental Study. *American Economic Review*, 81(5): 1068-1095.

Ruiter, D. W. P. (2005). Is Transaction Cost Economics Applicable to Public Governance?.

European Journal of Law and Economics, 20: 287-303.

Rutherford, M. (1996). *Institutions in Economics: The Old and the New Institutionalism*, Cambridge: Cambridge University Press.

Sabatier, P. A., Leach, W. D., Lubell, M., & Pelkey, N. W. (2005). Theoretical Frameworks Explaining Partnership Success. In P. A. Sabatier, W. Focht, M. Lubell, Z. Trachtenberg, A. Vedlitz, & M. Matlock(eds.). *Swimming Upstream: Collaborative Approaches to Watershed Management*, 173-200. Cambridge, MA: MIT Press.

Sally, D. (1995) Conversation and Cooperation in Social Dilemmas: A Metaanalysis of Experiments from 1958 to 1992. *Rationality and Society*, 7: 58-92.

Samuelson, W. & Zeckhauser, R. (1988). Status Quo Bias in Decision Making. *Journal of risk and uncertainty*, 1(1): 7-59.

Sanderson, L. (2001). Performance Management, Evaluation and Learning in 'Modern' Local Government. *Public Administration*, 79(2): 297-313.

Sarah, B. & Kraak, M. (2011). Exploring the 'Public Goods Game' Model to Overcome the Tragedy of the Commons in Fisheries Management. *Fish and Fisheries*, 12: 18-33.

Sayman, S. & Öncüler, A. (2005). Effects of Study Design Characteristics on the WTA-WTP Disparity: A Meta Analytical Framework. *Journal of Economic Psychology*, 26(2): 289-312.

Scharpf, F. W. (1997). *Games Real Actors Play: Actor-Centered Institutionalism in Policy Research*. Boulder, CO: Westview.

Schick, A. (1999). Opportunity, Strategy, and Tactics in Reforming Public Management. *Paper presented at the OECD Symposium, Government of the Future: Getting from Here to There*, September 14-15, Paris.

Scholz, J., Berardo, R., & Kile, B. (2005). *Do Networks Enhance Cooperation? Policy Communities, Issue Networks, and Joint Environmental Projects*. Working Paper.

Schooler, J. W., Ariely, D., & Loewenstein, G. (2003). The Pursuit and Assessment of Happiness Can be Self-Defeating. In I. Brocas & J. D. Carillo(eds.). *The Psychology of Economic Decisions*. 41-70. Oxford: Oxford University Press.

Self, P. (1993). *Government by the Market? The Politics of Public Choice*. Hampshire and London: Macmillan.

Shepsle, K. (1989). Studying Institutions: Some Lessons from the Rational Choice Approach. *Journal of Theoretical Politics*, 1(2): 131-149.

Shogren, J. F., Shin, S. Y., Hayes, D. J., & Kliebenstein, J. B. (1994). Resolving Differences in Willingness to Pay and Willingness to Accept. *The American Economic Review*, 84(1): 255-270.

Simester, D. & Knez, M. (2002). Direct and Indirect Bargaining Costs and the Scope of the

Firm. *Journal of Business*. 75(2): 283-304.

Simon, H. A. (1947). *Administrative Behavior*. New York: Macmillan.

——— (1957). *Models of Man*. New York: Wiley.

——— (1972). *Theories of Bounded Rationality in Decision and Organization* C. B. McGuire & R. Radner (eds.). *Decision and Organization*. 161-171, Amsterdam: North-Holland Pub. Co.

——— (1976). From Substantive to Procedural Rationality. In *Method and Appraisal in Economics*. S. J. Latsis (ed.). 129-148. Cambridge University Press.

——— (1982). *Models of Bounded Rationality*. Cambridge: MIT Press.

——— (1985). Human Nature in Politics: The Dialogue of Psychology With Political Science. *The American Politics Science Review*, 79(2): 293-304.

——— (1986). Rationality in Psychology and Economics. *The Journal of Business*, 59(4): S209-S224.

——— (1987). Behavioural Economics. In J. Eatwell, M. Milgate, & P. Newman (eds.). *The New Palgrave: A Dictionary of Economics*. Vol. I, 221-225. New York: Stockton Press.

——— (1995). *Rationality in Political Behavior. Political Psychology*, 16(1): 45-61.

——— (1997). *Administrative Behavior*(4nd ed.). The Free Press.

Skatova, A. & Ferguson, E. (2011). What Makes People Cooperate? Individual Differences in BAS/BIS Predict Strategic Reciprocation in a Public Goods game. *Personality and Individual Differences*, 51: 237-241.

Slonim, R. & Roth, A. E. (1998) Learning in High Stakes Ultimatum Games: An Experiment in the Slovak Republic. *Econometrica*, 66(3): 569-596.

Smith, Ken G., Carroll, Stephen J., & Ashford, Susan J. (1995). Intra-and Interorganizational Cooperation: Toward a Research Agenda. *Academy of Management Journal*, 38: 7-23.

Smith, P. (1995), Outcome-Related Performance Indicators and Organisational Control in the Public Sector. In J. Holloway., J. Lewis & G. Mallory(eds.). *Performance Measurement and Evaluation*. Sage.

Smith, P. & Mayston, D. (1987). Measuring Efficiency in the Public Sector. *International Journal of Management Science*, 15(3): 181-189.

Spanjer, A. R. (2009). Regulatory Intervention on the Dynamic European Gas Market-Neoclassical Economics or Transaction Cost Economics?. *Energy Policy*, 37(8): 3250-3258.

Spiller, P. T. (2010). Regulation: A Transaction Cost Perspective. *California Management Review*, 52(2): 147-158.

Stigler, G. J. (1966). *The Theory of Price*(3rd ed.). New York: Macmillan.

Stiglitz, J. E. (2010). Government and Markets: Toward a New Theory of Regulation. In E. J. Balleisen & D. A. Moss (eds.). *Government Failure vs. Market Failure: Principles of Regulation*, 13-51. Cambridge University Press.

Strahilevitz, M. A. & Loewenstein, G. (1998). The Effect of Ownership History on the Valuation of Objects. *Journal of Consumer Research*, 25(3): 276-289.

Taylor, F. W. (1911). *The Principles of Scientific Management*. New York: Harper & Brothers Publishers.

Tenbrunsel, A. E. & Messick, D. M. (1999). Sanctioning Systems, Decision Frames, and Cooperation. *Administrative Science Quarterly*, 44(4): 684-707.

Thaler, R. H. (1980). Toward a Positive Theory of Consumer Choice, *Journal of Economic Behavior and Organization*, 1(1): 39-60.

——— (1985). Mental Accounting and Consumer Choice. *Marketing Science*, 4(3): 199-214.

Thomson, A. M. & Perry, J. L. (2006). Collaboration Processes: Inside the Black Box. *Public Administration Review*, 66: 20-32.

Titmuss, R. M. (1971). *The Gift Relationship: From Human Blood to Social Policy*. New York: Pantheon Books.

Trivers, R. L. (1971). The Evolution of Reciprocal Altruism. *Quarterly Review of Biology*, 46: 35-57.

Tullock, G. (1959) Problems of Majority Voting. *Journal of Political Economy*, 67: 571-579.

——— (1965). *The Politics of Bureaucracy*. Washington, DC: Public Affairs Press.

Tversky, A. & Kahneman, D. (1974). Judgment under Uncertainty: Heuristics and Biases. *Science*, 185: 1124-1131.

——— (1981). The Framing of Decisions and the Psychology of Choice. *Science*, 211(30): 453-458.

——— (1991). Loss Aversion in Riskless Choice: A Reference Dependent Model. *Quarterly Journal of Economics*, 106(4): 1039-1061.

——— (1992). Advances in Prospect Theory: Cumulative Representation of Uncertainty. *Journal of Risk and Uncertainty*, 5(4): 297-323.

U. S. (2010). Dodd-Frank Wall Street Reform and Consumer Protection Act(H. R. 4173).

Vakkuri, J. & Meklin, P. (2006). Ambiguity in Performance Measurement: A Theoretical Approach to Organisational Uses of Performance Measurement. *Financial Accountability & Management*, 22(3): 235-350.

Van Dijk, E. & Wilke, H. (1994). Asymmetry of Wealth and Public Good Provision. *Social Psychology Quarterly*, 57(4): 352-359.

Van Dijk, E., Wit, A., Wilke, H., & Budescu, D. V (2004). What We Know (And Do Not

Know) about the Effects of Uncertainty on Behavior in Social Dilemmas. In R. Suleiman, D. V. Budescu, I. Fischer, & D. M. Messick (eds.). *Contemporary Psychological Research on Social Dilemmas*. 315-331. Cambridge University Press.

Van Lange, P. A. M., Joireman, J., Parks, C. D., & Van Dijk, E. (2013). The Psychology of Social Dilemmas: A Review. *Organizational Behavior and Human Decision Processes*, 120(2): 125-141.

Walker, G. & Weber, D. (1984). A Transaction Cost Approach to Make-or-Buy Decisions. *Administrative Science Quarterly*, 29(3): 373-391.

Weber, E. P. (2009), Explaining Institutional Change in Tough Cases of Collaboration: Ideas in the Blackfoot Watershed. *Public Administration Review*, 69(2): 314-327.

Wegener, A. (1998). Evaluating Competitively Tendered Contracts: Local Government in Comparative Perspective. *Evaluation*, 4(2): 189-203.

Weingast, B. R. (2002). Rational-Choice Institutionalism. In I. Katnelson & H. V. Miller(eds.). *Political Science: The State of the Discipline*. 660-692. New York: W. W. Norton & Co.

White, S. (2005). Cooperation Costs, Governance Choice and Alliance Evolution. *Journal of Management Studies*, 42(7): 1383-1412.

Wilkinson, N. (2008). *An Introduction to Behavioral Economics*. New York: Palgrave Macmillan.

Williamson, O. E. (1971). The Vertical Integration of Production: Market Failure Considerations. *The American Economic Review*, 61(2): 112-123.

——— (1975). *Markets and Hierarchies: Analysis and Antitrust Implications*, New York: Free Press.

——— (1976). Franchise Bidding for Natural Monopolies-In General and with Respect to CATV. *Bell Journal of Economics*, 7(1): 73-104.

——— (1979). Transaction Costs Economics: The Governance of Contractual Relations. *Journal of Law and Economics*, 22(2): 233-261.

——— (1981). The Economics of Organization: The Transaction Cost Approach. *The American Journal of Sociology*, 87(3): 548-577.

——— (1985). *The Economic Institutions of Capitalism*, New York: Free Press.

——— (1991). The Logic of Economic Organization. O. E. Williamson & S. Winter (eds.). *The Nature of the Firm: Origins, Evolution, Development*. 90-116. New York: Oxford University Press.

——— (1996). *The Mechanisms of Governance.* New York: Oxford University Press.

——— (1999). Public and Private Bureaucracies: A Transaction Cost Economics Perspective. *The Journal of Law Economics and Organization*, 15(1): 306-342.

——— (2005). Why Law, Economics, and Organization?. *Annual Review of Law and Social Science*, 1: 369-396.

——— (2008). Transaction Cost Economies: The Precursors. *Economic Affairs*, 28(3): 7-14.

——— (2009). Transaction Cost Economics: The Natural Progression. Novel Prize Lecture, December 8. Stockholm, Sweden, The Novel Foundation 2009 (revised version).

——— (2010a). Transaction Cost Economics: The Natural Progression. *American Economic Review*, 100(3): 673-690.

——— (2010b). Transaction Cost Economics: The Origins. *Journal of Retailing* (xxx, 2010), doi:10.1016/j.jretai.2010.07.006.

Wilson, J. Q. (1989). *Bureaucracy.* New York: Basic Books.

Wilson, R. & Sell, J., (1997). "Liar, Liar.": Cheap Talk and Reputation in Repeated Public Goods Settings. *Journal of Conflict Resolution*, 41: 695-717.

Wood, D. & Gray, B. (1991). Toward a Comprehensive Theory of Collaboration. *Journal of Applied Behavioral Science*, 27(2): 139-162.

Wright, D. S. (1988). *Understanding Intergovernmental Relations*. Belmont, CA: Duxbury Press.

Yamagishi, T. (1986). The Provision of a Sanctioning System as a Public Good. *Journal of Personality and Social Psychology*, 51: 110-116.

Yamagishi, T. & Sato, K. (1986). Motivational Bases of the Public Goods Problem. *Journal of Personality and Social Psychology*, 50: 67-73.

Yvrande-Billon, A. & Menard, C. (2005). Institutional Constraints and Organizational Changes: The Case of the British Rail Reform. *Journal of Economic Behavior and Organization*, 56(4): 675-699.

Zelmer, J. (2003). Linear Public Goods Experiments: A Meta-Analysis. *Experimental Economics*, 6: 299-310.

찾아보기

인명

사항

ㄱ

ㄴ

ㄷ

ㅁ

ㅂ

ㅅ

ㅊ

ㅋ

ㅌ

ㅍ

ㅎ

저자 소개

김태은

고려대학교 대학원 행정학 박사
한국교통대학교 행정학과 교수
한국정책학회 총무이사, 연구이사
International Review of Public Administration 편집위원, 정부학 연구 편집위원,
국무총리실 정부업무평가위원회 전문위원

[주요 저서와 논문]
딜레마와 제도의 설계(공저) (대한민국 학술원 우수학술도서)
제도의 유사성과 이질성의 원인에 관한 연구, 공무원의 이기심에 대한 실증적 분석, 기술융합 하에서 규제조직 변화 요인에 관한 연구, When R&D matters for regional growth(공저)(한국연구재단 우수논문), 재화의 특성과 제도의 재생산, 정부규제의 변화와 지속 요인으로서 비의도된 효용(unintended utility) 외 다수

행정이론과 정부 역할
-인간 본성, 거래, 협력-

펴낸날 / 제1판 제1쇄 2014년 5월 20일

지은이 / 김태은
펴낸이 / 임춘환
펴낸곳 / 도서출판 대영문화사
주소 / 서울특별시 용산구 청파로 61길 5(청파동 1가) 제일빌딩 2층
등록 / 1975년 12월 26일 제3-16호
전화 / (02)716-3883, (02)714-3062
FAX / (02)703-3839
홈페이지 / http://www.dymbook.co.kr

ISBN 978-89-7644-485-1

〔값 14,000원〕